中国交通教育研究会推荐教材

《道路交通安全与逆反射技术》编委会

道路交通安全与逆反射技术

Road Traffic Safety and Retro-reflect Technology

人民交通出版社

内 容 提 要

该书从逆反射技术的全新角度，针对道路交通事故的预防技术，系统地介绍了这项在全球范围广泛实施的实用型安全措施的思路、依据、技术、产品、应用研究等，向读者揭示了人类在现代交通时代，通过光学、数学、材料科学和人体工程学等领域的一系列跨学科的探索，所创造出的技术成果，有效地减少了交通事故的发生。

图书在版编目(CIP)数据

道路交通安全与逆反射技术/《道路交通安全与逆反射技术》编委会编. —北京:人民交通出版社,2009.2

ISBN 978-7-114-07608-4

I.道… II.道… III.公路运输—交通运输安全—研究 IV.U491.4

中国版本图书馆 CIP 数据核字(2009)第 019387 号

书　　名: 道路交通安全与逆反射技术
著 作 者:《道路交通安全与逆反射技术》编委会
责任编辑: 谢仁物
出版发行: 人民交通出版社
地　　址:(100011)北京市朝阳区安定门外外馆斜街 3 号
网　　址: Http://www.ccpress.com.cn
销售电话:(010)59757969,59757973
总 经 销: 北京中交盛世书刊有限公司
经　　销: 各地新华书店
印　　刷: 北京画中画印刷有限公司
开　　本: 787×1092　1/16
印　　张: 13.25
字　　数: 310 千
版　　次: 2009 年 2 月　第 1 版
印　　次: 2009 年 2 月　第 1 次印刷
书　　号: ISBN 978-7-114-07608-4
印　　数: 0001-3000 册
定　　价: 35.00 元

《道路交通安全与逆反射技术》编写委员会

- **主　任**:林达铭
- **副主任**(排名不分先后):

  冯久东,中国交通教育研究学会

  刘建军,中国公安大学交通安全教研室主任

  张柱庭,交通运输部北京干部管理学院政法系主任

  苏文英,交通运输部公路工程监理检测中心暨公路交通安全工程研究中心研究测试一室主任

  官　阳,3M 中国有限公司交通安全系统部战略与政府事务主任
- **委　员**(排名不分先后):

  关宏志博士,北京工业大学建筑工程学院副院长暨交通研究中心教授

  陈　红博士,长安大学公路学院副院长暨交通工程研究所所长

  陈艳艳博士,北京工业大学交通研究中心教授

  王骏华博士,同济大学交通工程运输学院讲师

  陈松岩,山东省交通学院院长助理

  刘兴良,3M 中国有限公司交通安全系统部技术工程师

  杜伟传,3M 中国有限公司交通安全系统部技术工程师

  黄　伟,3M 中国有限公司交通安全系统部技术工程师

  王振华,3M 中国有限公司交通安全系统部技术工程师

编写人员及分工

主　编:刘建军

副主编:苏文英、官　阳

主　审:张柱庭、陈　红

编写人:

- 第 1 章:刘建军、陈艳艳、张柱庭、官阳
- 第 2 章:苏文英、刘兴良、杜伟传、王振华
- 第 3 章:苏文英、杜伟传、刘兴良、王振华
- 第 4 章:刘建军、刘兴良、官阳、王振华
- 第 5 章:刘建军、官阳、王振华
- 第 6 章:刘建军、官阳

- 法律顾问:张柱庭
- 多媒体部分:官阳、刘兴良、杜伟传、王振华
- 资料整理及翻译:官阳、王振华、郑登科

序

减少道路交通安全事故，提高道路通行效率，优化道路交通质量，事关社会生产力的保护和发展、社会资源的利用及人类的生存品质，是一项需要人们长期不懈努力的工作，是科学发展观运用到道路交通工程与管理的一种具体体现。

《道路交通安全与逆反射技术》一书，从逆反射技术和应用措施的全新角度，系统地介绍了这项实用型安全措施的思路、依据、技术、产品、应用研究与措施等，揭示了人类在现代交通时代，通过光学、数学、材料科学和人体工程学等领域的一系列跨学科的探索，所创造出来的一项应用型光控制技术。从道路工程的交通安全技术角度看，它属于低成本交通事故预防措施范畴。

逆反射技术最大的特点，就是充分利用车灯的亮光，通过逆反射材料的表面结构，来控制车辆前照灯光的走向，从而改善驾驶者的安全视距，优化道路沿线交通控制设施的视认效果，强化交通规则和规范的影响力，让驾驶者获得更多的时间、更强化的感受，来判断路况和获取指导信息，以便能及时正确地采取相应措施。它是用物理手段调动人的主观能动性，以提高道路行驶安全，是一种节能环保并行之有效的低成本道路安全解决方案。

我国幅员辽阔，道路里程已经居世界第二，汽车保有量增幅居世界第一。学习并掌握好逆反射技术，利用这项技术完善我国道路的安全通行条件，具有非常重大的经济意义和社会意义。

这本教材，从内容的综合性、时代性和立意的角度看，目前在国内还属首创，填补了我国交通工程和交通管理工程领域的一项教学空白。书中所总结的标志显著性和识读性需求、大角度观测需求等标志视认影响要素，都是国际交通工程界近年来的一系列新研究成果，是交通标志在传递交通管理语言的过程中，确保有效性的重要技术要素，对加快改善我国交通参与者的守法意识和行为素质，有重要意义。伴随着我国交通标志标线相关国家标准的不断升级和丰富，这本书从有关标志标线的视认需求和设置思路上，阐述了更详细和深层次的安全技术理念。

在中国交通教育研究会的主持和协助下，经过编委会成员们的共同努力，本书收集了大量的国内外有关科研成果和图片资料，在充分体现了科学创新性和时代进步性的同时，也做到了理论和实际相结合、科研和生产相结合、技术和应用相结合，不仅向读者展示了逆反射技术从诞生到最新发展的全进程，也介绍了一系列具体的应用方案，图文并茂，简单易懂，为交通工程和交通安全管理一线技术人员、指战员和广大的在校生提供了一本很具实用功能的操作手册。

本书编委会成员衷心地希望通过向广大交通界同仁和行政管理者介绍这项技术，能够实现在我国对逆反射技术应用的重视，从而使中国道路交通事故持续减少，以拯救更多的生命、节约更多的能源，更好地保护人类的生存环境。

编　者

2009 年 1 月

引　　言

应用于道路交通安全的逆反射材料，是人类为了改变通行安全条件而制造出的一种特殊的反光材料，它广泛应用于各种道路交通安全设施中。研究和认识这种逆反射材料的应用知识，对利用低成本手段改善安全视距，降低道路交通事故的发生，拯救人们的生命和财产，节能减排，保护环境，都有着非常重要的现实意义。

1935 年，为了解决夜间的道路交通需要，美国发行的第一版《统一交通控制设施手册》(MUTCD：Mannual of United Traffic Control Devices)里就提出，要使用发光材料制作道路交通标志。1939 年，第一块使用反光膜(编者注：最重要的逆反射材料)制作的户外道路交通标志，在美国明尼苏达州的公路上出现；同年，新版的 MUTCD，要求使用反光膜作为道路交通标志的表面材料。在此后的 70 年里，以反光膜为主要代表形式的各种逆反射材料，逐渐在全世界的交通工程里得到广泛的应用，并不断地引起各种交通安全对策研究部门的关注，逆反射技术也得到不断的改进和提高。1993 年，美国国会提出，为了交通安全的需要，要制订技术标准，限定用于交通标志的反光膜的最低逆反射系数值等。2005 年，英国的道路交通标志反光技术标准，创新式地提出了交通标志的逆反射性能，要关注不同的道路环境，不同的驾驶车型，不同的交通标志内容，表达了交通标志逆反射性能对道路交通安全的重要作用。

20 世纪 80 年代，伴随着中国的改革开放，中国的国际化进程全面启动，中国的公路建设开始大幅度提速，也同时加快了国际先进技术的借鉴和引进工作。1988 年，中国第一条高速公路沪嘉高速公路，首次使用了反光膜制作交通标志，揭开了中国道路交通工程设施使用逆反射技术的序幕。国家标准《道路交通标志标线》(GB 5768—1999)里，针对正在发生技术升级的逆反射技术，进行了与时俱进的归纳和总结，专门提出了交通标志使用反光膜的技术要求，并明确指出："用于标志面的反光材料按其结构的不同可以分为透镜埋入型、密封胶囊型、微棱镜型等品种。其反光原理为：射向标志面的光线应沿入射光线的反方向反回光源。由于标志位置和车辆行驶条件的不同，用于标志面的反光材料应具有优良的广角性和逆反射性能。"

2003 年，为了减少机动车道路交通事故，中国公安部交通管理局颁布了车身粘贴反光标识的技术标准；2008 年，公安部和工业信息产业部联合行动，对国家标准《机动车安全运行条件》(GB 7258—2004)作出了第三号增补案，要求所有货运机动车必须按标准粘贴车身反光标识。

作为一种交通安全技术保障措施，逆反射材料和应用技术越来越受到交通工程界和交通管理者的广泛重视。那么，逆反射材料的性能高低，是用什么样的标准来衡量呢？逆反射技术是通过什么样的原理和手段来实现的，又是如何应用来提高安全通行条件？在实际应用中，又应该如何辨别不同反光材料的特点和效果？回答这些问题，正是编写本书的目的。

目　录

第一章 道路交通安全与逆反射技术

第一节 道路交通安全与交通事故

一、道路交通安全背景及交通特点

中国人口众多,正处于经济快速增长时期,在城市化发展过程中,小城镇发展较快。中国的城市化和道路交通汽车化发展将构成未来中国道路交通发展的最显著特点。

道路基础设施等级低,交通安全设施和管理设施差而不足。截至2007年年底,我国公路通车总里程达到了357.3万km,其中高速公路就有5.36万km。有21个省区市高速公路里程超过1 000km。尽管近年来我国公路建设有了较大规模的发展,特别是高速公路和高等级公路的建设取得了快速增长,但是,远远跟不上我国经济发展速度和广大人民对道路交通需求的增长。从公路通车里程的总数和技术等级构成来看,道路基础设施差且不足。由于历史的原因,我国现有公路的85%以上是三级(含三级)以下的低等级公路。这些公路标准低、路况差,道路标志、标线和安全设施严重缺乏,更谈不上能保障安全视距的优质逆反射材料的普及和推广。特别是占总里程数25%以上的等外路其问题更为严重,大部分是在20世纪50~60年代修建的,由于当时国家的经济能力和施工技术的限制,这些公路多傍山沿河,多急弯陡坡,且路面狭窄,很多地方不符合公路工程技术标准,安全隐患突出。这种情况在我国西部地区非常普遍,大多数坠江、坠崖的重特大交通事故都发生在这些公路上。

城市道路网络密度低,路网结构不合理,道路功能分工不明确。截至2004年年底,全国拥有城市道路22.2万km、道路面积35.2亿m^2,城市人均拥有道路10.3m^2,其中,北京市和上海市分别为5.6m^2和4.5m^2的水平,低于发达国家同类城市的人均拥有道路20~40m^2的水平。

机动车保有量呈高速增长态势。近10年来,我国机动车保有量一直处于快速增长趋势,年平均增长率在20%以上;其中,特大城市汽车保有量年平均增长率在15%以上。截至2008年3月底,全国机动车保有量为1.63亿辆,其中汽车和摩托车是机动车构成的主要部分,二者共占全国机动车保有量的90.6%。私人机动车保持快速增长,保有量为1.23亿辆,比2007年年底增长5.08%。2008年年底,北京市机动车保有量约为342万辆。概括来讲,中国机动车种类多,动力性能差距大,安全性能低,管理难度大。

交通参与者的法制观念薄弱,自觉遵守交通法规意识差,交通违法率高。与发达国家相比,我国的交通参与者无论是行人还是车辆驾驶人,普遍遵章守法意识差。机动车驾驶人安全驾驶技术水平不高,交通违法行为严重,是交通事故多发的重要原因。运输市场放开后,许多社会人员和农民从事交通运输这一高风险行业的工作,驾驶人队伍发生了很大的变化,给驾驶人安全教育和管理带来许多新情况、新问题。迅速增多的社会自用车辆驾驶人,普遍缺乏系统的安全驾驶技术训练和良好的职业道德教育,安全素质低,交通违法现象严重。据对近几年交通事故原因分析，由于驾驶人交通违法行为造成的交通事故伤亡人数，占交通事故伤亡总数的90%左右，是道路交通事故的主要原因。

二、道路交通安全概况

1. 我国道路交通事故现状

我国从1951～2007年的道路交通事故基本情况见表1-1；全国道路交通事故变化发展趋势见图1-1；1970～2007年万车死亡率变化情况见图1-2；1970～2007年10万人口死亡率变化情况见图1-3。

1951～2007年全国道路交通事故基本情况 表1-1

年份	事故次数（次）	死亡人数（人）	受伤人数（人）	直接经济损失（元）	万车死亡率（人/万车）	10万人口死亡率（人/10万人）
1951	5 922	852	5 159	—	137.64	0.15
1952	4 702	675	4 026	—	101.81	0.12
1953	8 744	1 200	7 255	—	153.65	0.20
1954	8 467	917	5 762	—	102.46	0.15
1955	9 249	955	5 463	—	94.18	0.16
1956	11 332	1 126	6 364	—	95.91	0.18
1957	14 980	1 219	6 789	—	96.75	0.19
1958	26 938	3 009	13 259	—	174.33	0.46
1959	37 126	4 901	19 038	—	232.61	0.73
1960	33 634	5 762	18 637	—	257.46	0.87
1961	22 358	4 436	14 355	—	184.83	0.67
1962	21 238	3 908	14 879	—	157.58	0.58
1963	19 212	2 648	10 789	—	101.34	0.38
1964	18 157	2 253	10 490	—	81.60	0.32
1965	20 967	2 382	11 949	—	79.53	0.33
1966	27 367	3 466	17 639	—	102.18	0.46
1967	29 264	5 728	18 517	—	172.48	0.75
1968	—	—	—	—	—	—
1969	—	—	—	—	—	—
1970	55 437	9 654	37 128	—	227.63	1.16
1971	69 975	11 331	52 119	—	229.19	1.33
1972	77 465	11 849	58 738	—	205.21	1.36
1973	71 192	13 215	53 827	37 666 779	196.45	1.48
1974	81 672	15 599	66 498	44 704 449	198.51	1.72
1975	91 606	16 862	71 776	51 363 635	183.86	1.82
1976	101 878	19 441	81 908	55 673 377	156.62	2.07

高峰有关。1991 年以后，随着国家改革开放的深化，国家总体经济实力不断增强，汽车工业和交通运输业迅速发展，汽车等机动车保有量急剧增加。而与汽车交通密切相关的道路基础设施增长缓慢，各种交通方式并存的道路交通冲突加剧增多，势必会造成交通事故的增多。全国道路交通事故死亡人数在 20 世纪 50 ~ 60 年代为每年几百至几千人，70 年代发展至 1 ~ 2 万人，1985 年后，事故死亡人数急剧上升到 4 ~ 5 万人，1988 ~ 1990 年期间稍有回落，90 年代为 5 ~ 8万人。进入 21 世纪，由于机动车和驾驶人员的激增，道路交通事故死亡人数也急剧增加，2001 年道路交通事故死亡人数超过 10 万人。到 2005 年，根据公安部交通管理局提供的统计数字，道路交通事故死亡人数开始下降到 10 万人以下。自 2005 年以来，我国道路交通事故 4 项指标（事故次数、受伤人数、死亡人数和直接经济损失）出现连续下降的好趋势。由于道路交通事故影响因素变化复杂，持续下降的趋势是否会出现反弹还很难下定论。

2. 我国道路交通安全管理现状

（1）我国道路交通安全管理体制与机构。在交通安全管理保障体系中，最重要的是交通安全管理体制。1986 年 10 月以前，我国的交通安全工作曾经由公安部和原交通部两家分头管理。1987 年以后，根据国务院通知的规定："全国城乡道路交通安全工作划归公安部统一管理。"（参阅《国务院关于改革道路交通管理体制的通知》国发[1986]394 号文件，1986 年 10 月 7 日）。1986 年 12 月 31 日，经国务院批准，公安部正式设立了交通管理局，统一管理全国的道路交通安全工作。公安部交通管理局下设交通事故对策处，负责指导全国的道路交通事故处理和预防工作。为了便于开展工作，公安部交通管理局机关还设置了办公室、科学技术处、装备训练处、秩序管理处、车辆管理处和直属的道路交通管理研究所等相应机构。各省、自治区公安厅也相继组建了交通管理局（处）或交通警察总队，下设交通事故对策处（科），各地、市公安局（处）设有交通警察支队，下设有交通事故处理科，负责开展具体的交通事故处理工作。

纵观我国道路交通管理工作的发展状况，可以将其分为以下几个阶段：

①经验管理与事后防范型阶段。在 1978 年改革开放之前，我国的道路交通安全管理模式基本上属于经验管理与事后防范型的交通安全管理，其管理模式表现为：通过对已发生的交通事故进行分析，找出事故成因，在以后的交通活动中吸取教训，防范和避免类似的交通事故的发生。这是一种"头痛医头、脚痛医脚"的对策方式，属于局部交通安全阶段。

②系统管理与事前预防型阶段。进入 1980 年以后，我国的道路交通安全管理模式逐渐转变成系统管理与事前预防型的交通安全管理，这种交通安全管理模式是建立在对交通安全系统的综合认识的基础上，认为人、车、路、环境、管理等因素会对交通事故产生综合作用，主张在预防对策和治理措施上，采用工程技术硬手段与教育、管理等软手段相结合的综合措施，因此，属于整体交通安全阶段。

③目标和责任制管理与重点预防型阶段。在 1990 ~ 2000 年之间，我国的交通安全管理工作在系统管理模式中又加入了目标管理和责任制管理，交通安全管理工作主要采取重点预防和治理。

④法治管理与超前预防型阶段。进入 21 世纪以后，交通安全管理工作开始进入了法治管理与超前预防和治理阶段。具体的做法是重点加强交通事故多发点段和交通安全隐患路段的排查工作，分析其形成的主要原因，提出切实可行的整治和预防交通事故方案。

（2）近年来道路交通安全管理对策与措施。2002 年初，公安部、国家安全生产监督管理局联合召开了全国预防道路交通事故工作会议，制订了《2002年预防道路交通事故工作方案》。各地公安机关和安全生产监督管理部门认真贯彻国务院及公安部、国家安全生产监督管理局的工作部署，以创建“平安大道”、“畅通工程”、“交通安全社区”和“交通安全村”等为载体，大力开展道路交通事故预防工作。第一，积极争取各地党委、政府对预防道路交通事故工作的重视，初步建立了“政府负责、相关部门各司其职、社会各方面联合行动”的道路交通事故预防工作新机制。第二，积极开展治理道路交通事故多发点段、交通安全隐患点段工作，有效减少了交通事故的发生。第三，集中整治严重交通违章行为，道路行车秩序有所好转。第四，广泛开展交通安全宣传活动，使更多的群众受到了交通安全教育。五是建立健全道路交通事故快速抢救机制，有效减轻了事故危害后果。

进入2003年后，国家更加重视道路交通安全管理工作，国务院决定建立由公安部牵头，十四个部委参加的全国道路交通安全工作部际联席会议制度，主要职责是分析全国道路交通安全形势，研究政策，制订中长期战略规划，统筹协调全国道路交通安全工作。联席会议各成员单位要指定一名司局级干部作为联络员，并定期召开联络员工作会议，深入研究道路交通安全工作中存在的突出问题，提出对策建议。各有关部门既要各司其职、各负其责，又要增强大局意识、协作意识，密切配合，形成对道路交通安全工作齐抓共管的良好局面。要整合资源，实现信息共享。省、市、县三级政府要进一步建立健全预防道路交通事故工作的领导机制。另外，国务院决定，建立全国道路交通安全工作专报制度，各省、自治区、直辖市人民政府每季度要向国务院专题报告一次道路交通安全工作情况；凡发生一次死亡30人以上特大恶性道路交通事故的，或者一年内发生3起一次死亡10人以上特大道路交通事故的，省、自治区、直辖市人民政府要向国务院作出检查。地方各级政府和有关部门要进一步完善道路交通事故处理机制，按照分级管理、分级负责的原则，严肃处理重大道路交通事故的责任人员，惩前毖后，切实维护正常的道路交通秩序。

2005~2007年，全国公安机关按照国务院关于预防道路交通事故工作的部署，与有关部门密切配合，以预防和减少道路交通事故为中心，以降事故、保安全、保畅通为目标，严格贯彻《道路交通安全法》，全面落实“五整顿”、“三加强”各项措施，在全国范围内组织开展了以提高驾驶人安全素质为目标的驾驶人队伍整顿，和以治理超速、超载等违法行为为重点的道路行车秩序整顿，并深入社区、企事业单位、学校、农村、家庭广泛开展了交通安全宣传活动。

(3)道路交通安全管理存在的问题。目前道路交通安全管理主要存在以下问题：

①群众的现代交通需求增长与交通安全意识淡薄的矛盾。

②驾驶人数和机动车保有量高速增长与管理方式滞后的矛盾。

③道路建设快速发展与安全管理及防护设施短缺的矛盾。

④乡村公路通车里程快速增长与交通安全管理投入严重不足的问题。

⑤道路交通管理社会化的需求与协调联动机制的落实存在的矛盾。

3.国外道路交通安全管理现状

(1)世界道路交通事故概况及严重性。汽车应用的普及无疑为现代社会的进步、经济的发展和人类生活条件的改善作出了巨大的贡献。但是，汽车交通同时也不可避免地带来了交通拥挤、交通事故和环境污染等严重的交通问题。特别是交通事故，自汽车诞生以来已经给人类造成了数以千万计的生命损失和巨大财产损失。据有关报道表明，到目前为止全世界死于道路交通事故的人数已超过了 3 200 万人，这个数字已超过了两次世界大战死亡的人数。根据世界卫生组织在 2000 年发布的报告，世界上每年有约 120 万人死于道路交通事故，有约 5 000万人在道路交通事故中残疾。在影响人类寿命调整的因素里，道路交通事故在 1999 年时，排在第 9 位，而到了 2012 年，将上升为第 3 位。可以说，道路交通事故已经快速成为人类健康与幸福生活的头号人造杀手。尽管世界上各汽车交通发达的国家在道路交通安全方面都作了长期的、多方面的努力，仍然无法有效地遏止交通事故的发生。所以，人们把交通事故称为“现代文明流行病”、“无休止的交通战争”，将汽车称为“流动的棺材”、“飞跑的凶器”，将拥挤不堪的道路称为“送葬的墓道”等。这些都描述了交通事故这一交通公害的顽固性和严重性。据统计，交通事故造成的经济损失约为国民经济总产值的 1% ~2%。表 1-2 为世界卫生组织统计和预测的全球疾病负担（$DALY_S$）排序情况。DALY 即人伤残疾调整寿命年，是测量健康损失的指标，包含因早死损失的寿命年和伤残造成的健康寿命损失年的信息。

1990 年与 2020 年全球疾病负担（$DALY_S$）对比表　　表 1-2

序　次	1990 年疾病或伤害	序　次	2020 年疾病或伤害
1	下呼吸道感染	1	缺血性心脏病
2	腹泻病	2	抑郁症
3	围产期疾病	3	道路交通伤害
4	抑郁症	4	脑血管疾病
5	缺血性心脏病	5	慢性阻塞性肺病
6	脑血管疾病	6	下呼吸道感染
7	结核病	7	结核病
8	麻疹	8	战争
9	道路交通伤害	9	腹泻病
10	先天性畸形	10	艾滋病病毒感染

（2）国外交通安全管理工作概况。

①政府高度重视。汽车化程度高的国家都非常重视道路交通安全管理工作。一般都设有国家首脑（总统或总理）负责的道路交通安全管理委员会或相应的管理机构，每年根据道路交通安全状况召开会议，制订规划，研究治理措施和防范对策，从组织机构、人力和财力上确保了道路交通安全工作长期有效地开展。

②交通安全管理法规健全。美国于 1966 年颁布《公路安全法》、《汽车安全措施法》，并在运输部的主持下成立了“国家公路安全局”，负责制订和颁布有关交通安全的全国性统一标准，统筹全国有关公路安全的研究、计划和人员培训工作。1966 年，美国还成立了“国家汽车安全咨询委员会”和“国家公路安全咨询委员会”，负责就交通安全问题向运输部长提供建议和报告，参与制订有关标准和措施，该咨询委员会人员由总统任命。美国于 1966 年 9 月 9 日，由国会通过了交通安全管理基本法，即《1966 年国家交通及车辆安全法》，其主要内容包括汽车安全标准、轮胎安全性、事故和伤害的研究试验设备、驾驶人的信息登记等。美国于 1966 年通过《1966 年公路法》，要求各地以“公路安全计划”确定交通事故多发点并进行排序。《1970

年公路法》确定“全国公路交通安全委员会”(NHTSA)负责安全计划,并建立了一个完整的事故数据采集和处理方案,完成了“死亡报告系统”(FARS)和“公路安全信息系统”(HSIS)数据库。美国于1974年立法,实行全国统一限速。1991年《冰茶法案》(ISTEA)第二章为1991年的公路安全法案,主要是覆盖一些“非施工性”的安全措施,如安全帽、安全带、醉酒驾车以及安全方面的研发计划。1996年,在全美国组织实施《安全管理条例》,主要思想是用系统方法来强化交通安全管理,减少交通事故。

在道路交通标志设置技术方面,早在1935年美国颁布的第一版《统一道路交通控制设施手册》里,就提到了交通标志应该使用有亮度的材料,以减少夜间交通事故。此后,伴随着逆反射反光膜的出现,1939年,该手册就要求交通标志要使用逆反射材料制作。1993年,美国国会特别针对交通标志的亮度提出立法指示,要求美国交通部从交通安全的角度,完善对逆反射技术的应用规则,要求对所有交通标志实施最低逆反射系数的强制要求;2008年1月,经过了长达近70年的实践应用和十多年的专项研究后,美国政府交通部门,正式颁布了交通标志最低逆反射系数,以法律的形式,对反光交通标志的使用和维护,提出了更严格的要求,强化了道路交通控制设施的技术标准和规范。

日本有关汽车与道路的交通行政法规较完善,最基本的有《道路运输车辆法》、《道路交通法》、《道路运输法》和《道路法》等,在交通安全的基本设施方面也非常完善。仅仅以日本东京为例,城市面积大约在2 179km^2,就有超过80万面交通标志,而拥有约16 800m^2 的北京,在2007年年底的交通标志总量,大约在10万面,其间的差距略见一斑。

交通安全管理信息系统有效。美国的《公路安全法》中要求各州建立交通管理信息系统中心,系统包括:事故基本档案;驾驶人档案;道路档案;安全教育档案;紧急救护档案;传讯/定罪档案等。这些档案的建立,对于查找和研究安全解决方案,提供了重要的数据支持。

③严格执法,管理注重整体规划和具体指导。交通执法、处罚交通违法行为是减少事故伤亡的关键要素。“高密度的警察视觉反应”和交通执法“传票”,有利于侦查、拘捕罪犯和处理违章驾驶者。交通安全宣传、新技术的应用(激光测速、电子警察、电视监控、计算机的使用),可使有限的警力发挥充分有效的作用。

政府十分重视汽车安全性能方面存在的问题。美国、德国等国家十分重视对世界著名的汽车制造商生产的汽车安全性能的监督管理,一旦发现问题严格实行汽车召回制度,消除汽车制造方面的安全隐患。

形成了有效的交通安全社会化管理体系,具备扎实的社会化基础信息系统。在美国,运输、公路、城管、市政、警察以及社会的救护、救援、消防、工程等各个部门,都可以通过信息联网协调工作;社会交通安全教育者的地位和作用显著,宣传教育内容及时对路;社会保险业务有信息保障,对交通安全工作十分具体、规范;中小学的交通法制和安全教育,驾驶证的考领均通过社会化来完成。

在欧洲,欧盟委员会每年都有针对道路交通安全的新措施意见。2006年,欧盟委员会为道路交通安全工作总结并推荐了一套从道路的计划、设计、建设、运营与维护各个阶段,围绕成本效益原则进行管理的工作程序,赢得了欧盟区内大批相关机构的共鸣。从各种机构的反馈意见中得出结论,只要能够按照如下步骤操作,就能拯救大批生命:

第一,道路安全影响评价制度。在道路建设和维护投资的计划阶段提供安全情景比较分析，以帮助进行安全投资的决策，没有该评估报告，不核准项目投资；

第二，道路安全审计制度。在道路开通前进行的一种系统化和程序性工作，检查新路的安全设施状况，没有完成这项工作，不开通新路；

第三，道路安全检查制度。建立制度，周期性地复审投入运营的路网的安全状况；

第四，道路安全网络管理。确保高危路段被有效记录，并安排了处置和排除计划及实施有效治理，也包括在路网体系中进行通报等措施。

④加强国际间的交通安全科学研究和学术交流。西方工业发达国家除了采取治理和预防措施以外，还特别注重道路安全、车辆安全和交通行为安全方面的科学研究。同时，参加举办道路交通安全的国际性组织和会议，加强学术交流和国际间的合作，如国际道路联合会议、国际行人—自行车安全和教育会议、交通和运输工程国际会议、世界安全和车祸预防会议等。

第二节　道路交通安全主要影响因素

一、人的因素

1. 人的因素是导致交通事故的主要因素

人的因素是交通事故的主要直接因素。因为在道路交通系统的人、车、路三大要素中，人是最具有能动性的。道路及环境等交通信息是由人来收集的，车辆也是由人来操纵的，所以人在整个交通过程中起着决定性的作用。表 1-3 是 2005 ~ 2007 年我国道路交通事故死亡主要原因统计数据。

2005 ~ 2007 年我国道路交通事故死亡主要原因统计　　表 1-3

主要原因 / 死亡人数及百分比 / 年份	机动车驾驶人违法及过错		非机动车驾驶人违法		行人、乘车人违法		人的违法过错合计	
	死亡人数（人）	占总死亡人数的百分比（%）	死亡人数（人）	占总死亡人数的百分比（%）	死亡人数（人）	占总死亡人数的百分比（%）	死亡人数（人）	占总死亡人数的百分比（%）
2005	91 062	92.23	1 725	1.75	2 482	2.51	95 269	96.49
2006	83 236	93.04	1 839	2.06	2 026	2.27	87 101	97.37
2007	77 401	94.79	1 968	2.41	1 982	2.43	81 351	99.6

由表 1-3 可以看出，在道路交通事故的影响因素中，人的因素是主要的，人的交通违法行为和过错行为是造成交通事故的主要原因，因机动车驾驶人、非机动车驾驶人、行人和乘车人为主要原因造成的交通事故死亡人数，每年都在 8 万人以上，占当年交通事故死亡人数的比例都在 96.0% 以上，远远超出了其他的影响因素。

在人的过错行为中，又分有很多种类。有些错误，是主观条件造成的；有些则更多的是客观条件造成的。例如，人的文化水平不同、年龄不同、性别不同，导致对突发事件的判断、对距离和车速的掌握等出现偏差，在应该控制速度的时候没有采取及时有效的措施，这样的错误，是主观型错误；而由于恶劣气候导致的视距不充分，由于年龄关系导致的对夜间照明不良的环境反应时间不足，无法及时采取措施，是客观条件造成的人的过错。研究人的主观和客观条件错误的诱因，是交通工程技术界破解非安全条件的一个重要的方向。

总之，对这些因素要逐一分析，才是科学寻找从人的行为方式降低道路交通事故的一个关键出发点。

2. 机动车驾驶人是造成交通事故的关键因素

在人的影响因素中，机动车驾驶人的违法和过错导致的交通事故死亡人数占绝大部分，每年均在92%以上；而非机动车驾驶人、行人和乘车人的违法行为导致的交通事故死亡人数只占了很小的比例。机动车驾驶人的原因主要是交通违法行为，当然也有心理和生理等方面的原因。驾驶过程是一个复杂的心理过程。在驾驶过程中，观察、判断和操作三个环节中任一个出现错误都可能引发交通事故。据机动车驾驶人责任事故统计，观察错误约占50%；判断错误约占35%；操作错误约占5%，见图1-4。标志的视认性、可知性直接影响到机动车驾驶人对道路交通信息的观察、判断和操作的准确性。酒后驾驶、疲劳驾驶也是造成交通事故重要的因素之一。

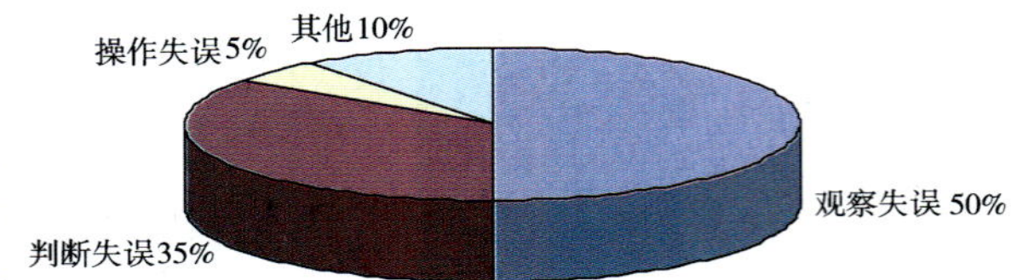

图1-4 机动车驾驶人责任事故主要原因分布

二、车辆的因素

1. 影响交通安全的车辆因素

汽车的安全性能包括主动安全性和被动安全性。汽车的主动安全性是指汽车在结构上防止事故发生的能力，主动安全性包括照明灯、信号灯的性能，汽车前后视野性能，汽车的驾驶人眼高对道路路况观察的影响，汽车的操纵性能、制动性能、转向性能以及轮胎性能，汽车车身颜色、外观和整体车身的显著性特征（被其他车辆注意到的机会）等。被动安全性是指汽车在发生事故时，汽车在结构上能够保证乘员免受伤害或把伤害降低到最小限度的能力。通常考虑的汽车被动安全性部件有：车身结构、安全带、安全气囊、能量吸收式转向柱、座椅、头枕及内饰件等。

2. 车辆导致交通事故的原因分析

车辆问题导致交通事故的原因主要来自车辆性能不良和机件失效两方面的因素。所谓车辆性能不良主要是指车辆的制动性和操纵稳定性不符合国家的《机动车运行安全技术条件》（GB 7258—2004）标准。所谓机件失效主要是指由于驾驶人在使用车辆过程中，不注意对车辆进行及时维修，未及时发现隐患而造成的。车辆安全性能不良可能是导致交通事故发生的间接原因，而车辆安全性能的关键部件的失效有可能是交通事故发生的直接原因。常见车辆性能不良和机件失效有：

（1）制动系统失灵或失效。

（2）转向系统失控。

（3）刮水器等关键机件失灵。

（4）灯光信号系统失效。

（5）操纵机构连接部位松动、脱开或断裂。

（6）轮胎突然爆胎或脱出。

(7)部分自动控制系统失效。

(8)车身反光标识失效或者脱落等。

表1-4是2004年和2005年各种车辆原因造成交通事故的比例情况。

2004～2005年与车辆因素有关的交通事故比例 表1-4

原因＼年份	2004年		2005年	
	起数	比例(%)	起数	比例(%)
机件故障	12 499	2.41	2 009	0.45
爆胎	2 209	0.43	1131	0.25
驾驶制动失效的机动车	703	0.14	875	0.2
驾驶制动不良的机动车	1 836	0.35	2 441	0.54
驾驶转向失效的机动车	160	0.03	163	0.04
驾驶灯光失效的机动车	400	0.08	495	0.11
驾驶有其他隐患的机动车	562	0.11	805	0.18
其他机动车原因	49731	9.53	32 976	7.32
小计	68 100	13.08	40 895	9.09

另外,车辆违法装载行为及关键零部件在反复交变载荷作用下形成的疲劳断裂等,都是直接导致交通事故发生的诱因。

3. 车辆因素造成交通事故的后果分析

目前对车辆因素造成交通事故的调查并不深入和全面,因此在统计数字中车辆原因所占比例很小。近几年全国交通事故统计数字表明,车辆因素造成交通事故的比例仅占10%～15%。单纯车辆原因造成的交通事故比例虽然不大,但是从事故的严重程度来看,往往伴随着恶性事故的发生。2005年发生的47起特大交通事故中,有6起是由于车辆制动系统故障所致,占总数的12.8%;转向故障事故4起,爆胎事故2起,占总数的4.25%;共计死亡242人。可见车辆机械故障事故的致死率极高,后果十分严重。

据近几年统计,发达国家与车辆因素有关的交通事故占事故总数的0.5%以下,我国约占10%～15%。随着汽车技术不断发展,因车辆原因导致的事故比例会越来越小。但车辆原因造成的高速公路事故比例较大。

三、道路的因素

交通事故一般情况下是与多方面的因素有关。在道路方面的影响因素中,主要与道路线形及其线形组合、视距、交叉口、路面状况等因素密切相关。

1. 道路线形对道路交通安全的影响

道路几何线形要素的构成是否合理,线形组合是否协调,对事故均有较大的影响。平曲线半径与事故密切相关,曲率愈大事故率愈高;道路竖曲线半径过小时,使驾驶人视野变小,视距变短,易发生事故;据统计,当纵坡度大于4%时,交通事故率剧增;线形突变,如长直线末端或下坡路段末端接小半径曲线等,虽直线、曲线和坡度等线形都符合标准规范,但是线形组合不协调时,仍然会导致事故率的增加。交通事故多发点和多发段与道路线形组合不协调有关。

2. 视距对道路交通安全的影响

视距是驾驶人在驾驶车辆向前行驶时,眼睛所能看到的车道前方的距离。视距和视野对车辆在道路上安全和快速行驶极为重要,速度和行车路线的选择,取决于驾驶人要能看见前方道路及其周围的环境,并有足够视距限界,以便及早发现和判断出道路线形的变化、对向来车及路面上的障碍物,及时调整车速或变更车道,确保在紧急状态时能立即停车和避开危险。因此,足够的视距和宽阔的视野,是保证道路交通安全的重要因素。视距和速度是成反比存在的,速度越高,视距越小,视野越窄。因此,要通过限定速度,来减少交通事故的发生几率,因为降低了速度,就等于扩展了视距,增加了驾驶员的反应空间。所谓超速,其实也是针对视距需求建立起的一个相对的安全技术概念。在很多其他通行条件不理想时,如果能通过对视距的调整,来留出足够的反应距离,是可以更有效地减少交通事故的发生。利用交通标志标线来改善视距,就是一种常见的安全措施。

3. 交叉口对道路交通安全的影响

交叉口和路段是道路的两个重要组成部分。交叉口是道路与道路、道路与铁路或道路与其他交通设施的交叉点。交叉口的存在,提高了道路的交通灵活性和可达性,从而增加了路网的活力,完善了其交通功能;同时交叉口是路网的节点,是交通问题的集中地,是道路交通的咽喉,相交道路的各种车辆和行人到要在交叉口处汇集通过,故极容易发生交通事故(参见《汽车驾驶员安全行车须知》第五章第五节)。

公路上的平面交叉口多数无信号灯控制装置,照明设施缺乏,车辆直行与直行、直行与左转,车辆与骑车者、行人等容易发生冲突,尤其在黄昏、不良天气条件交叉的情况下,交通事故较集中。据统计,国外在平面交叉口处发生的行车事故占总事故的10%~40%,我国为17.2%。发生在主要道路上的交通事故较高,而发生在较低等级道路交叉口的事故则较少。平面交叉口上交通事故状况,与交叉口的形状、几何尺寸、交通量、冲突数量、冲突强度、视距及交叉口设施等因素有关。一般情况下,常以交通量和视距这两个因素来说明平面交叉口安全状况。

4. 路面状况的变化对交通安全的影响

为了提高行车速度,增强安全性和舒适性,降低运输成本和延长道路使用年限,路面的结构应具有足够的强度和刚度,路面材料应具有足够的稳定性,路表面应具备足够的平整度、抗滑和排水性能。不平整的路表面会增大行车阻力,并使车辆产生附加的振动作用。这种振动作用会造成行车颠簸,严重影响行车的速度和安全、驾驶的平稳和乘客的舒适。同时,振动作用还会对路面施加冲击力,从而加剧路面和汽车机件的损坏和轮胎的磨损,并增大油料的消耗。而且,不平整的路面还会积滞雨水,加速路面的破坏。

路面不平和路面状态发生变化是引起交通事故的原因之一。据事故调查结果表明:路面湿润、覆雪和结冰时的事故率,分别为路面干燥时的2~8倍。

四、环境的因素

1. 道路环境因素的概念

广义的道路环境是指影响道路交通及其行车安全的道路周围景观、道路两侧土地利用性质、天气变化情况、道路上的交通量及其组成等因素。狭义的道路环境因素主要指道路周围景观两侧的开发利用情况。

2. 道路景观设计对交通安全的影响

现代的道路不仅要求其具有交通的功能，而且要提高其景观条件，在自然环境和社会环境中具有文化价值。良好的景观设计不仅会给驾驶人带来美的享受，使驾驶人在驾驶时心情非常轻松，不容易出现驾驶疲劳，而且还可起到良好的视线诱导作用，对行车安全非常有利。但如果景观设计不合理或者路线选择不恰当，将会对驾驶人造成不利的影响。不良的道路景观主要表现在以下几方面：

(1)路旁建筑过于拥挤、绿化林木过于浓密或者过于靠近道路、路堑边坡过大等，都会使驾驶人产生压抑感，如同行驶在隧道中，容易造成疲劳。

(2)林木树种的选择和修剪不当，往往会对交通信号和交通标志产生掩蔽作用，驾驶人在行驶时看不到前方的视线诱导标志以及警告标志，容易发生交通事故。

(3)过多、过近的广告牌、标语牌、霓虹灯等易与交通信号和交通标志相混杂，产生干扰作用。

(4)如果路旁景物过于单调、乏味，也会对驾驶人的心理产生不利影响，产生催眠作用，使驾驶人容易疲劳。

3. 交通位置对交通安全的影响

山区或城市之间的二级以下的等级公路经常途经村镇，汽车行驶在这样的公路上时，由于特殊的交通环境，要求驾驶人必须具备相应的驾驶技术。以载运乘客为目的的营运车辆，在行驶到接近村镇时，由于其载客的特殊目的必须减慢车速行驶，且集中注意力观察道路两侧的行人举止，因此很少发生交通事故。但是，载货汽车或轿车在途经村镇时，一般车速较高，为了保证交通安全，驾驶人必须减速慢行。公路通过村镇路段、街道化严重路段的事故发生概率高于其他公路路段。

4. 气候环境对交通安全的影响

气候环境对行车安全有很大的影响。风雨、云雾和冰雪等恶劣天气，严重影响了驾驶人正常驾驶的条件，导致事故多发。恶劣天气时的事故率和致死率明显高于正常天气。据2003～2007年全国交通事故资料统计，不良天气的事故起数、死亡人数和受伤人数占总数比例的平均值均约为23%，不良天气引发交通事故的经济损失占交通事故总经济损失比例的平均值为28%，见表1-5。

2003～2007年交通事故四项指标的不良天气发生数占总数比例(单位:%)　　表1-5

四项指标＼百分比＼年份	2003年	2004年	2005年	2006年	2007年	平　均
事故次数	28.40	20.02	23.73	22.35	21.22	23.14
死亡人数	24.45	21.92	24.68	23.33	21.60	23.20
受伤人数	24.34	20.35	24.69	23.40	22.41	23.03
经济损失	31.47	25.61	29.61	27.35	26.50	28.11

根据美国公路部门的统计资料，潮湿路面，结冰路面以及降雨雪时的路面交通事故率与干燥路面的事故率比较情况见表1-6。

路面状况与交通事故率 表 1-6

路面状况	恶劣天气与晴天交通事故率比值	路面状况	恶劣天气与晴天交通事故率比值
干燥	1.1	降雪	4.8
潮湿	1.9	结冰	8.2

从表 1-6 中可看出,在恶劣天气下的交通事故率比正常的气候条件下要明显地高。驾驶人应掌握在恶劣气候条件下行车的注意事项和一些特殊的操作方法,尽量克服恶劣气候条件下道路环境对行车带来的不利影响,以保证行车安全。恶劣天气情况下交通事故多发的原因可能是多方面的,其中对行车安全起重要作用的交通标志、标线的视认性和清晰度是恶劣天气情况下引发交通事故的重要原因。因此,应重视交通标志、标线在不良天气的视认性能研究。

5. 交通安全管理设施的因素

要了解道路交通安全管理设施与交通事故的关系,首先要了解道路交通安全与管理设施的主要种类,它们是:交通标志、交通标线、视线诱导标、交通防撞设施、交通隔离设施、防眩设施、避险车道、试制动车道等。交通标志、交通标线和视线诱导标是所有道路上使用最多的常规交通安全管理设施,对行车安全具有重大影响;而交通防撞设施、交通隔离设施、防眩设施、避险车道、试制动车道等则是高等级公路、城市快速路上使用的交通安全管理设施。表 1-7 和表 1-8 说明了设置交通安全管理设施对交通事故的影响。(数据来自公安部 2007 年道路交通事故统计白皮书)。

不同的交通隔离设施的交通事故情况 表 1-7

次伤亡损指标 / 数量及比例 / 隔离类型	事故起数(次)		死亡人数(人)		受伤人数(人)		直接财产损失(元)	
	数量	占总数	数量	占总数	数量	占总数	数量	占总数
合计	327 209	100%	81 649	100%	380 442	100%	1 198 783 999	100%
无隔离	228 683	69.89%	57 981	71.01%	269 018	70.71%	586 877 138	48.96%
中心隔离	51 117	15.62%	15 178	18.59%	59 141	15.55%	486 648 893	40.60%
机非隔离	28 698	8.77%	4 778	5.85%	31 685	8.33%	69 343 961	5.78%
中心隔离加机非隔离	18 711	5.72%	3 712	4.55%	20 598	5.41%	55 914 007	4.66%

不同路侧防护设施的交通事故情况 表 1-8

次伤亡损指标 / 数量及比例 / 防护类型比	事故起数(次)		死亡人数(人)		受伤人数(人)		直接财产损失(元)	
	数量	占总数	数量	占总数	数量	占总数	数量	占总数
合计	327 209	100.00%	81 649	100.00%	380 442	100.00%	1 198 783 999	100.00%
波形防撞护栏	21 727	6.64%	8 070	9.88%	26 300	6.91%	373 071 461	31.12%
防撞墙	4 989	1.52%	1 497	1.83%	6 235	1.64%	29 403 978	2.45%
防护墩	10 535	3.22%	2 962	3.63%	12 573	3.30%	45 525 380	3.80%
其他防护设施	50 785	15.52%	10 916	13.37%	57 924	15.23%	158 817 339	13.25%
无防护	239 173	73.10%	58 204	71.29%	277 410	72.92%	591 965 841	49.38%

道路的交通安全设施对于提高道路的通行能力，减少交通事故的发生具有重要的作用，根据国外关于交通管理措施有效性的统计资料，得到道路交通安全设施对于减少交通事故的影响结论如表1-9。

道路安全设施对于交通事故的影响　　表1-9

实行的交通安全与管理措施	事故次数(或损失)减少百分数(%)
设置道路标志牌	20
直线路段上的路中心线与路边线	16~19
曲线路段上的路中心线与路边线	25
设置标志牌、标志线	36
桥梁上的防护设施	30
在限制视距的曲线上设置标志牌	30
在居民区限制车速	20
在路边有建筑物的地点设置标志牌	75
设置道路照明	45~75

(1)道路交通安全设施的作用主要体现在以下几方面：

①指导交通行为，保障交通安全。这些设施可以对交通参与者的交通行为进行指导和引导，肯定正确的交通行为，防止并纠正错误的交通行为。同时还可对交通参与者进行必要的保护，防止或减轻交通伤害，保障交通安全。

②为交通管理提供必要的法律依据。交通标志、标线和交通信号灯是交通法规的体现，也是实施法规的保障。这些设施能够具体地、形象地向交通参与者提示其行为的规范，也为执法人员在维护社会治安秩序、执行交通法规、处理交通违法行为和肇事过程中提供法律依据。

③实现交通科学管理的重要手段。交通安全管理设施具有控制、疏导交通的功能，是城市实现交通控制系统科学化的重要手段之一。在城市中的交通信号灯、交通指示牌等可对混合交通进行疏导和分流，并可提供交通情报，科学地调整交通流量，使交通秩序有条不紊。

(2)道路交通安全与管理设施的设置，应从需要、合理、牢固的要求出发，不能片面地追求数量，随意设置。

①需要。需要的客观依据由保证交通安全、畅通的必要条件和掌握交通信息的迫切性的大小来决定。当确定需要时应设置，当交通流量和交通状况发生改变而不需要设置时应及时撤除。作为安全措施为主要目的的设置，基本原则应该是就低不就高的原则，就是以全天候条件保证充分的安全视距和充分的意思表达力为主要诉求。

②合理。交通设施的合理性，主要表现在少占路面或不占路面、不堵交通、不妨碍视线、少占空间而又能保持显著易懂。

③有效。交通标志、标线必须保证在风雨、云雾和冰雪等恶劣天气状况下其可视性，在夜间无照明的道路上具有良好的逆反射性能；交通隔离和视线诱导设施要确保在全天候情况下有效；交通防护设施要保障在发生交通事故时起到防止车辆冲出车道和路外的作用，具有明显的吸收车辆碰撞能量、减少交通事故伤害的作用。

④牢固。交通安全设施必须坚固、耐久，能经受风吹雨打和日晒等自然侵袭，能在较长的时间内保持不变形和不褪色。为保证设施的完好，必须对交通安全设施进行定期的检查和维修工作。

第三节　安全视距与道路交通安全的关系

一、安全视距

1. 安全视距的定义

在车辆行驶过程中，驾驶人前方无障碍的视线距离称为行车视距，简称视距。为了保证驾驶人员的行车安全，驾驶人能随时看到前方的道路和道路上出现的障碍或迎面驶来的车辆，发现前方的危险，以便能及时采取安全措施，避免事故发生的最短距离，称为安全视距，英文为Decision sight distance（直译：决定视距）。在交通管理中，经常提到的速度管理，主要就是对应安全视距而言的。速度不匹配安全视距的反应时间和距离，就是典型的“超速”。在我国的《道路交通安全法》第三章道路通行条件的第28条里，明确提出了沿路设施和物体“不得妨碍安全视距”。

2. 安全视距的特性及作用

根据安全视距的定义可知，安全视距具有动态的特性，在物理距离上，并没有一个固定的限制值。因为它和驾驶人的反应能力、车辆的行驶速度和性能、路况及其驾驶信息提示效率等都有直接的关系，所以在不同的驾驶人、不同的行驶速度和不同交通信息提示情况下，其安全视距将会存在很大的差异。但是，安全视距在时间上，还是有一定的规律的，世界上有很多国家做过这方面的研究，图1-5所示。图1-5反映了驾驶人在路上行驶时，面临道路紧急状况时的一系列反应过程，说明了不同行驶速度情况下，反应时间与反应距离的对应关系。

图1-5揭示了反应时间与反应距离之间的常规变化规律，其重要性在于它为道路交通安全管理者和设施设计者建立了动态安全视距概念。动态安全视距是解决道路交通安全设计的技术问题的出发点，它给出了一个动态的风险回避动作的前提。那种常规认为，人的反应时间是3s，于是围绕3s钟展开安全措施的做法是不够的，必须要考虑动态的概念。

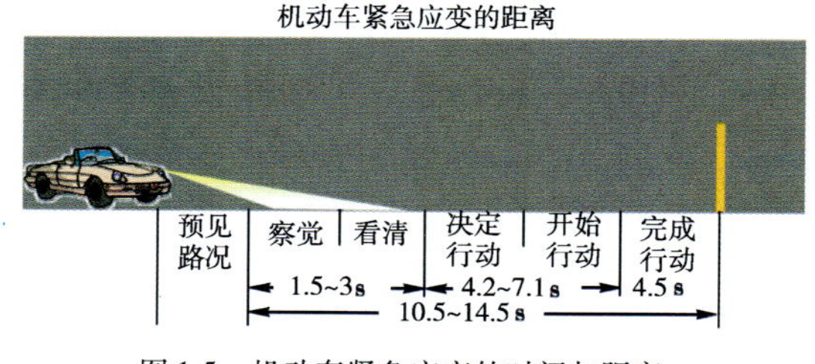

图1-5　机动车紧急应变的时间与距离（s=秒）

在道路设计中，每一个道路交通安全管理设施的设置，都需要考虑这种动态的安全视距，要考虑机动车以什么样的速度行驶，每1s能行驶多少距离；看见和看清楚目标需要多少距离，在这个距离里驾驶员视角和车辆提供的观测角度的变化对识别的影响，采取措施需要多少距离，使车辆站住或者完成躲避动作需要多少距离等。在车辆实际行驶的条件下，进行测试一般驾驶人的动态视距特性，从驾驶人、安全管理设施性能、道路线形、车辆及其行驶速度等，全方位地分析诸因素对安全视距的影响，找出主要影响因素，通过升级安全设施本身的可视性和改进设计技术来加大安全视距，进而改善道路交通安全状况。

在实际驾驶过程中，“决定应变行动”、“开始行动”和“完成行动”三个阶段更多地取决于驾驶者的个人状态与车辆的性能、路面的情况，比如从驾驶者角度看，是否使用了会影响判断能力的酒精、药物，驾驶人的疲劳程度、运动和生理机能等；而从车辆的角度看，车辆载质量、制动效能、方向控制性能、轮胎的状态等，都将对实际的反应距离构成影响的。从道路交通安全工程的角度讲，从决定行动开始之后的三个阶段主要是驾驶人管理和车辆管理的问题，而与道路交通工程技术人员的安全管理设施的设计或设置关系不大。世界很多国家都有巡警动态检查酒后驾车和超载超限的行动，就是针对驾驶人的状态与车辆的性能所采取的一种预防措施；其管理与控制的思路就是通过确认驾驶人的及时反应能力，确认车辆的制动效能，来保障驾驶人和车辆具有足够的安全视距，以减少道路交通事故。但是，这种管理与控制的难度较大，实际效果也不高，关键作用仍取决于驾驶人的自觉遵守程度。

对道路交通安全措施而言，从预见路况开始到看清路况的阶段与决定行动之后的阶段是不同的。因为驾驶人的视认效率和设施本身的性能及设置合理性有关，与驾驶人的态度、动机和行为相比，安全管理设施是一个更加容易控制和调整的阶段。因此，尽可能地提高前三个阶段的视认效率，缩短这三个阶段所占用的时间，就能给后面的三个阶段更多的时间，客观上延长了规避风险的时间和距离，减少了事故的发生。在高速公路上，提前几十公里以上就开始预告下一个服务区的距离，其实就是典型的提高预见路况能力，改善安全视距的措施。

要完成这三个阶段的改善，缩短发现和视认的时间，就是要尽可能地将驾驶人发现问题的时间提前，尽可能使驾驶人的判断问题的时间缩短。要做到这一点，就需要先从影响发现和识别效率的主要因素入手。世界各国的交通工程人员，也就是从这里着手，通过不断地发现改善安全视距的条件，来提高预防道路交通安全事故的能力的。

二、影响安全视距的主要因素

影响安全视距的因素有很多，例如沿路设施在特定角度和距离内被遮挡或不易观察，前车对前方行驶视线的干扰，雨、雪、雾、风沙等天气原因，黄昏、黎明和夜间里的视认能力下降等，这些都是人们会经常想到，也会比较容易理解的影响因素，而且习惯上会把这些因素当作无法避免的客观影响因素，认为人类几乎对这些问题束手无策，这其实是道路交通安全管理和工程设计上的一个误区。在分析道路交通事故的成因时，普遍存在顺其自然地将这些影响因素放在不可抗拒的自然规律上，而缺乏针对性地研究和分析，从而很轻易地就忽视了这些所谓自然规律里的一些可变因素。事实上，从这些因素入手，是完全有能力提高道路交通的安全视距，从而提高道路交通安全。

从影响安全视距的成因上，主要因素可以划分以下两大类。

1. 自然因素

(1)恶劣天气因素：雨、雪、雾天、风沙，甚至强阳光等，导致大气透明度失常，能见度下降，安全视距减小。

(2)时间因素：夜间、黎明、黄昏等时间段，物体表面色彩的对比度下降，导致能见度下降，引发安全视距减小，无法及时发现道路情况。

2. 道路设计及交通环境因素

(1)道路设计因素。道路线形的变化会引起的行车方向、驾驶人视线、视角等改变,使安全视距直接受到影响,特别是在急弯道、陡坡路段的道路线形对驾驶人的安全视距影响最大,这也是为什么在弯道普遍会限速的直接原因之一。

对于多车道的道路而言,当一侧方向车道总宽度超过车灯照射宽度限界时,在夜间,行驶在最内侧车道车辆的前照灯将照射不到设置在路边最外侧的交通标志,即超过了车灯的照射范围;或者,车灯照射的亮度不足以支撑有效视认,这都会使驾驶人丧失获得预告信息的机会,不能及时做出反应,造成了安全视距的减小。

在平面交叉路口,来自不同行驶方向的车辆会形成交通冲突,这就要求更宽广的视野和更大安全视距。然而,由于交叉口周围建筑和交通环境的影响,使停车安全视距变短,视野变窄。

(2)道路环境因素。道路交通参与单元的色彩和周围物体或环境的色彩对比度不够强烈,导致不容易被及时发现。如果在城市道路上,滥用照明设施,或者灯箱和霓虹灯广告众多,将对正常的道路交通管理信息和指示信息形成干扰,造成驾驶人的视线被错误吸引或模糊,增加了驾驶人对有用信息的发现、识别时间,导致安全视距下降。

(3)交通设施设置因素。指路和管理提示设施的设置位置对驾驶人反应时间构成重大影响,包括所有指路、警告、禁令等路况提示设施的位置如果不当,可能会导致对驾驶人注意力的不恰当吸引或者缺乏应有的及时注意,导致安全视距减小。

提示设施最重要的性能是明确、醒目和易识别,所以提示设施的品质是非常重要的。驾驶人普遍会在行驶过程中观察提示设施,这就移动了驾驶人的眼球,所以,当提示设施的发现能力和视认能力低下时,就会引起注视提示内容时间的延长,导致驾驶人无法及时转移视线观察其他路况,引起安全视距的减小。

从上述影响因素中可以看出,很多影响安全视距的因素都是影响发现和判断阶段的因素,是可以通过技术手段来加以修正和改善的。世界发达国家的道路交通安全工作里,有一支力量一直在围绕着这些具体的内容逐一展开工作,并且在已经过去的几十年里,取得了明显的进展。在这些努力中,一种最直接和有效的途径,就是提高道路状况的描述能力。通过道路沿线提示设施的建设,标志标线材料技术的进步,改善驾驶人的安全视距;针对不良天气条件、不良时间段、不良道路环境下的各种限制,实施有效改进措施,增加预告设施,提高预告效率。这其中,道路交通标志标线的使用研究和制作研究,就是重中之重的一项任务。

3. 道路交通标志标线和安全视距的关系

道路交通标志标线,几乎可以被算作是道路建设各类工程中投资最小的一类设施了。恰恰是这类低成本的设施,担负着一种非常重要的安全职责。它通过提示行车规则、路况和方向,规范驾驶人的驾驶行为,提前使驾驶人做好准备,从而反向缩短驾驶人判断问题的时间,给驾驶人更多的作出反应、采取行动的时间,达到增加安全视距的目的。在高速公路上,经常有提前几十公里就预告下一个服务区的提示标志,就是典型的利用标志增加安全视距的措施。

进入21世纪以来,我国的交通管理部门和道路工程部门,都越来越重视交通标志标线的作用,在各种交通安全设施整改工作里,大量地增添着道路标志标线。以2008年北京奥运会交通保障工程为例,北京市政府就增加了10 000多块交通标志,施画了数百公里的奥运专用车道标线。通过这些手段,大幅度改善北京市的交通管理水平,也为城市面貌的焕然一新,起到了积极的作用。

(1)道路交通标线与安全视距的关系。机动车、非机动车和行人在路上行进时,首先要做到的就是要“各行其道”,从道路的客观条件上,就要求道路路面上要有车道提示,让机动车、非机动车和行人都能够按各自道路行进。因此,利用道路标线划分车道,是保证安全视距的一个基本手段。从逻辑上,可以这样理解:路面上的车道标线提示得越明确,越容易被机动车驾驶人发现,就越能提高识别效率,让驾驶人能用更多时间观察其他路况,改善安全视距。由此还可以推论出,越能适应各种气候条件的道路标线,越能在各种时间段都能使驾驶人清晰辨认的标线,就越能约束和提示驾驶人的行为,这就是道路标线和安全视距的关系,也是近年来,全天候标线技术逐渐普及的原因。

在美国《统一交通控制设施手册》(Manual of United Traffic Control Devices,MUTCD,美国交通标志标线国家标准)中,对公路和铁路平交道口的标线要求,是典型的通过预告增大安全视距的措施,见图1-6。

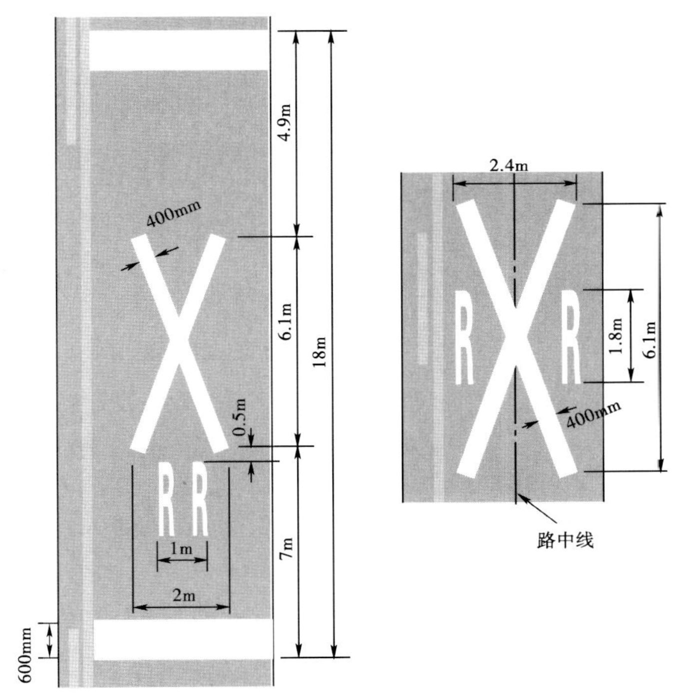

图1-6　美国公路和铁路平交道口标线施画示意图

(2)道路交通标志与安全视距的关系。道路交通标志与标线同样对人的安全视距具有重要的影响,大多数情况下是标志与标线配合使用,为驾驶人提供更加清晰、准确和到位的驾驶信息。交通标志的科学选择与合理设置可以提高行车安全视距,减少交通事故。例如,矗立在道路两侧和悬挂在龙门架上的各种交通标志,其作用是给道路使用者以提示,预告前方道路情况和道路条件等,实际上这也是一种延长安全视距的手段。在我国的《道路交通标志标线》的标准(GB 5768—1999)中,要求高速公路上的出口标志要提前2.5km就开始设置,并且要有3级预告,这一要求充分地考虑了高速行驶条件下的驾驶人动态安全视距的变化。其工作原理是通过加强标志的预告功能，来缩短驾驶人的发现、识别、判断时间，从而人为地创造出更多的时间，让驾驶人可以做好准备，进行变道操作等。在美国的 MUTCD 里也有许多类似规定，图 1-7 是美国铁道和公路交叉路口前的提示标志。

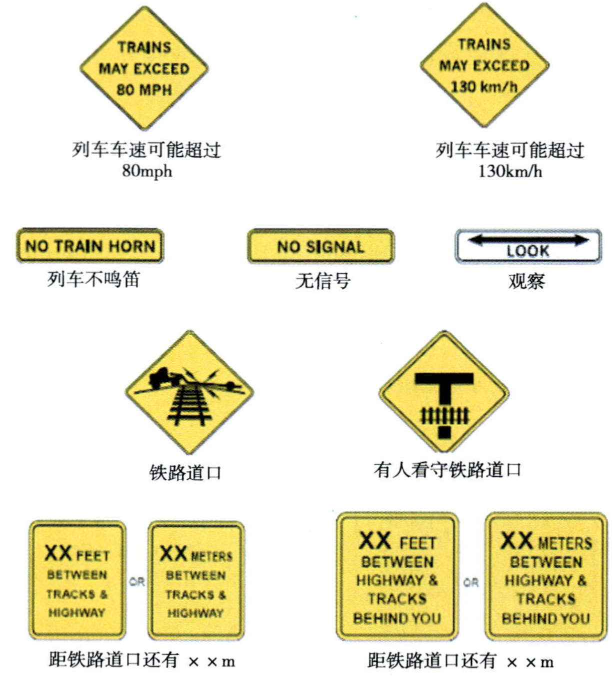

图 1-7　美国铁道和公路交叉路口前的提示标志(编写组译)

图 1-8 所示是美国《统一交通控制设施手册》中对学校校区设立各种交通标志的示意图，其中有学校提示标志、限速标志、校区道路开始和终止标志等。这些设施都是为了“增加”安全视距的措施。从图 1-8 可以得出，要提高一个区域的道路交通安全，需要提前设置预告标志、限速标志，并在限速区结束时设置限速结束标志等，这样可以使车速逐渐下降，从而延长了安全视距，减少交通事故的隐患。

图 1-9 是京津塘高速公路上的前方行驶方向地点(左图)和前方支路并入主路的主路提示标志，这都是典型的通过预告手段，来增加安全视距的措施。

道路交通标志和标线配合使用可以在交通组织中发挥良好的作用。如图 1-10 所示，是美国 MUTCD 中典型的单行线分叉路口的提示标志设置方法。

(3)逆反材料和安全视距的关系。日常生活里，亮度可以增加视距，这是一个很容易理解的自然现象。安装路灯，使用车灯，在机动车尾部安装穿透力很好的制动灯，都是基于亮度可以增加视距这一原理展开的安全措施。而在夜间，或者空气透明度不好的白天，比如黄昏、黎明、雨雾天气，人们的视距就会受到影响而缩短；逆反射材料的主要作用，就是通过反射车灯的灯光，使被照射物体的表面亮度增加，也就是驾驶者能更早地发现和辨别机动车前进方向上的物体，通过这种延长的视距，获得更多的反应时间。

1975 年，科学家 Berggrund 和 Rumar 在黑暗环境中做视距测试，形成了图 1-11 的结论，揭

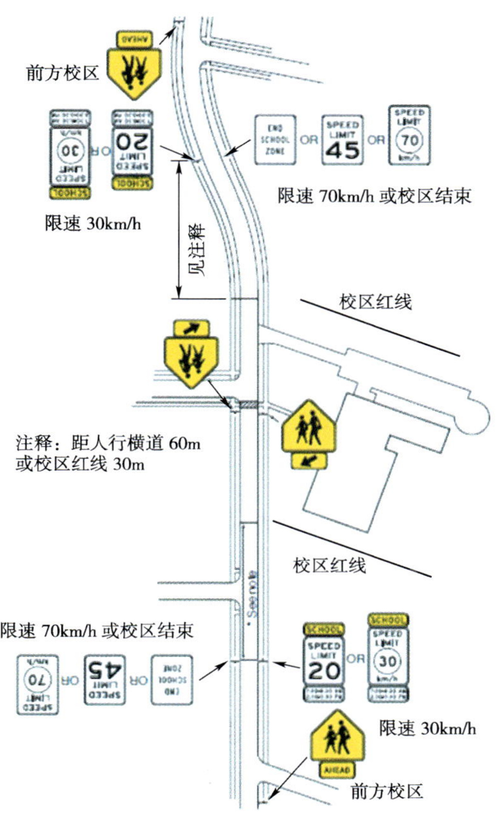

图 1-8　美国校区交通标志设置示意图

a)　　b)

图 1-9　京津塘高速公路上的前方提示标志

示了亮度值与可视距离的关系。图 1-11 说明:亮度的对数与材料的可视性距离呈线性正比关系;反光亮度越高,材料的可视性距离就越远;在材料使用面积一定的情况下,逆反射系数的值越大,反光亮度越高,材料的可视距离就越远。

就逆反射材料而言,亮度只是一个笼统的概念,从技术标准上讲,逆反射材料的反光性能,主要有两个技术指标,一个是色度,一个是光度。这两个参数同时作用,才能体现出“亮”的程度。本书第二章将对此做具体的介绍。

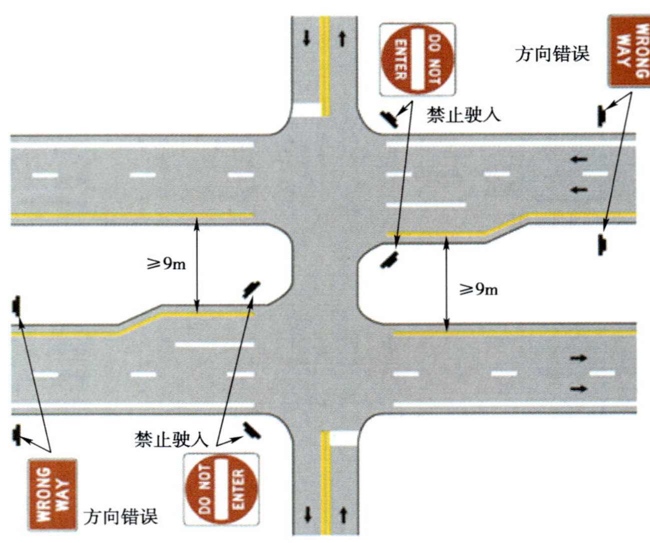

图 1-10　美国 MUTCD 中典型单行线分叉路口标志设置示意图

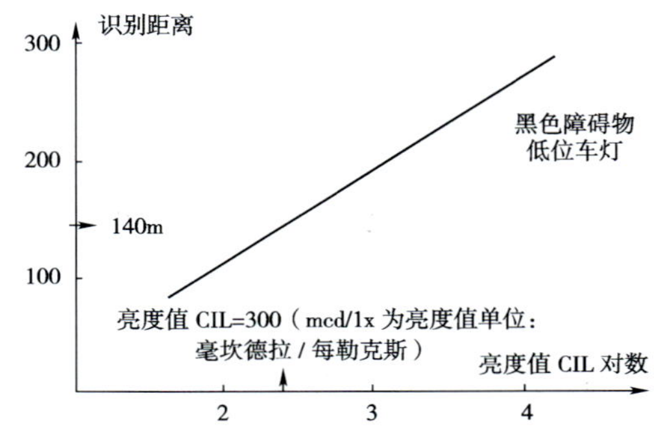

图 1-11　亮度与视距的关系

第四节　道路交通标志标线

一、道路交通标志标线的起源

早在中国周代，已有“列树以表道”的记载。在古罗马时代，从罗马到加普亚的军用大道上设有里程碑和指路牌。但是目前大多数人认为现代道路交通标志的起源，应该追溯到 1879 年 12 月的英国——参加自行车联盟的地方组织塞克林格俱乐部，在通往山区的道路上设置了一个预告危险的交通标志：“到塞克利斯特—这个山丘危险”。这个用油漆写在铁板上的预告标志成为有史以来文字记载的最早的道路交通标志。而最早在道路上设置交通标志的行政管理部门，则是英国英格罗斯特郡的英特恩沼泽地路政局。它曾于 1881 年 10 月在莫特恩小山的明显之处设置了警告标志。1901 年 10 月，在得到格罗斯特郡州议会许可后，英国汽车联盟在格罗斯特的巴德利普小山顶上设置了世界上最初的汽车专用警告标志。后来，英国有关行政当局根据1903年颁布的《汽车条例》，获得了设置交通标志的权力，并在同年3月10日向各地方行政局下发了“建议采用如下交通标志”的文件：即在木板上画一个直径457mm(18ft)的白色蛇，表示速度限制；红圈表示禁止；红线三角表示警告；菱形表示交叉点，危险的拐角，急转弯场所。由于当时并不是所有的地方当局都接受上述建议，因此出现了交通标志不统一，不利于过往汽车驾驶人马上识别的混乱局面。直到1930年以后，统一的交通标志法令才在英国各地获得认可，使交通标志更加规范化。

1903年，由于法国汽车联盟的积极推进而使法国成为世界上最早的在全国范围内使用统一的汽车交通标志的国家。法国当时的交通标志是在一块又一块黑色的木板上，用白漆分别书写“左拐”、“右拐”、“桥梁”、危险的上坡路”等，提醒驾驶人注意。这些标志至今仍然在使用。

1908年，在巴黎召开的首届国际道路会议上，曾提出统一交通标志的议题，决定实行国际统一的交通标志。要求与会的国家和地区把统一规定的“路不平，交叉口，弯路和前面有铁路横过”等交通标志符号画在三角形的木板上，用红线勾边，使之醒目，但未达成协议。以后，在欧洲、美洲、非洲多次召开会议，讨论地区性或世界性的交通标志统一问题。后来欧洲各国乃至全世界的国家和地区的交通管理当局都把统一后的交通标志纳入道路交通管理中，并根据不同国家的道路情况，有所创新和发展。

1935年，美国的第一版《统一交通控制设施手册》(Manual of United Traffic Control Devices)出版，向全国推荐了统一制作交通标志的办法和标准。统一交通控制设施《手册》里甚至还提到了建议使用“发光材料”制作交通标志，以改善夜间交通安全的条件。

1968年，联合国公布《道路交通和道路标志、信号协定》作为各国制订交通标志的基础。从此各国的交通标志在分类、形状、颜色、图案等方面逐渐向国际统一的方向发展。

今天，伴随着机动车的普及和道路发展，越来越多的国家和政府意识到了交通标志标线的重要作用，在一些发达国家的带领和推动下，利用这些简单的交通控制设施，实现了交通安全与管理技术水平的不断提高。同时，在欧盟、联合国等国际组织的努力推动下，越来越多的国家加入了国际道路交通标志、信号的统一运动中，想方设法为实现国际便利交通进行新的尝试。

道路交通标线，也是随着道路交通的发展而发展起来的，见图1-12。

a)

b)

图1-12 早期和现代的交通标线形式

a)英国刚出现汽车时用彩色石头标示道路；b)美国现代标线

道路自古有之,古代人们之间的交往、物质的交换都离不开道路的使用。那时候的道路很简单,就是找一个承载能力相对高的地方能够承载这些简单的交通工具,一般就是依靠自然的地势,道路都是曲折不平,那时候人们也没有能力建造好的道路,道路大都是自然形成,更谈不上用标线技术分割行驶路线了。在中国的长城上和古老的国都遗址里,经常能看到用不同的尺寸和工艺制作的石头道路,就是用来区分不同行驶状态的道路标线的早期需求证明。

19 世纪末汽车的出现,推动了现代意义上的道路的出现和发展,人类开始有目的地修筑用于汽车行驶的道路。1885 年汽车的出现,客观上要求道路有较大的承载能力和运输条件,并对道路的宽度提出了新的要求。1890 年橡胶充气轮胎的出现,进一步推动了道路的发展,充气轮胎的出现,使汽车的行驶速度大大提高,这就要求道路必须平整、坚固、耐磨。1902 年,出现了第一条焦油沥青铺筑的碎石路面,路面平整,汽车能够快速行驶。20 世纪后,欧洲汽车工业的飞速发展,大量的适合汽车运输的道路开始出现,但是这个时候的道路还是传统意义上的马路,在道路的设立方面还没有本质的差别,只是道路的质量提高了,适合汽车运输。1912 年,德国柏林开始修筑了一条大约 10km 的公路,这一公路使得德国乃至全世界的道路首次拥有了双向行驶的行车道,意味着真正意义上的公路的出现。

双向行车道的公路的出现,促进了道路标线的产生,为了使逆向行驶的车辆能够“各行其道”,标示车道的材料就显得尤为重要。人们将碎石子简单地摆设在路的中央,这就是最初的道路标线了。但是,碎石子很容易在车轮的撞击下四处飞溅,同时非常容易导致车辆在行驶中急剧颠簸,客观上要求一种平整、相对耐久的道路标线材料的出现。

二、道路交通标志标线对交通安全的作用

1. 交通标志的作用

(1)预告和警告作用。对道路使用者而言,标志可以预告道路上某一地段、某一地点的道路状况和周围情况,警告车辆、行人注意危险地点。

(2)规范与指导作用。交通标志可以对交通参与者的交通行为进行规范和指导作用,通过禁令标志明确告知交通参与者哪些交通行为不可为,通过指示标志和道路施工安全标志等,告知驾驶人如何进行选择车道,如何通过交叉路口,如何选择道路通过等正确的交通行为,使交通参与者进行必要的保护,防止或减轻交通伤害,保障交通安全。

(3)引导和服务作用。交通标志中的指路标志和旅游区标志都是一种服务性标志,用它可以明确表示出各道路的主要去向,为道路的使用者提供所要到目的地的方向、距离以及行驶路线;使旅游者可以方便地识别通往旅游区的路线、方向、距离,了解旅游项目等信息。

【交通标志治理交通事故危险路段实例】

道路交通标志将向符号化、统一化、高亮化、节能化、轻型化发展,新材料、新结构、省能源的新型标志如太阳能标志、激光标志和全息标志的研究正受到重视。在国外道路危险路段治理过程中,交通标志标线发挥着重要的作用,例如在美国的公路弯道和平面交叉口的安全设施中,主要通过各种交通标志和标线的科学设置构成治理方案,一般都收到了较高的投资效益比。在我国北京八达岭高速公路“死亡之谷”的交通事故多发路段治理中,交通标志也发挥了重要的作用,图 1-13 是安装在八达岭高速公路潭峪沟路段的交通标志和车速反馈仪,通过高

性能的荧光黄绿钻石级反光标志配合车速反馈仪，可以全天候地提示动态车速和注意事项，使驾驶人可以有效地控制车辆行驶速度，有效地防止了车辆超速、制动不良引起的交通事故。

2. 交通标线的作用

（1）实行交通分离。利用交通标线，可实行车辆与行人的分离；机动车与非机动车的分离；大型车与小型车的分离；上行车与下行车的分离等。如车行道中心线、车道分界线、导向车道线、人行横道线和导向箭头等。

图 1-13　北京八达岭高速公路潭峪沟路段的交通标志和车速反馈仪

（2）渠化平交路口交通。利用交通标线，可在平交路口渠化交通，引导行人和各种车辆按标线所示方向行驶，疏导交通，减少冲突点，保障交通安全。如导流标线、停止线、减速让行线等。

（3）提示前方路况，保障交通安全。通过交通标线，将前方道路状况和特点显示给驾驶人，这不仅可提醒驾驶人的注意，而且对驾驶人起到指引方向的作用，从而保障行车安全。如路面文字标记、导向箭头、车行道边缘线等。

（4）执法依据。道路交通标线不仅使道路交通行为规范化，而且也是对交通违法行为及交通事故进行处理的法律依据。

三、道路交通标志、标线的法律地位

1. 道路交通标志标线的立法

很多国家，特别是发达国家，对道路交通标志标线的法律作用，有更多和更详细的规定。比如，在美国，不仅有国家级的统一标志标线标准，很多州政府，还在这个基础上，添加和制订了本州的标志标线标准，规定了标志逆反射亮度系数的最低标准和使用寿命限度，赋予了交通标志更多的权威和质量保障措施。

我国法律对交通标志、交通标线也有比较完善的规定。

（1）《道路交通安全法》及《道路交通安全法实施条例》的规定。全国人大常委会通过的法律《道路交通安全法》第二十五条规定："全国实行统一的道路交通信号。交通信号包括交通信号灯、交通标志、交通标线和交通警察的指挥。交通信号灯、交通标志、交通标线的设置应当符合道路交通安全、畅通的要求和国家标准，并保持清晰、醒目、准确、完好。根据通行需要，应当及时增设、调换、更新道路交通信号。增设、调换、更新限制性的道路交通信号，应当提前向社会公告，广泛进行宣传。"这一规定将交通标志、交通标线列入道路交通信号之中，并且用法律确定了全国统一的交通标志、交通标线制度，确定了交通标志、交通标线的设置、保持和公告制度。

国务院发布的行政法规《道路交通安全法实施条例》第三十条规定："交通标志分为：指示标志、警告标志、禁令标志、指路标志、旅游区标志、道路施工安全标志和辅助标志。道路交通标线分为：指示标线、警告标线、禁止标线。"第三十五条规定："道路养护施工单位在道路上进行养护、维修时，应当按照规定设置规范的安全警示标志和安全防护设施。"第三十六条规定：

“道路或者交通设施养护部门、管理部门应当在急弯、陡坡、临崖、临水等危险路段,按照国家标准设置警告标志和安全防护设施。”第三十七条规定:“道路交通标志、标线不规范,机动车驾驶人容易发生辨认错误的,交通标志、标线的主管部门应当及时予以改善。”这一行政法规在《道路交通安全法》的基础上进一步进行了补充。

(2)《公路法》及《公路管理条例》、《收费公路管理条例》的规定。全国人大常委会通过的法律《公路法》第三十三条规定:“公路建设项目和公路修复项目竣工后,应当按照国家有关规定进行验收;未经验收或者验收不合格的,不得交付使用。建成的公路,应当按照国务院交通主管部门的规定设置明显的标志、标线。”这一法律,将标志、标线列入公路建设项目和公路修复项目,由建设和施工单位负责设置。《公路法》第三十五条:“公路管理机构应当按照国务院交通主管部门规定的技术规范和操作规程对公路进行养护,保证公路经常处于良好的技术状态。”这一法律,对标志、标线的养护职责确定给了公路管理机构。《公路法》第五十二条规定:“任何单位和个人不得损坏、擅自移动、涂改公路附属设施。前款公路附属设施,是指为保护、养护公路和保障公路安全畅通所设置的公路防护、排水、养护、管理、服务、交通安全、渡运、监控、通信、收费等设施、设备以及专用建筑物、构筑物等。”这一法律,将标志、标线列为公路附属设施予以保护。《公路管理条例》、《收费公路管理条例》也进一步进行了补充规定。

2. 交通标志、标线的法律地位及作用

法律是国家意志的体现,具有强制性,因此其要求是刚性的,交通标志、标线的审批、设计、制作、设置、养护、保护以及使用各个环节的主体都必须遵守,违反其刚性要求将承担相应的法律责任。

根据《公路法》、《道路交通安全法》的规定可知,交通标志、交通标线是法定交通信号的一种,是交通法律的一种表现形式。换句话说,交通标志、交通标线是道路交通法律法规的一种载体,是道路交通的基本语言,是用来指挥、控制、引导和指示车辆、行人通行或停止的特定符号信息系统。法律法规通过交通标志、交通标线的设置与施画,制订了道路交通规则体系,使交通参与者在道路空间、时间和方式上明确行车走路的规则。法律明确规定了交通标志、标线是交通信号的一种,这就意味着交通标志、标线是用来指挥、控制、引导和指示车辆、行人通行或停止的法定符号信息,具有与其他法律条文同等法律地位。

交通标志、交通标线是交通管理设施的一个重要组成部分,交通标志、交通标线所表示的内容是指挥、控制、组织、引导交通的法定信息。在道路上建立起文字和符号统一、意思明确、易读性强、位置恰当的交通标志、标线管理系统,是确保道路交通有序、安全和畅通的基础。因此,道路交通标志、标线是用图形符号、颜色和文字向交通参与者传递特定信息,用于管理道路交通的安全设施。

交通标志、交通标线不仅是交通法规的体现,为交通参与者提供交通行为的规则与规范,而且也为交通管理者执法提供了法律依据,既交通标志、交通标线是实施法规的保障。这些设施能够具体地、形象地向交通参与者提示其行为的规范,也为执法人员在维护社会治安秩序、执行交通法规、处理交通违法行为和肇事过程中提供法律依据。

四、道路交通标志标线标准及分类

1. 交通标志标线标准

交通标志和标线,是道路交通控制设施的最重要组成部分,是交通管理的语言,需要交流和统一。为此,世界各国,都对交通标志制订了官方标准和通用准则,从标志的分类、形式、内容和设置规则上进行了规定,作为路网之间联络和沟通信息的统一载体,以帮助道路使用者正确识别和理解道路情况和交通管理规则,有序、安全、方便和通畅地达成各自的交通需求。

道路交通标志标线标准化是道路交通及其管理的特点所决定的,如果一个国家的道路交通标志标线不进行标准化就无法达到交通标志标线的视认性和通识性,就会阻碍道路交通的连续性和通畅性。在欧洲,有著名的《1968 年维也纳道路标志与信号公约》(Vienna Convention on Road Signs and Signals of 8 November 1968),对欧洲乃至全球的标志标线标准产生了救援的影响。在美国,不仅有美国国家交通控制设施标准(MUTCD),其 50 个州的州政府,在该标准的基础上,陆续都制订了本州专用的标志标准,标准中有些标准是和国家标准相同的,也有一些具有本周特色的标准。到 2003 年,完全使用国家统一标准的州,有 24 个,大部分人口多、环境相对复杂的大州,都采用了对国家标准进行修订和增补的办法,以满足自己地区的需要。

我国对道路交通标志进行规范始于 1955 年公安部发布的《城市交通规则》,它将交通标志划分为警告标志、禁令标志和指示标志三类共 28 种。1972 年,交通部、公安部联合发布《交通规则》,将其增至 34 种。1982 年交通部《公路标志及路面标线标准》又将其分为警告标志、禁令标志、指示标志、指路标志和辅助标志五类共 105 种,并首次列入了高速公路和一级公路的起、终点预告标志,起、终点标志以及高速公路出口、入口、服务区预告和指示标志,颜色为蓝底白字白图案;1986 年国家标准局批准、发布《道路交通标志和标线》国家标准,将交通标志分为主标志和辅助标志两大类五部分共 168 种。1999 年的《道路交通标志和标线》(GB 5768—1999)是在 GB 5768—86《道路交通标志和标线》的基础上修订的,它保留了原标准中实践证明适用的部分,在总结我国道路交通标志标线设计、制造、施工及检测经验的基础上,根据国内外标志标线技术的发展和交通管理的需要,交通标志数量增加到 327 种。增加了警告标志、禁令标志、指示标志的数量,特别是适用高速公路标志标线上,进一步向国际标准靠拢。一般道路指路标志重新设计了道路编号标志,增加了地点识别标志、避车道标志和告示牌;城市道路上增加了天桥、地下通道标志、绕行、此路不通等标志。高速公路指路标志是针对最近十几年来在设计、实施和管理中发现的问题及国外标志标准的新规定而增加的,如爬坡车道标志、车距确认标志、道路交通信息标志、旅游区标志及道路施工安全标志及设施等。道路交通标线按功能、设置方式和标线形态进行分类,对标线的颜色和标画方式有了更严格的规定。增加了很多新的标线。非常值得一提的是,该标准还第一次明确提出了要考虑在使用反光膜制作标志时,充分考虑龙门架标志、宽车道标志的观测角度,应该使用大角度逆反射性能好的反光材料,这是中国从国家标准角度,一次非常明确地突出安全视距对安全的影响关系。在本书的编写过程中,GB 5768—1999《道路交通标志标志标线》正在新的一轮修订中。作为新中国改革开放 30 年后,一次全新时期的交通管理技术推动工作,非常值得人们的期待。

2. 交通标志分类

交通标志有多种类型,可按不同的方式进行划分。我国现行的道路交通标志按功能可分为主标志和辅助标志两大类;按使用特点可分为可动式标志和固定式标志;按标志内容显示方式可分为照明标志、发光标志和反光标志;按标志信息可变性可分为固定信息标志和可变信息两种。

(1)主要标志和辅助标志。主要标志可分为指示标志、警告标志、禁令标志和指路标志四种。

①指示标志：通常为圆形、长方形和正方形，蓝底白色图案，用于指示车辆和行人按规定方向、地点行驶。如直行、左转、右转、停车、绕行等。指示标志共有29种。

②警告标志：通常为等边三角形，顶角朝上，黄底黑边，黑色图案，用于警告驾驶人员注意前方路段存在的危险和必须采取的措施。如预告交叉口、道路转弯、铁路道口、易滑路段、可能落石路段、不平路面、合流交通等。警告标志共42种。

③禁令标志：通常为圆形、八角形、顶角朝下的等边三角形，白底红圈，红斜杠，黑色图案，是根据街道、公路和交通量情况对车辆加以禁止或适当限制的标志。如禁止通行、禁止停车、限制速度、限制重量、限制宽度等。禁令标志共42种。

④指路标志：通常为矩形，蓝（绿）底白字和白色图案，用于指示市镇村的境界，目的地的方向、距离，高速公路的出入口、服务区和著名地点所在等，并沿途进行各种导向。如国道编号、里程碑、百米桩、分界碑、指路牌、地名牌，以及高速公路出入口、加油站、修理站、停车场等的指示牌。指路标志共有62种。

⑤辅助标志：通常为长方形，附加在主要标志上起补充说明作用，可分为表示车辆种类、表示时间、表示区间范围和表示距离等四种。辅助标志不能单独设立，共有16种。

（2）可移动式标志和固定式标志。可移动式标志一般用于临时性施工现场，用毕后即可拿走。固定式标志为永久性标志，按结构形式有单柱式、双柱式、悬臂式、门架式和附着式（安装于其他结构物上）。标志通常设置在驾驶人员最容易看到的位置。有的标志要求有一定的前置距离，即在看到标志后有采取必要行动的时间。安装于路边的标志牌下缘至路面的高度一般为120～250cm，门架式和悬臂式标志的高度要满足净空要求，一般在450cm以上。

图1-15和图1-15所示为美国MUTCD中的关于移动标志的（施工类提示）的一些标准样板和夜间临时道路施工的交通标志效果照片。

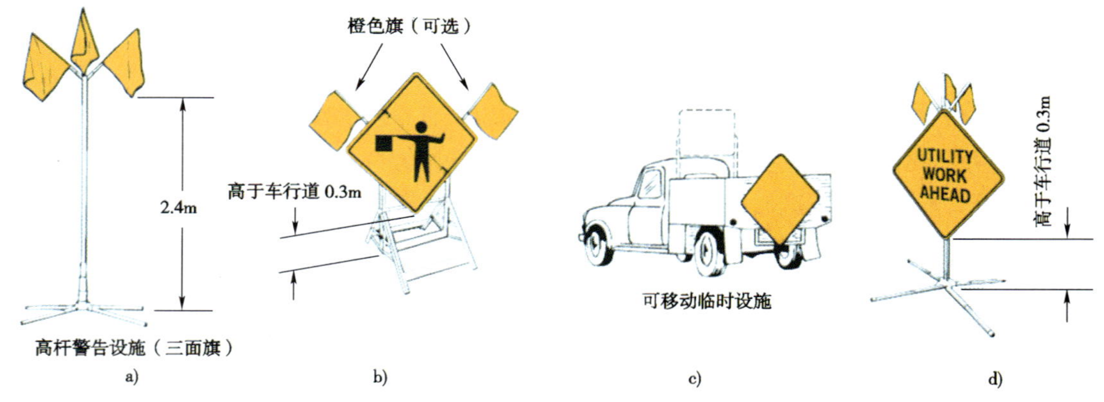

图1-14　美国MUTCD中的关于移动标志（施工类提示）标准样板

（3）照明标志、发光标志和反光标志。

①照明标志的照明方式有三种：内部照明，利用标志面板后的光源通过半透明材料照亮标志图案或底板；外部照明，安装专用灯，均匀照亮标志面板；其他设备，如用整形发光管制成标志图案。

a)

b)

图 1-15　夜间临时道路施工中移动标志的(施工类提示)的设置效果照片

②发光标志一般是用荧光材料制成的交通标志。

③反光标志的反光膜,用透明树脂(包括粘合剂)、玻璃微珠、反光金属等材料制成,或将玻璃珠压入塑料中制成。当汽车前照灯射向反光标志时,反光膜能将光线定向反射回来,使驾驶人在夜间能看清标志。反光膜的反射亮度、色度、耐候性、粘着性、拉伸强度、耐溶剂性等性能都要符合要求。

(4)可变信息标志。可变信息标志是一种因交通、道路、气候等状况的变化而改变显示内容的标志。一般可用于速度限制、车道控制、道路状况、今天状况、气象状况及其他内容的显示,主要用于高速公路、城市快速路的交通管理信息显示,如图 1-16 所示。

图 1-16　可变信息标志

公路上的行车环境由于天气(如雾、雪、暴雨、结冰)、自然灾害(如地震、洪水、台风、坍方)、交通事故等影响,可能发生变化。可变信息标志能将行车环境的变化及时告知驾驶人员。可变信息标志上储存多种信息,控制人员可根据公路上发生的情况,通过遥控装置手动或自动显示其中的某种信息。改变信息的方法有三种:

①底色选择,是通过在路线图上不同底色的显示,表示高速公路和地面街道交通拥挤的程度,以及已调节匝道交通耽误的程度。漏光式标志采用的即是底色选择法,底色为黑色(不发光)时,信息不显,底色为白色(发光)时,信息出现。底色选择可采用电子开关或机械的方法。用电子开关选择底色是用电路控制的选择方法。用机动滤色转塔选择底色是一种机械选择方法。

②信息面板选择,是从若干信息面板中用机械方法挑选一种要显示的内容。可分为:滚动

面板选择，是把一些信息储存在柔性透明的滚筒上（如公共汽车目的站标志）；旋转面板选择，是把三种信息画在旋转的三菱柱的三块面板上；可逆转面板选择，是在平板的两面储存信息，平板可以翻转。

③字符格式选择，最常用的是灯泡矩阵形标志，用电路控制方法使矩阵中规定的灯泡发光，构成各种字符。也可用机械方法选择，即采用由很多金属小圆盘组成的磁性矩阵组件，金属小圆盘在接收到正确极性的脉冲信号后位置便翻转，每个金属小圆盘的正面为发光的反射面，反面为暗黑的底色，从而构成各种字符。纤维导光标志是一种节省能源的新型标志。导光纤维作为光反射介质，使光线通过内反射到达纤维另一端的小灯泡而发光，纤维小灯泡可以构成任何需要的字符。如果在光源和导光纤维系统之间加上滤光器，则可显示彩色字符。

3. 交通标线分类

道路交通标线是由不同颜色的路面标线、箭头、文字、突起路标和路边线轮廓标等所构成的交通安全设施，它的作用是管制和引导交通。道路交通标线可以和交通标志配合使用，也可单独使用。交通标线在城市道路交通管理中占有重要地位。

道路交通标线的形式有白色虚线、白色实线、黄色虚线、黄色实线、双白虚线、双白实线、双黄实线、黄色虚实线、橙色虚实线、蓝色虚实线 10 种，每种形式标线的含义如下。

(1) 白色虚线：划于路段中时，用以分隔同向行驶的交通流；划于路口时，用以引导车辆行进。

(2) 白色实线：划于路段中时，用以分隔同向行驶的机动车、机动车和非机动车，或指示车行道的边缘；划于路口时，可用作导向车道线或停止线；划为停车位标线时，指示免费停车位。

(3) 黄色虚线：划于路段中时，用以分隔对向行驶的交通流或作为公交车专用车道线、潮汐车道线；划于交叉口时，用以告示非机动车禁止驶入的范围；划于路侧或缘石上时，表示禁止路边长时停放车辆。

(4) 黄色实线：划于路段中时，用以分隔对向行驶的交通流或作为公交车、校车停靠站标线；划于路侧或缘石上时，表示禁止路边停放车辆；划为网格线时，标示禁止停车的区域；划为停车位标线时，表示专属停车位。

(5) 双白虚线：划于路口，作为减速让行线。

(6) 双白实线：划于路口，作为停车让行线。

(7) 双黄实线：划于路段中，用以分隔对向行驶的交通流。

(8) 黄色虚实线：划于路段中时，用以分隔对向行驶的交通流。黄色实线一侧禁止车辆越线超车或掉头，黄色虚线一侧在保证安全的情况下准许车辆越线超车或掉头。

(9) 橙色虚实线：用于施工区标线。

(10) 蓝色虚实线：作为非机动车专用道标线；划为停车位标线时，指示收费停车位。

交通标线的分类方法有很多种，通常按照交通标线的设置方式、功能和型态进行分类。

(1) 按设置方式分类。道路交通标线按设置方式可以分为三类：纵向标线，横向标线和其他标线。

①纵向标线。纵向标线是指沿道路纵向设置的各种标线，如车行道中心线、车道分界线、车行道边缘线、导向车道线、车道宽度渐变线以及接近路障的标线等。

a. 车行道中心线。用来分隔对向行驶的车流，一般设置在车行道的中间，路面宽度可容纳两条机动车道的双向行驶道路，应画车行道中心线。中心线的颜色规定是：画中心虚线和画中心单实线的道路，中心线用白色或黄色；画有中心双实线和中心虚实线的道路，中心线用黄色或白色。根据不同的需要和道路条件，车行道中心线可画成中心虚线、中心单实线、中心双实线和中心虚实线。具体见表 1-10。

车行道中心线的分类及规定　　表 1-10

分　类	简　图	国标规定
中心虚线	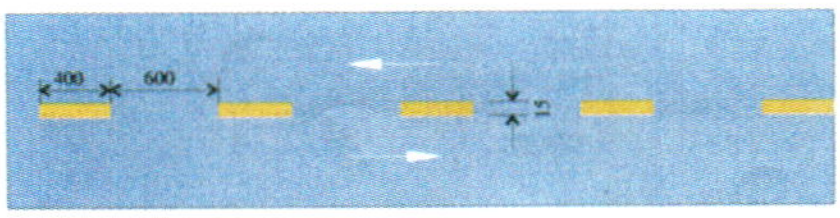	在保证安全的情况下，车辆在超车和向左转弯时，可以越线行驶（双车道上）
中心单实线		不准跨越超车或压线行驶（四车道行车带上）
中心双实线	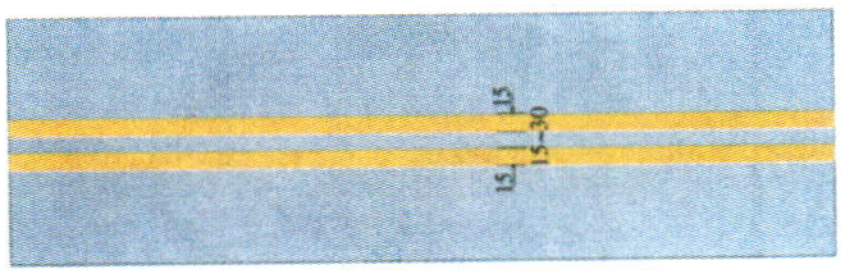	两条平行的实线。严格禁止车辆跨线超车或压线行驶。四车道以上设有中央分隔带的道路应划中心双实线
中心虚实线	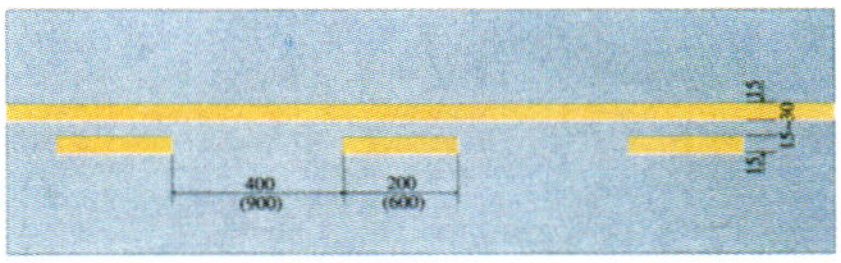	实线一侧禁止车辆跨线超车或向左转弯，虚线一侧允许车辆越线超车或向左转弯
	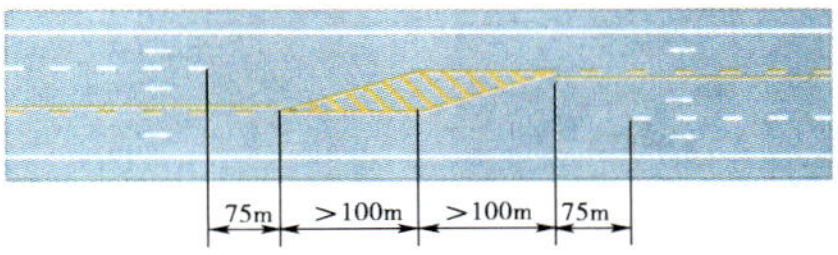	双向通行的三车道道路以及需要实行单侧禁止超车的路段，应划中心虚实线

b. 车道分界线：是用于分隔同方向行驶的车流，为白色虚线。凡同一方向行驶的车行道上有两条或两条以上车道时，应划车道分界线。

c. 车行道边缘线：是用于表明路面或车行道的边线，为白线。高速公路、一级公路和城市快速路，应在路缘带内侧划实线边缘线。二级公路视线受限制的路段和划有中心单实线的路段，应划实线边缘线。其他路段可不划或划虚线边缘线。

②横向标线。横向标线是指垂直于道路行进方向的标线。它包括停止线、减速让行线和人行横道线等。

a. 停止线：表示车辆等候通行信号或停车让行的位置。为一条白实线。停止线应与车行道中心线相连接，如果是单向行驶路口，其长度应横跨全路面。停止线的线宽可根据道路等级、交通量和行车速度的不同而选用 20、30、40cm 不等。停止线应设置在最有利于驾驶员瞭望的位置，一般可设在主干道缘石的延长线上。设有人行横道时，停止线应距人行横道 1 ~

3m 远。

b. 减速让行线：是两条平行的白色虚线。它表示车辆必须减速让行。在设有“减速让行”标志的路口，应设减速让行标线，一般可设在主干道缘石延长线上。有人行横道时，减速让行线应距人行横道 150 ~ 300m。

c. 人行横道线：是表示行人横穿车行道的标线。一般为白色。人行横道的最小宽度为 3m，并可根据行人数量以 1m 为一级加宽。在视距受限制的路段及急弯、陡坡等危险的路段和车行道渐变路段，不应设置人行横道。横穿道路的行人较多、路面宽度在 30m 以上时，可设置安全岛。

③其他标线。其他标线是指字符标记或其他形式标线。一般是指以上两类之外的，设于路面或构造物上的各种标记、字符和标线。如导流线、车行道宽度渐变段标线、接近障碍物标线、停车位标线、港湾式停靠站标线、出入口标线左转弯导向线等。

(2) 按功能分类。道路交通标线按功能可以分为指示标线、禁止标线、警告标线三类。

①指示标线。指示标线是指具有指示车辆行驶、限制速度、停车、等待、行进方向、车道变更、人行横道和道路出入等功能的交通标线。如可跨越路面中心线、可跨越车行道分界线、车行道边缘线、左弯待转区线、路口导向线、导向车道可变标线、潮汐车道线、人行横道线、距离确认线、道路出入口标线、停靠站标线、导向箭头、路面文字和图形标记等。

②禁止标线。禁止标线具有禁止车辆跨越行驶、车辆停放、车辆超过、车辆通过和使用等禁止功能的交通标线。禁止标线是告示驾驶人道路交通的遵行、禁止、限制等特殊规定，如禁止跨越路面中心线、禁止跨越车行道分界线、禁止停放车辆线、停止线、停车让行线、减速让行线、导流线、网状线、专用车道线、禁止掉头(转弯)线等。

③警告标线。警告标线是具有警示、告知功能，促使车辆驾驶人及时了解路面(车行道)宽度变化、路面障碍物、减速路段、铁路道口等特殊情况，提高警觉，预先做好防范应变措施的标线。如路面(车行道)宽度渐变段标线、路面障碍物标线、近铁路平交道口标线、减速标线、减速车道线等。

(3) 按形态分类。道路交通标线按形态可分为以下四类：线条，字符，突起路标和轮廓标。

①线条。施画于路面，缘石或立面上的实线或者虚线。

②字符。施画于路面上的文字、数字及各种图形、符号。

③突起路标。安装于路面上用于标示车道分界、边缘、分合流、弯道、危险路段、路宽变化、路面障碍物位置的反光或不反光体。

④轮廓标。安装于道路两侧，用以指示道路的方向、车行道边界轮廓的反光柱(或片)。

五、反光交通标志的作用和发展

交通标志的设置目的是为了使所有道路使用者安全有序地移动，通过预报道路状态，提高安全视距。一方面，它可以提高道路使用者的安全性；另一方面，它也可以提高道路的通行效率。同时交通标志既要保证白天的可视度，更要保证夜晚交通标志的可视性。

在人类历史上的很长时期，晓行夜宿一直是不成文的交通规则。那时的交通工具、道路条件、生活方式，也都能够适应这种方式。所以，对夜间道路交通条件的建设与研究，也都没有什么进展。

同样，在道路交通标志发展的初期，可供选择的交通标志材料并不多，基本上都是由各种颜色的油漆按照要求制成各种交通标志图案。这种交通标志，在白天，颜色的对比度赋予了标志牌很好的可视性，可是在夜晚，由于制作交通标志的材料没有逆反射性能，不能够使车灯发射出来的光线经过标志牌面反射后再返回到驾驶人的眼睛中，从而也就起不到及时正确地传递信息的作用，从而在夜间也就失去了交通标志应有的功能，这时候的交通标志在功能上可谓是有残缺的。随着汽车工业及公路运输业的发展，车辆行驶速度越来越快，人们在夜晚驾车出行的机会大大提高，人们迫切需要可视性更好的交通标志来改善行车条件，特别是夜间行车条件。

1935 年，美国的第一版《统一交通控制设施标准手册》里，第一次提到了制作交通标志时应该考虑使用发光材料，提高夜间交通标志的视认性。但在那个年代里，人们对逆反射技术和材料的认识还比较简单，也没有形成什么可以大规模实施的技术。1937 年，总部设立在美国明尼苏达州的 3M 公司，第一次在实验室里，制作出了第一块能够用来制作交通标志的反光膜，其原理是将车灯的灯光，反射到车辆的位置，使驾驶人能够借助自己的车灯，“点亮”交通标志，1939 年，这项技术被写入了美国《统一交通控制设施标准手册》的修订版。

进入 20 世纪 90 年代后，伴随着汽车制造技术、道路建筑技术和材料技术的全面提高，反光交通标志的作用，也受到了更高的重视，得到了更深入的研究。这些内容，在后面的章节会有进一步介绍。

提到反光交通标志的技术，就离不开逆反射技术。事实上，这种通过逆反射材料将汽车灯的灯光反射给驾驶人的技术，已经成为提高安全视距的一种非常有效的手段，从而在交通标志标线、服装、车辆和道路沿线设施上，都得到了非常普遍的应用。

思考题

1. 为什么说交通标志标线是一种非常重要的道路交通安全设施？

2. 为什么说安全视距里的一些环节是可以进行改善并能延长安全视距，提高道路交通安全的？

3. 与其他道路交通安全设施相比较，标志标线有什么样的特点？

4. 反光交通标志是什么时候发明的？ 它的主要作用是什么？

5. 影响道路交通安全的主要因素有哪些？

6. 安全视距与道路交通安全的关系是什么？

7. 影响安全视距的主要因素有哪些？

8. 交通标志标线的法律地位是什么？

9. 交通标志是如何分类的？ 并思考更多的分类思路和方法。

10. 交通标志标线的作用有哪些？

第二章　逆反射原理与应用基础

第一节　逆反射原理

一、光的反射现象

当光线射到两种媒质分界面上时，一部分光线改变了传播方向返回原来媒质中继续传播，这种现象称为光的反射，光的反射遵循反射定律。在自然界中，存在着漫反射、镜面反射和逆反射三种光的反射现象，下面就逐一给予简单介绍。

1. 光的漫反射

漫反射是一种最常见的反射形式，发生在光线入射到任何粗糙表面上，比如在路面、树叶、衣服和车辆上所引起的反射。这些粗糙表面使入射光线发散到各个方向，只有很少一部分光线可以被反射回光源方向，所以漫反射材料只能给人眼提供很少的可视性。夜间行车时，如果没有其他光源的辅助，驾驶人观察道路上物体的主要途径，就是车灯照射所引起的这种漫反射中能够返回到驾驶人眼中的少部分光线。图 2-1 是光的漫反射原理示意图。

2. 光的镜面反射

镜面反射是在光线入射到一个非常光滑或有光泽的表面上时发生的。光线在物体表面反射的角度和入射的角度，度数相同但方向相反。如果物体的表面和光源成精确的直角，那么反射光线会完整地反射回光源方向。这种镜面反射现象可能会在某些漫反射物体上发生，比如被雨水或冰覆盖的路面。对驾驶人来说，远距离的路灯和对面驶来的汽车前照灯形成的光线，其在被雨水或冰覆盖的路面上形成的不是漫反射，而是镜面反射，光线会射到驾驶人的眼睛里。图 2-2 是光的镜面反射原理示意图。

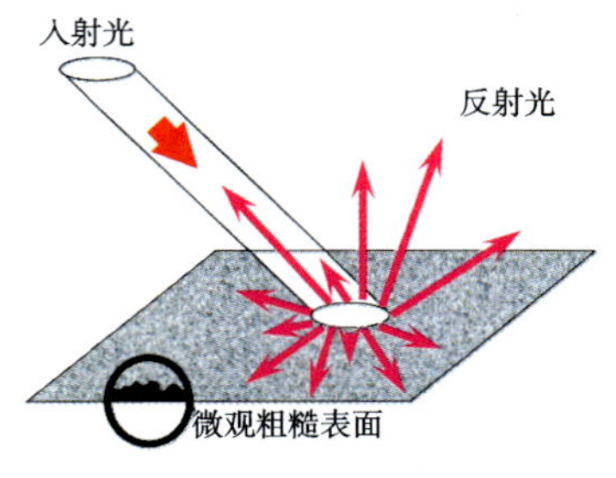

图 2-1　光的漫反射原理示意图

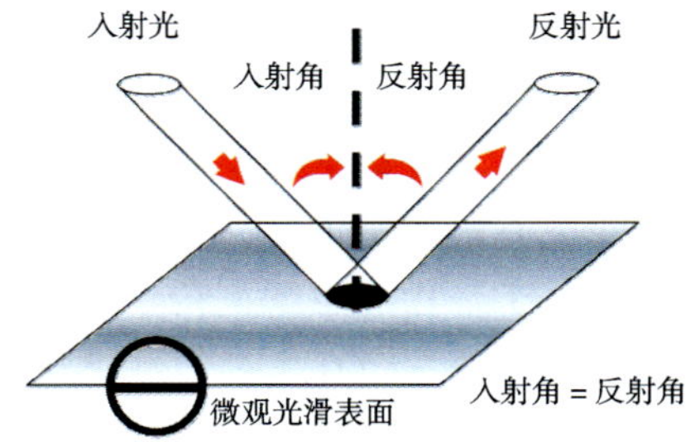

图 2-2　光的镜面反射原理示意图

3. 光的逆反射

在有光线的条件下能否看到物体，取决于物体发射的光线和环境发射的光线的颜色对比度与光的总量对比度。光的发射是依靠炽热(燃烧)或发光来完成,物体发射出光线让物体具备可视性。灯泡和萤火虫就是这样的例子,发射光线是物体自身的光源,并且需要消耗一定的能量。

物体反射时物体自身并不发射任何光线,而是借助其他光源的光线。光线入射到一个物体上并在该物体上反射出去,也是一种光的来源,属于被动光源,英文称 Passive light source。一个物体的反射性能,或者说该物体有多反光,取决于入射光线的强度和该物体的物质组成。图 2-3 是光的逆反射原理示意图。

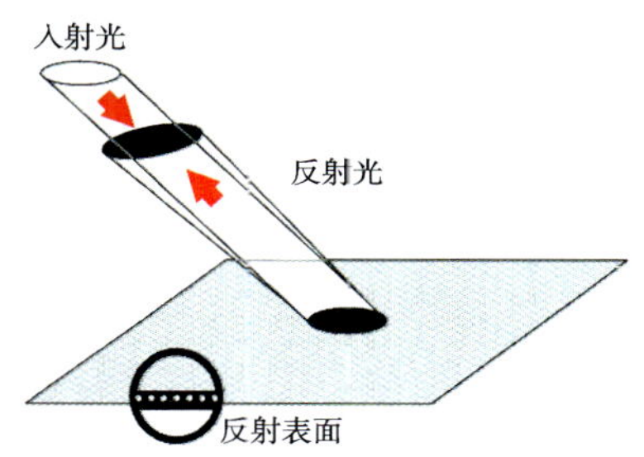

图 2-3 光的逆反射原理示意图

逆反射是指反射光线从靠近入射光线的反方向向光源返回的反射。当入射光线在较大范围内变化时,仍能保持这一特性。逆反射也被称为反光、回射、定向反射或反向反射,概念最初来自英文,原文是 Retro-reflection,也可以写成 Retroreflection。这个词由两部分组成,Retro 的意思是向后的,Reflect 的意思是反射。Retro-reflection 在这里是特指光线照射到一表面后反射回到光源方向的现象。

二、逆反射技术的诞生

1. 逆反射技术

逆反射技术是一门跨学科的综合性实用技术,主要包括逆反射原理及其术语定义等基础研究内容和材料科学及其应用技术等应用基础研究内容。其建立和使用,是围绕着光控制技术展开的,目的是通过特种手段改变光源照射后的光路径,使其反射到需要照射的地方。涉及的主要技术学科,包括了高等数学、光学、材料学、气象学、人体工程学以及应用科学等领域,交通工程及交通安全是其最主要的应用领域之一。

逆反射在被照射的物体表面一部分入射光线反射回光源方向时发生。一般来说,逆反射技术使用非常微小的球体或立方角体元素(棱镜)去完成光线折返的功能。球面反射的工作方式是:一个入射的光线从玻璃珠前面进入,在玻璃珠内被折射后穿透玻璃珠在后面离开,再被玻璃珠后面的镜面反射回玻璃珠,光线从玻璃珠后面再次穿透后从前面出来,返回光源的方向。而立方角体不同于球体的是它的形状和对光线的反射线路,立方角体是具有逆反射性能的透镜元素,每个元素有三个相互垂直的反射表面,一个入射光线会在这三个反射表面上分别镜面反射一次以后返回到和入射光平行的方向。它的工作原理很像在房间的墙角上扔篮球后被反弹回来。图 2-4 和图 2-5 是球面和棱镜两种逆反射的原理示意图。

利用上述光反射原理,通过人工技术的合成,就形成了可以实现光线逆反射效果的新型物质——逆反射材料。将逆反射材料应用于道路交通安全或相关领域,如制成反光交通标志标线等交通安全设施、反光衣物、反光车牌等,就形成了逆反射的应用技术。

2. 逆反射材料

具有逆反射性能的材料统称为逆反射材料。通过使用逆反射材料,可让机动车驾驶人通过机动车的前车灯光来发现和识别远处带有逆反射材料(反光材料)的人和物。

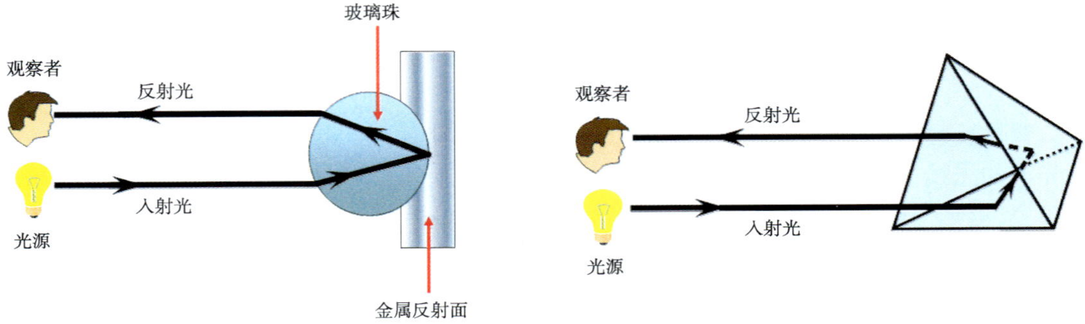

图 2-4　光的球面反射原理示意图　　　图 2-5　光的棱镜反射原理示意图

逆反射材料的发展要追溯到 20 世纪 20 年代。善于发现新事物的人们，发现在晚上用灯光照射猫的眼睛时，猫的眼睛会发射出很强的光线，可以很清楚地看清猫的眼睛。受到猫眼的启示，人们开始研究反光科学，以利用它反射汽车的灯光，解决交通标志夜间的视读问题，如图 2-6 ~ 图 2-8 所示。分别是猫眼夜间反光现象、反光玻璃珠和逆反射光路图。

图 2-6　猫眼夜间反光现象

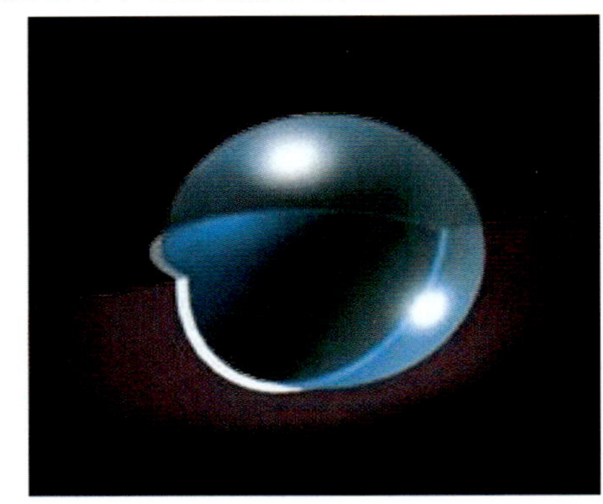

图 2-7　反光玻璃珠

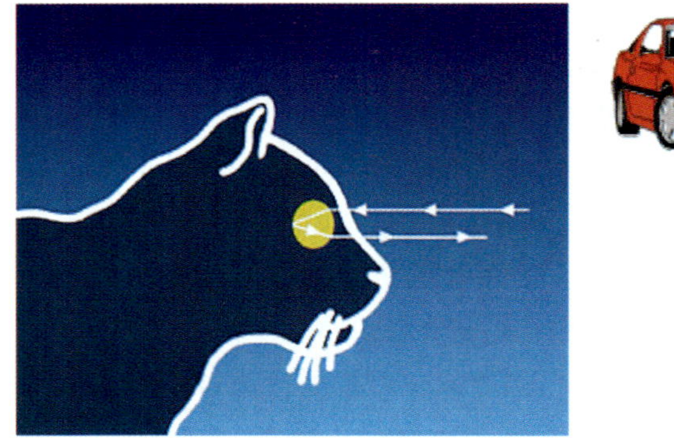

图 2-8　从猫眼里发明的逆反射技术

逆反射材料是在暴露的表面或接近表面有一层薄的、连续的微小逆反射元素的反射层，例如反光膜、反光片、道路交通标线等。在交通行业里，逆反射材料也称反光材料或回归反射材料，其称呼最初来自 Retroreflective materials 的英文翻译。

逆反射材料之所以能够反光，主要在于其中含有高折射率玻璃珠或者微棱镜结构，实现了光的球面反射或棱镜反射。这种高折射玻璃珠或者微棱镜，可将发射过来的光线反射回光源处，从而给驾驶员提供清晰的可见度。

值得关注的是，逆反射材料的反光层不是一种天然物质，而是人类创造出的一种新型物质。第一个根据猫眼原理生产出来的逆反射材料是玻璃球，其结构和大小几乎完全和猫眼一样，就是一个透明的浑圆的球体，再加上一层具有光滑表面的金属反射层。因为玻璃和金属的材质不同，需要制成的形状也不同，所以一般都是分别制作，然后再组装在一起的。当做成特定的标志牌时，需要预先制作相应的带凹槽的模板。如图 2-9、图 2-10 中的“STOP”标志牌，就是先在金属板上制作“STOP”的字符的凹槽，然后在凹槽中粘贴金属层，再在金属层上排列玻璃球，最后把凹槽的边缘封起来，就制作成了一块完整的标志牌。这种标志牌其实是一种半反射的标志牌，除了镶有金属层和玻璃球的凹槽部分，标志牌的其余部分是不反光的。在夜晚，这样的标志牌因为字符的背景都不反光，反而衬托出字符的高亮度。

图 2-9 白天效果

图 2-10 夜间效果

图 2-9、图 2-10 所示是在美国加利福尼亚州至今仍然在使用的“古老”的交通标志牌，该标志牌的逆反射材料为玻璃珠结构。图 2-9 为白天视觉效果，图 2-10 为夜间视觉效果。在车速不高和没有其他光源干扰的时代，这样的发明，解决了不少夜间视认的困难。需要注意的是，这种反光标志的依然存在和使用，并不意味着反光标志的技术到此就够用了，而是见证着逆反射技术的起源，也体现了发展的持续需求。

玻璃球反光技术和在标志牌上涂覆油漆相比，是一个划时代的进步。从这个技术被采用开始，标志牌开始逐步实现了夜间的可视认效果，为汽车的应用和时代的进步，提供了不断完善的视认保证。

第二节 逆反射测试基础

逆反射的实现，是一种人工新技术的实现过程。因此，如何测试和科学准确地定义这种技术的实现效果，对交通安全技术的应用具有非常重要的意义。本节主要介绍我国有关逆反射测试的技术基础。

一、逆反射术语定义

规范逆反射术语定义，是认识和发展逆反射技术的前提条件，也是逆反射测试的基础工作。逆反射概念及其相关术语定义，在我国交通行业标准《逆反射术语》JT/T 688—2007 中有详细描述，主要术语定义如下。

1. 逆反射

反射光从接近入射光的反方向返回的一种反射。当入射光方向在较大范围内变化时，仍能保持这种性质。

现实中可通过两种结构方式实现该种反射：玻璃珠结构和棱镜结构。

2. 逆反射材料

具备逆反射特性的材料统称，在暴露的表面或接近表面有一层薄的、连续的微小逆反射元素的反射层。

例如反光膜、反光片、道路交通标线等。

3. 逆反射体

具有逆反射性能的一种反光面或器件。

具备逆反射特性的物体统称，在学术研究中使用较多。

4. 逆反射体轴

从逆反射体中心发出的一条特定的射线。

逆反射体轴通常选择照明方向的中心线。当逆反射体为轴对称时，逆反射体轴通常与逆反射体的对称轴一致。对于路面标线，逆反射体轴垂直于路面。

5. 基准轴

从逆反射体中心发出，垂直于逆反射体轴的一条射线。

基准轴与逆反射体中心、逆反射体轴给出逆反射体的位置。

6. 照明轴

从逆反射体中心发出的通过光源的射线。

7. 观测轴

从逆反射体中心通过观测点的射线。

8. 第一轴

通过逆反射体中心且垂直于观测半平面的轴。

9. 第二轴

该轴通过逆反射体中心，在照明轴和观测轴平面内，垂直于逆反射体轴。

10. 入射角 β

照明轴和逆反射体轴之间的夹角。

入射角通常不大于 90°，但考虑完整性将其规定为 $0° \leqslant \beta \leqslant 180°$。在角度计系统中 β 被分解为 β_1 和 β_2 两个分量。

国内外道路交通安全测试技术相关标准中，入射角一般取 4°、5°、10°、15°、20°、30°、40°。

11. 入射角分量 β_1

照明轴与包含逆反射体轴和第一轴的平面之间的夹角，$-180° < \beta_1 \leqslant 180°$。

12. 入射角分量 β_2

观测半平面与逆反射体轴之间的夹角，$-90° \leq \beta_2 \leq 90°$。

对于一些测试，扩展到 $-180° < \beta_2 \leq 180°$，此时 $-90° < \beta_1 \leq 90°$。

13. 观测角 α

照明轴与观测轴之间的夹角。

观测角不为负值，一般小于 10°，通常小于 2°。全部范围定义为 $0° \leq \alpha < 180°$。

国内外道路交通安全测试技术相关标准中，观测角一般取 0.1°、0.2°、0.33°、0.5°、1°。

14. 旋转角 ε

从逆反射体轴上的观察点逆时针测量，在垂直于逆反射体轴的平面上，从观测半平面到基准轴的夹角。

$-180° < \varepsilon \leq 180°$。入射角和视角小于 90°时定义是适当的。更多情况下，旋转角是从逆反射体轴的观察点逆时针测量，第二轴到基准轴的相反部分。

15. 视角 ν

逆反射体轴和观测轴之间的夹角。

角度计系统中 $\cos\nu = \cos(\beta_1 - \alpha)\cos\beta_2$。当视角接近 90°时，对于路面标线，一般情况下使用视角的余角即余视角 a。

16. 方位角 ω_s

位于垂直于逆反射体轴的平面内，从光源观察点逆时针测量，从入射半平面到基准轴之间的夹角。ω_s 值在 -180°与 180°之间。试样围绕逆反射体轴转动时，当光源和接收器在空间相对固定，方位角(ω_s)和旋转角(ε)的变化是相等的。

17. 道路标线方位角 b

从逆反射体轴的观察点顺时针测量，入射半平面与从逆反射体轴发出包含观测轴的半平面之间的夹角。b 值在 -180°与 180°之间。

18. 道路标线方位角补角 d

从逆反射体轴的观察点顺时针测量，垂直于逆反射体轴的平面上基准轴与从逆反体轴发出包含观测轴的半平面之间的夹角。d 值在 -180°与 180°之间。

19. 显示角 γ

从光源观察点逆时针测量，从入射半平面到观测半平面的二面角。γ 值在 -180°与 180°之间。

20. rho 角 ρ

从光源观察点逆时针测量，观测半平面与从照明轴发出包含基准轴的半平面之间的二面角。

二、逆反射测试系统

在规范逆反射术语定义的基础上研究逆反射测试技术，对逆反射性能进行定量分析和质量监控，是逆反射技术的重要内容之一。逆反射测试系统主要包括如下内容。

1. 系统综述

描述光源、接收器和样品之间的几何关系时，角度的组合非常重要。在任何系统中，通过四个角度中的任何一个都可以计算得出其他角度。逆反射描述主要有下面四个系统：

(1) $\{\alpha、\beta_1、\beta_2、\varepsilon\}$ CIE 角度计系统。

(2) $\{\alpha、\beta、\gamma、\omega_s\}$ 固有系统。

(3) $\{\alpha、\beta、\varepsilon、\omega_s\}$ 应用系统。

(4) $\{a、b、e、d\}$ 道路标线系统。

其中 $\alpha、\beta、\varepsilon、\omega_s、\gamma$ 之间的关系见图 2-11。

前三个系统是球形的，样品中的任何地方都可以被照明和接收。第四个系统是半球形的。

第一个系统通常用于特殊的实验室测试；第二系统和第三个系统通常用于对大多数逆反射体性能的研究；第四个系统通常用于对逆反射体入射角余角性能的研究。

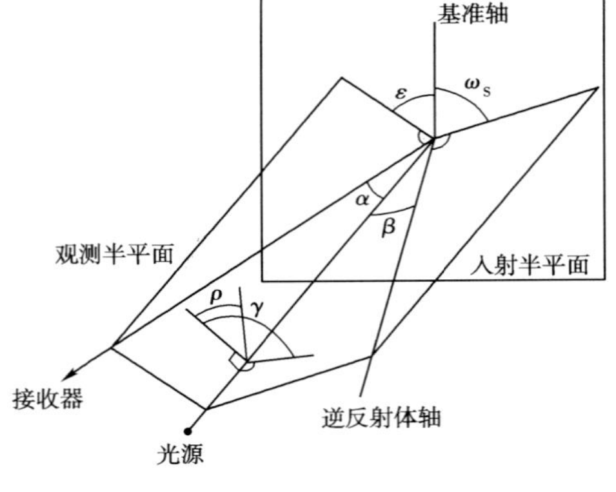

图 2-11　角 $\alpha、\beta、\varepsilon、\omega_s、\rho、\gamma$ 之间的相互关系

2. CIE 角度计系统

CIE 角度计系统是基于逆反射体的角度测量方法，相对容易建立，而且容易使实验室间达成一致，因而被 ASTM 标准所推荐。

图 2-12 中标明了 CIE 角度计系统的 $\{\alpha、\beta_1、\beta_2、\varepsilon\}$。这四个 CIE 角度在逆反射测量仪中随三维变化而被精确测量。第一轴垂直于包含观测轴和照明轴的平面。第二轴垂直于逆反射体轴，位于包含观测轴和照明轴的平面内。所有轴、角度和方向都为正值。

样品角度计的三维运动使角度 $\beta_1、\beta_2$ 和 ε 发生变化，角度的大小根据样品的测试要求而设置，如图 2-13 所示。样品必须是固定的，逆反射体轴垂直于样品表面。

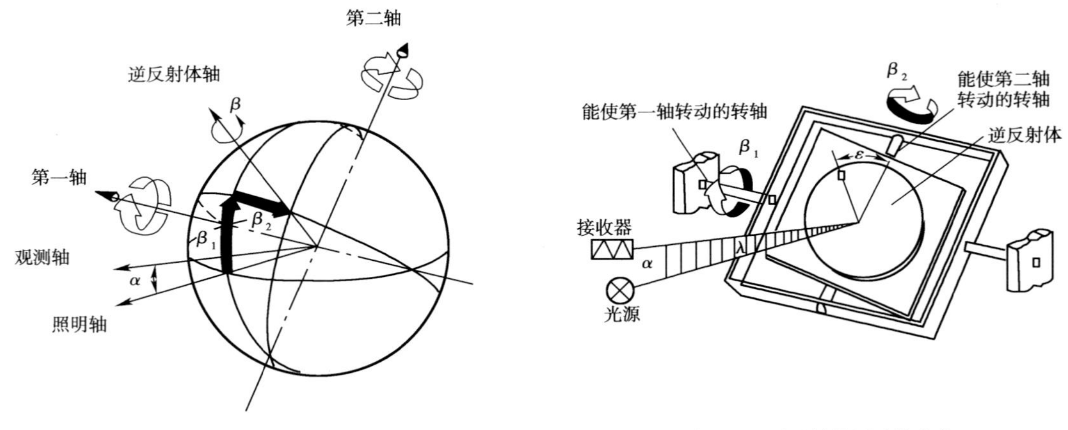

图 2-12　CIE 角度计系统　　　　图 2-13　逆反射体测试的定位

无下标的入射角 β 容易引起歧义，在有些地方被认为是 $\pm\beta_1$，有些地方则被认为是 $\pm\beta_2$，造成不同国家实验室目前存在两种不同的几何测试方法：“水平测试法”和“垂直测试法”。图 2-14表示的是基于“水平测试法”和“垂直测试法”的共平面几何测试方法。这两种不同的测试方法对于玻璃珠型逆反射体的测试结果影响较小，对棱镜型逆反射体的测试则存在严重影响。所以建议在逆反射描述中，β_1 和 β_2 都必须指定，即使其中一个是零也应予以明确。图 2-14中说明了入射半平面和观测半平面在同一平面内的测试情况，入射角 β 和观测角 α 都为正值。该图没有显示转动角 ε。在该图中 β 是正值，用终止于逆反射体轴的单向箭号表示，相

当于 CIE 系统中：$\beta=\beta_1$，$\beta_2=0°$。

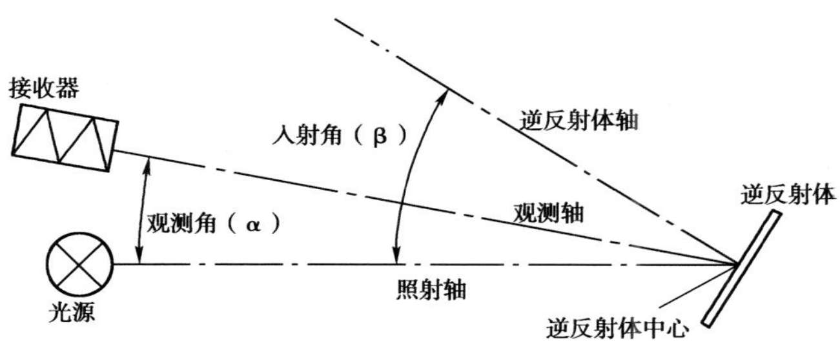

图 2-14 共平面几何测试方法

3. 固有系统

固有系统{α、β、γ、ω_s}可由设定了 α 和 γ 的两轴观测者角度计和设置了 β 和 ω_s 的两轴样品角度计的逆反射测量仪来表示。逆反射体测量仪可以使用一个常用的设定角度 α 的一轴观测者角度计，也可以使用一个设定角度 β、γ 和 ω_s 的结构合理的三轴样品角度计。固有系统的角度{α、β、γ、ω_s}包含在图 2-15 中。

棱镜型逆反射体的表示方法完全依赖该系统的四个角，玻璃珠型的逆反射体则依赖于角 α、β 和 γ。逆反射体轴是样品角度计平面的法线，角 ω_s 和 γ 是正值，接收器的转动轨迹围绕着照明轴，转动角用 γ 表示，为了避免冗余，β 的移动在方向上是受限制的。固有系统与 CIE（角度计）系统有关，其中的入射角 β 和显示角 γ，几何上等同于一对入射角分量 β_1 和 β_2。

4. 应用系统

应用系统{α、β、ε、ω_s}（图 2-16）从观测几何条件（α、ε）中分离出了照明几何条件（β、ω_s）。转动角 ε 和 ω_s 都是根据样品基准轴来定义的。图 2-16 包含了应用系统中的角度{α、β、ε、ω_s}。

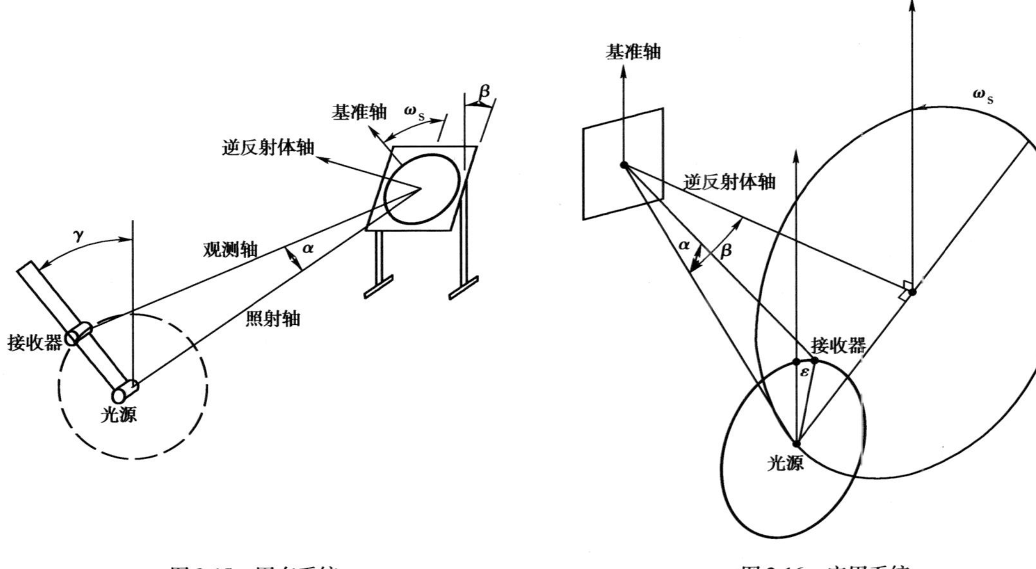

图 2-15 固有系统

图 2-16 应用系统

该系统在研究各种道路应用中遇到的几何问题时是很有用的。棱镜型逆反射体的性能很明显依赖于该系统的这四个角度。

没有一个简单的角度计可以表示这个角度系统。为了使这一系统得到应用，需要将角度转换到一个更好的计算机化的逆反射测量系统中。角 ω_s 和 ε 位于垂直于逆反射体轴的平面内，用正值表示。在这一系统中，当对对称转动的逆反射体进行测量时，需要对角 ε 和 ω_s 同时进行定义，因为这些逆反射体的逆反射性能主要体现在不同的 ω_s—ε 值上。相似系统｛α、β、ρ、ω_s｝对研究光通量和衍射上是很有用的。

5. 道路标线系统

道路标线系统｛a、b、e、d｝(图 2-17，RM 系统)特指接近于平面的道路标线。该系统通常使用｛a、e｝两个角度来限制。道路标线通常是在 $b=180°$，$d=0°$ 的情况下测量的，严格地说，这四个角度都要求进行指定，特别是对于非对称转动的道路标线系统(注：该系统和欧洲道路照明系统 RL 是一致的，只是用不同的角度符号来表示和定义。｛a、b、e、d｝是 RM 中的定义，｛α、β、ε、δ｝则是 RL 中的定义。RL 中的角度 ε 在 RL 中被定义为 $90°-\gamma$)。角 d 和角 b 用正值表示，一般情况下 $d=0°$，同时 $b=180°$，并且 $a>e$。在测试中，接收器位于光源的上方。

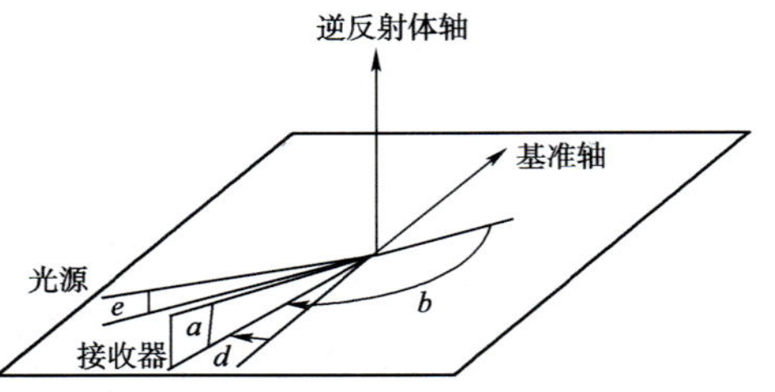

图 2-17　道路标线系统

第三节　逆反射材料技术

目前，逆反射效果的改善，主要是通过更合理的反光单元结构和更新的材料技术实现的。在这些新材料里，有塑料棱镜反射器，如自行车尾灯、车辆用反射片等，也有结构复杂的各种反光膜等。逆反射材料主要采用两种不同的技术原理实现光线的逆反射——玻璃珠技术和微棱镜技术。

一、玻璃珠逆反射技术

玻璃珠型反光材料的反光原理，主要利用了玻璃珠的玻璃珠技术和玻璃珠背面基材的金属反射层。入射光经玻璃珠折射后，在反射层上聚集，再从这个聚集焦点，经过玻璃珠的第二次折射，返回光源方向。在实际应用中的玻璃珠逆反射材料除了玻璃珠和金属反光层以外，还包括了起保护作用的透明树脂表层膜和起安装作用的背胶。在这项技术里，玻璃珠的大小对整个反光亮度几乎没有影响，但玻璃珠的化学成分，或者更具体地说材质，会有很大的影响。这里包含有一个非常关键的参数就是玻璃珠的折射率，这个折射率会影响光线通过时的焦点的位置，焦点的位置必须有一个金属反光层让光线回到玻璃珠以后，才能实现光线的再次折射(角度导致其实际已经是反射)光线回到光源而完成整个逆反射过程。图 2-18 是大小一样但折射率不同的球体有不同的焦点。

玻璃珠的折射率、玻璃珠的粒径和光汇聚后形成的焦点位置(焦距)之间关系符合以下公式：

$$f = \frac{r(2 - n_d)}{2(n_d - 1)} + r \tag{2-1}$$

式中：f——汇聚光焦距即透镜中心到焦点的距离；

r——玻璃珠半径；

n_d——玻璃珠的折射率。

由式(2-1)可见，玻璃珠的折射率和微珠的粒径对焦距的影响直接影响到反光材料的反光性能。玻璃珠背面的反射层一般为玻璃珠镀银或镀铝。逆反射之所以也称回归反射，就是由于逆反射入射光和反射光位于法线同侧，其原理可从图2-18的定向反光光路图中看出。

当一束光I射向玻璃珠时，在微珠表面P点发生折射，折射光在A点发生镜面反射，然后在P′点再发生折射，返回光源。由图2-19可知$\angle\alpha = \angle PAO$（同位角），据反射定律$n \cdot \sin\angle PAO = n'\sin\angle P'AO$，而在玻璃珠内部反射$n = n'$∴ $\angle PAO = \angle P'AO$，由光路的可逆性$n \cdot \sin\alpha' = n'\sin\angle P'AO = n \cdot \sin\angle PAO = n \cdot \sin\alpha$∴ $n \cdot \sin\alpha' = n \cdot \sin\alpha$，即$\alpha = \alpha'$，则$I // I'$。入射光I平行于反射光I′意味着一个反射单元对一平行光的反射光也将是一束平行光，而由于微珠很小，所以反射光束的光轴和入射光束的光轴几乎重合，从而完成整个逆反射过程。这个折射率的差别使得以玻璃珠技术生产的反光材料分为暴露型、透镜埋入型和密封胶囊型。

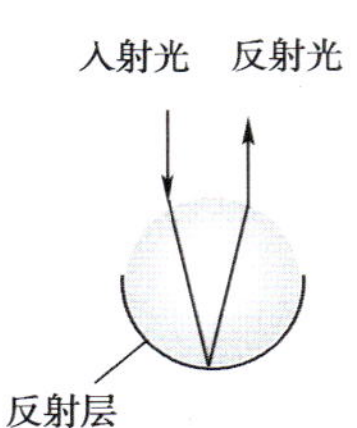

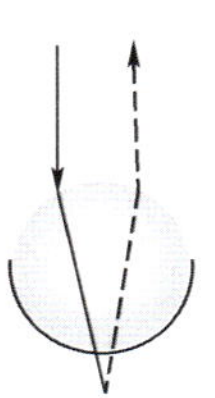
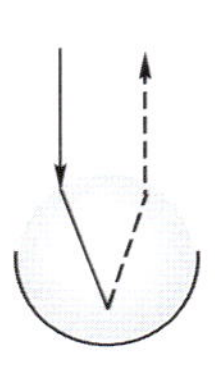

图2-18 折射率决定焦点的位置

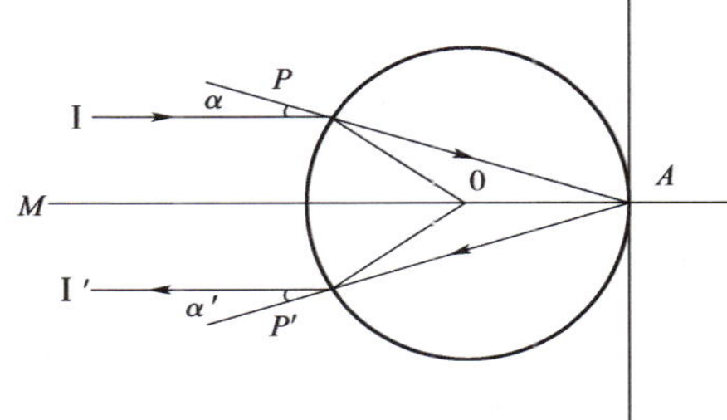

图2-19 定向反光光路示意图

暴露型玻璃珠的最好例子，就是前面提到的在美国乡村仍使用的古董级反光标志牌、反光布、反光片和道路标线涂料。它和后面两种类别的区别，在于它的玻璃珠上面没有保护膜而直接和空气接触。光线直接经过玻璃珠的折射聚焦后，其能量损失最少，光线受到的影响也最小，因此，其反光强度比较高。但是在特定的情况下，有些玻璃珠是没有金属反光层的，比如反光标线涂料，它的反光层就是白色的标线涂料。这样的反光层不能精确地把光线反射回玻璃珠，形成有效的逆反射，所以其反光亮度很低，如图2-20中的反光衣物与地面标线的对比效果。

图2-20 暴露型玻璃珠的另一应用

反光材料的性能，除了与玻璃珠本身的性质有关以外，还取决于玻璃珠的有序排列、玻璃珠与基材的黏合度、耐候性能和角度性能，而这些都是玻璃珠暴露型反光材料的不足之处。这种裸露型的反光材料，其反光亮度已经无法与其他更新的反光材料相比,在很多情况下也已经不能适应高速交通的安全要求,所以已经逐步退出了在交通标志牌上的应用。但在其他领域,比如反光服装和反光涂料上仍然在大量使用。

在暴露型玻璃珠的基础上,进一步研发了透镜埋入型的玻璃珠反光材料,它是将玻璃珠直接埋入在透明树脂里的。由于玻璃珠的大小并不是完全一致的,玻璃珠和背后的反光层的距离也不是一致的,在光线穿过玻璃珠时,并不能保证该玻璃珠的焦点就正好落在背后的反光层上,这时就不能反射光线再次通过玻璃珠回到光源。因此该类型的逆反射亮度并不是很高。

在上述两种逆反射技术之上,又有了密封胶囊型的玻璃珠反光材料。其反光层是直接涂在玻璃珠上的。该类型玻璃珠的折射率与前者不同,它的特点在于折射率可以控制它的焦点刚好落在它的外壁上,而外壁上正好有一个反光层,这样的结果是保证了所有从玻璃珠折射到外壁的光线都可以返回到玻璃珠。这个特殊的折射率有一个副产品,就是光线只能从空气层进入该玻璃珠时才能保证该折射率有效。所以这类产品的特征除了反光亮度比透镜埋入型产品有更高反光亮度以外还有一个特征:在玻璃珠前面有一个空气层。这个空气层解决了膜结构内和膜结构外的温差问题,减少了露水凝结导致的视认难题。图 2-21 是两者在结构上的对比,图 2-22 是两者在显微镜下的对比。

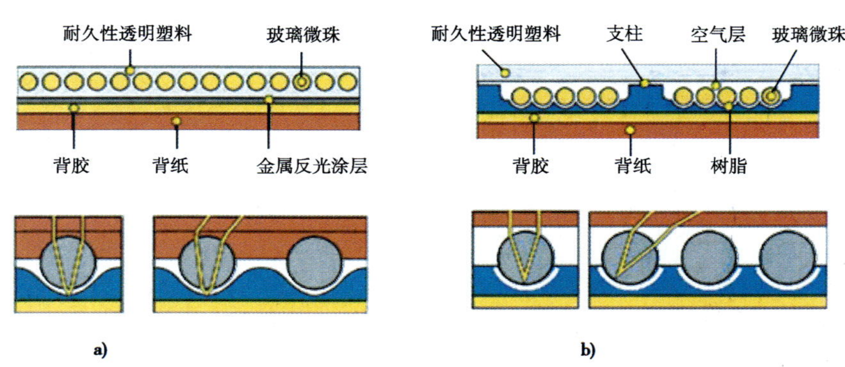

图 2-21 透镜埋入型和密封胶囊型逆反射技术示意图

a) 透镜埋入型玻璃珠;b) 密封胶囊型玻璃珠

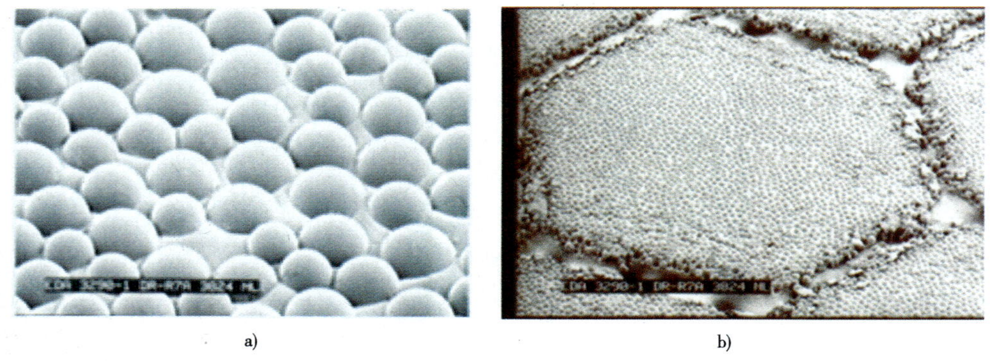

图 2-22 显微镜下的透镜埋入型和密封胶囊型结构

a) 透镜埋入型玻璃珠;b) 密封胶囊型玻璃珠

值得关注的是,上述这些技术,都是反光材料发展前期的一些技术,其核心技术的生成与发展,主要是在 20 世纪 40 年代到 70 年代,此后,伴随着密封胶囊型反光膜上的多项技术专利在 1985 年到期,逆反射材料的新技术研发,开始转向新的反光材料——棱镜型反光材料。主要原因是,从数学角度看,玻璃珠型反光材料的反射效率,由于受到玻璃珠的球体形状的限制,有很多体积部分,是无法作为反射区的,并不是最理想的光反射控制途径.所以反光效率并不高,反光角度也还没有得到更好的控制,加之在生产过程中的能耗、废弃物排放、VOC 的排放(可挥发性有机化合物的总称),都比之后问世的微棱镜反光材料高。因此,从进入 21 世纪后,在世界范围内,特别是在发达国家和地区,在交通标志用反光材料领域,棱镜结构的反光材料开始获得了越来越普遍的应用。

二、微棱镜逆反射技术

逆反射材料除了采用玻璃珠技术原理制作外,有另外一种微棱镜型技术,其原理是:光线由棱镜的三个面镜面反射之后朝光源方向返回。每一个单位的微棱镜相当于立方体的一个角,入射光线经过微棱镜的全反射,向光源方向反射。和玻璃珠技术的区别在于,微棱镜技术没有光线的折射,也没有金属反射层,所有的光线都从微棱镜的三个面反射出去,这些光线反射都发生在微棱镜和空气的界面中,因此在微棱镜结构中,其棱镜上面和下面都有一个空气层。

根据反射效率的大小,棱镜反射分为部分反射和全反射。全反射是一种特殊的反射现象,其发生必须满足两个条件:光线从光密介质进入到光疏介质,入射角大于或等于临界角。图 2-23 是光线从折射到全反射的变化,当 $n_1 > n_2$ 及入射角增大时,更多的光线被反射回去;当入射角增大到某一角度时(临界角),发生全反射。

根据临界角的定义,可以求出光从折射率为 n_1 的光密介质进入折射率为 n_2 的光疏介质时的临界角。设入射角为 α_0 时,折射角为 90°,如图 2-24 所示,由折射定律可得:

$$\frac{\sin\alpha_0}{\sin 90^\circ} = \frac{n_2}{n_1} \tag{2-2}$$

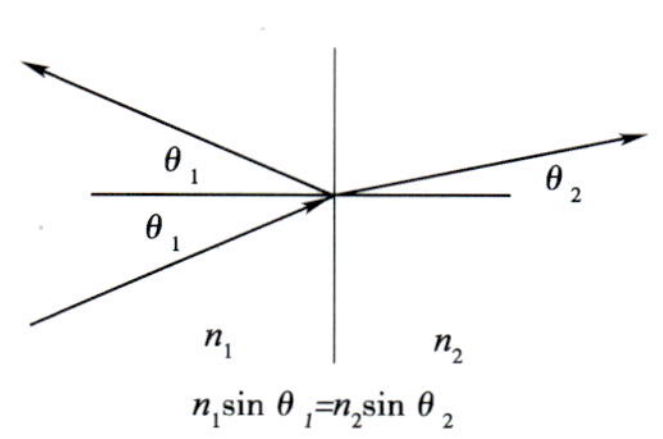

图 2-23 光线从折射到全反射的变化

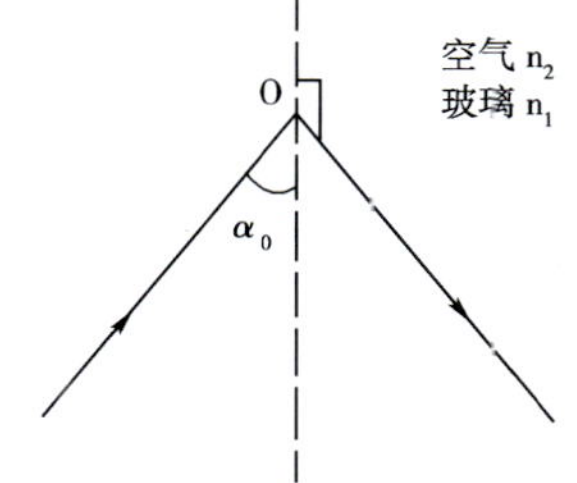

图 2-24 如何计算折射率

所以,由式(2-2)可见,光疏介质的折射率 n_2 越小,光密介质的折射率 n1 越大,发生全反射的临界角越小,即越容易发生全反射。由式(2-2)计算出 α_0 的正弦值后,查三角函数表得 α_0 值,或从计算器上查得 α_0 值。注意光密和光疏是相对两种界面发生全反射的物质而言的。一种物质可以是某一特定界面时的光疏物质而同时是另外一个界面的光密物质。当光从折射率为 n 的某种介质射入真空时,临界角计算公式为:

$$\sin\alpha_0 = \frac{1}{n} \tag{2-3}$$

表 2-1 是对比空气而言的几种物质的临界角。

几种常见物质对真空(空气)的临界角 表 2-1

物质(固体)	临界角(°)	物质(液体)	临界角(°)
金刚石	24.4	甘油	42.9
二硫化碳	38.1	酒精	47.3
玻璃	30.42	水	48.6

在非交通安全产品以外应用最广的全反射产品是光纤通信。光纤的结构由中心和外皮两种不同介质组成,当光线从中心传播时遇到光纤弯曲处,会发生全反射现象,这样就保证了光线不会泄漏到光纤外。

这种技术开始应用在交通安全产品上是从截角式微棱镜开始的。所谓截角式棱镜(truncated cube),就是指整个微棱镜的基本结构和立方体的一个切角的结构是类似的。这个切角的切面和三个反射面的角度变化可以组合成几种不同角度性能的微棱镜结构。把这些结构的单元联结排列后形成完整的平面,在这个平面的上面加保护膜,然后在下面加背胶就制造出了在道路上广泛使用的截角棱镜型反光膜。图 2-25 是微棱镜的截面图。

由于微棱镜反光膜里的反射单元是根据能进行光反射的棱镜型数学模型,由人工微复制出的,所以从理论上讲,微棱镜的结构是能够根据光反射的功能需要进行结构调整的,其中真正的难度,在于微复制的工艺和材料科学。也因为这些特点,微棱镜结构的反光膜有多种结构形式。

第一种结构,是和普通微棱镜的数学模式一样的结构,它的切面为正三角形,三个反射面为三个相互垂直的直角等边三角形。在排列方式上是把六个切角连接成一个正六角形,整个平面排列方式是蜂窝状的结构,如图 2-26 所示。使用这种结构制作的反光膜,正面反射亮度非常高,而且没有方向性(方向性是指同一反光膜在同样的观测条件下,垂直放置和平行放置时的逆反射性能不一样),但在大的入射角,即照射光线不和切面垂直时,反光亮度会有很大的衰减。

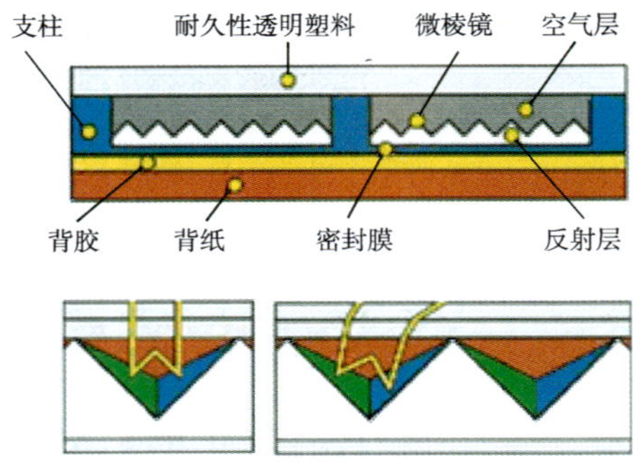

图 2-25 微棱镜截面图

图 2-26 显微镜下的正三角形切角的微棱镜

第二种结构,棱镜三个反射面也是相互垂直的,但其切面不是正三角形而是等边三角形,如图 2-27 所示。其排列方式也是连接六个微棱镜单位成为一个六角形,但这个六角形并不是等边的六角形。根据这种结构做出的反光膜,正面亮度比正六角形排列的反光膜要低,但在大的入射角，即照射光线不和切面垂直时，反光亮度不会有很大的衰减，加上本身正面亮度就不高，所以虽然它在远距离的反光亮度一般，但在车灯近距离照射时（观测角加大），反光亮度比第一种结构的要高。还有，其方向性要比第一种结构要强。

第三种结构，是一种不同于前两种结构的特殊结构。其特殊之处在于它的基本单元不是一致的，而是由两种不同形状的切角排列组成，如图 2-28 所示。

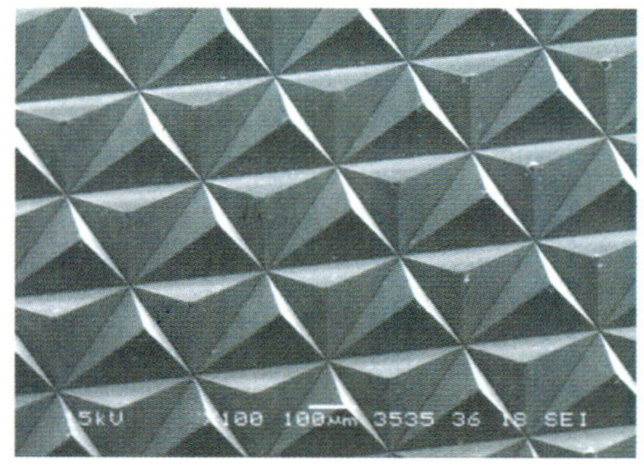

图 2-27　非正三角形切面的微棱镜

图 2-28　高度不一的两种单元组成的逆反射结构

第三种结构就是 21 世纪初形成的最新技术，叫全棱镜逆反射技术。鉴于这种棱镜的结构非常特殊，是上述两种棱镜结构优势的“合并”体，本书下面做专门的介绍。

三、逆反射材料技术发展

1. 全棱镜逆反射技术形成的背景

无论是玻璃珠型还是和棱镜型的反光材料，其实都是通过光线作用在材料结构上的几何体实现的，即这种逆反射材料的结构，首先是以数学理论为基础的。它利用几何体对光的折射和反射，结合光波传送时的波长和特点，找到了尽量完美的光线传导方式，并通过材料科技加以实现，从而不断地提升了不同入射角度的光线的逆反射亮度。

在 21 世纪初，这种利用数学几何模型寻找光回复反射效率改善答案的努力，达到了微棱镜逆反射技术的新的理论高峰，并通过和微复制技术和膜技术的结合，成功地完成了全棱镜逆反射材料的制作。

从理论上说，全棱镜逆反射反光膜的数学结构可实现 100% 的逆反射效率，兼备了交通标志反光膜所应该具备的兼顾远距离发现能力和中近距离的认读能力。用这种理论指导完成的全棱镜逆反射材料，是完全根据交通标志的动态视认需求特点，结合光学、人体工程学的技术，在完成了数学结构的设计后，再通过微复制技术，制造出来的新一代逆反射材料。它既做到了在尽量远的距离上，保持优越的逆反射性能，使驾驶人尽早发现标志，又做到了不同的车辆连同驾驶人，在进入 200m 左右的标志内容视认距离后，即在观测角快速变大，车辆迅速接近交通标志时，逆反射系数的衰减缓慢，使标志的逆反射光度，在 0.2°～2.0°观测角之间始终保持了超过 50% 的逆反射效率，即在距离标志 50～200m 的范围内，尽量使标志处在便于识读的稳定亮度状态下。

图 2-29 是根据美国 ASTM 标准定义的不同级别的反光膜，在观测角变大时，所能保持的逆反射效率曲线，其中第 I、III 类是玻璃珠型的反光膜，X、IX 类是两种截角型棱镜反光膜，其

中逆反射效率最高的，是全棱镜型反光膜。

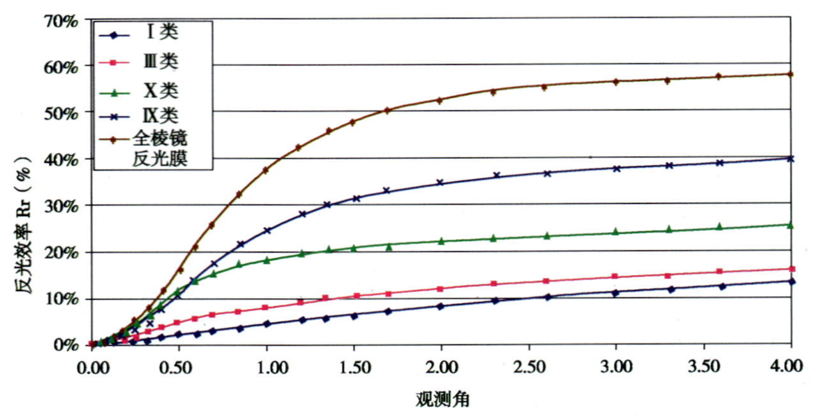

图 2-29　不同级别反光材料在不同观测角的逆反射效率

全棱镜反光膜的目标，是要使交通安全领域里使用的各种逆反射材料，都能最大限度地"利用"来自于主动光源的能量，实现最理想的逆反射效率，从而优化视认距离，提高视认效率，改善安全视认条件。

到目前为止，全棱镜反光膜实际产品的逆反射效率是 58%，它的未来发展方向大致有两个，其一来源于材料工艺的提升以降低实际反射效率和理论的差异，这包括通过材料表面和机理的研究与提高，进一步减少光损耗，增强耐候性，增强反光材料的韧性和贴服适应力等；其二是进一步加大和新材料的结合以适应不同的需求，一个已经成功的例子是和耐候性荧光材料结合而产生的荧光反光膜，利用荧光材料转换不可见光为可见光的性能，革命性地提高了反光膜在黄昏和黎明时的反光亮度。

2. 全棱镜反光材料实现全反射理论的过程

全棱镜是微棱镜结构中的一种特殊结构形式。在制造第一代和第二代微棱镜时，光学的折射率和临界角的知识已经完善，因此，从传统微棱镜过渡到全棱镜的并不是反射理论知识的更新，而是完全由一个新技术，即微复制技术和已有的微棱镜技术的结合产生的对微米级结构的切割和组合材料工艺技术。虽然微棱镜的所有表面都有全反射功能，但从全反射到逆反射还需要一个条件，就是光线必须连续在微棱镜单元上的三个面上各进行一次全反射。在微棱镜的截角式结构里并不是所有的光线照射到截角式微棱镜以后都可以完成三次全反射，达到逆反射效果。照射到微棱镜三个角落的光线只能完成两次全反射，而没有逆反射效果，如图 2-30 说明了截角微棱镜的不反光部分，图 2-31 显示了全棱镜的全部反光（图中绿色部分为有效反射面积）。

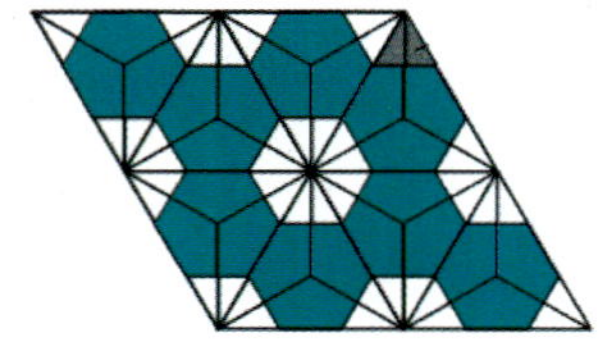

图 2-30　微棱镜不能逆反射的角落

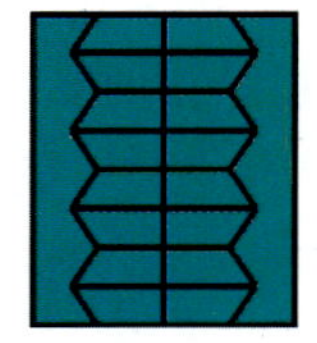

图 2-31　全棱镜的全反射

突破这个瓶颈的关键，就是把微棱镜中反光和不反光的部分分离、切割，最后再组合。在微棱镜的角落部分是不反光的，而在棱镜的中心角（顶角）位置附近是反光的，把顶角附近反光部分切割再重新组合以后的全棱镜，可以在理论上达到100%反光。图2-32是全棱镜从微棱镜转变的过程。

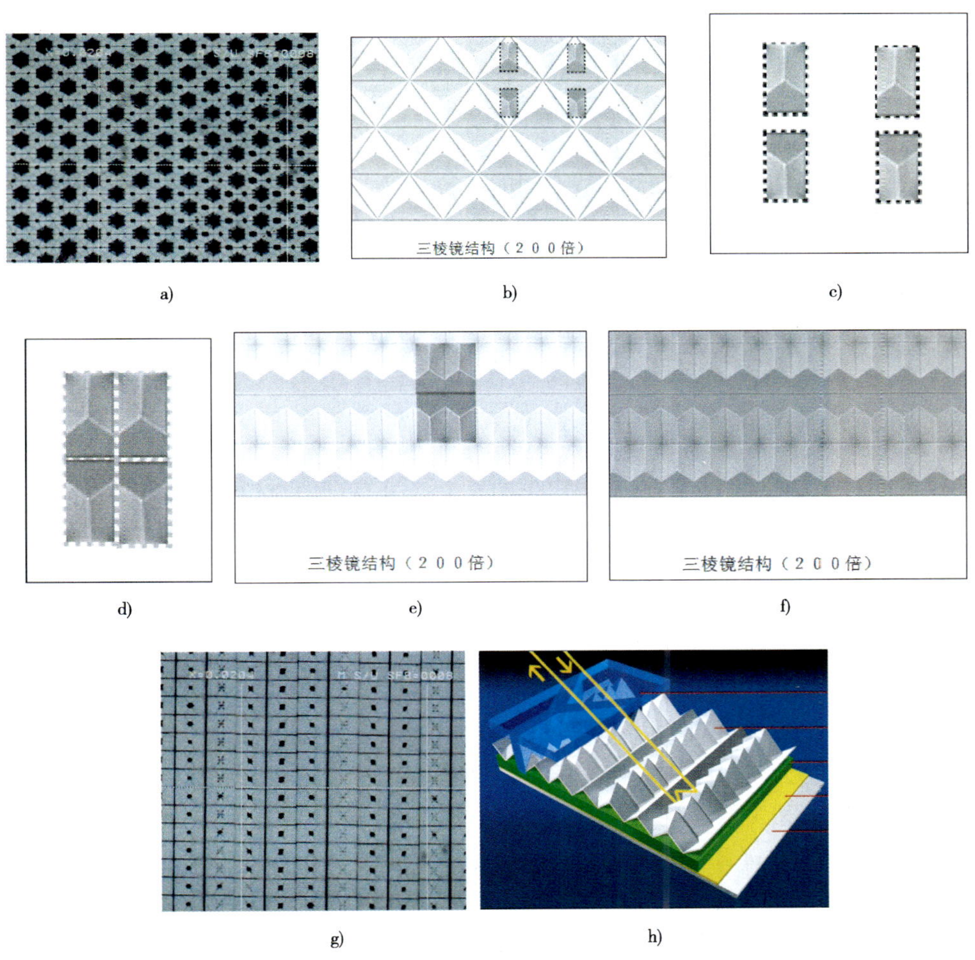

图2-32 四面体微棱镜转变成全棱镜的过程

a）确认微棱镜反光部分；b）切割；c）分离；d）把反光部分拼接；e）确认在新反光膜上位置；f）微复制反光单元；g）显微镜下的新全棱镜反光膜；h）理论反光效率100%的全棱镜模型

在显微镜下对比传统微棱镜和全棱镜可以看出，微棱镜的边角部分和顶角部分有明显的亮度区别，即顶角部分反光而边角部分不反光。而全棱镜的顶角和边角部分没有亮度区别，全部都是反光的。在反光单元的底部的三个角的连接部分的不反光部分已经消失了。

这种全棱镜反光材料的问世，对道路交通标志的视认有着非常大的意义。受到人的肉眼视力和道路条件的限制，道路交通标志的有效识读距离是有限的，一般在50～250m之内是比较现实的一个视认距离。因此，提高标志表面材料的逆反射光控制能力，使光在关键距离里分布到需要的方向上，以应对在各种角度条件下的主动光源的照射和驾驶人的观察，就能最大限度地提升光使用效率,改进标志亮度,从而优化标志视认,改善视距。

四、逆反射材料的亮度

1. 逆反射材料亮度的概念

逆反射技术是把光源照射的光线,通过被照射物体表面的材料,再返回到光源处,其反射效能不仅与反射材料的表面结构有关,还与逆反射材料的亮度有关。因此,在了解逆反射技术的基本原理后,有必要建立关于逆反射亮度的概念。事实上,逆反射材料的亮度是一个俗称,更多地是人们在描述对光的感受。

不同颜色的不同物体的反光能力是不同的。特别是采用不同技术制成的反光材料,对反射"亮度"具有显著的影响。人们为了用更科学的方法来表现这种差异,总结出了光度性能的逆反射系数。表 2-2 列出了不同逆反射体的逆反射系数。

各类物品的逆反射系数比较 表 2-2

逆反射体种类	皮肤	白色织物	白色工程级	白色高强级	白色超强级	白色钻石级
逆反射系数(cd/lx/m^2)	0.1	0.2	70	250	500	800

从表 2-2 能够发现,人体在身着白衣服的情况下,其反光亮度,只有白色钻石级反光材料的 1/4 000,即其被从光源附近的观察者辨识的机会,比白色反光材料所能提供的辨识几率,相去几百到几千倍,这也就是为什么逆反射技术能够使人们更安全,因为它可以大幅度地提高机动车驾驶的安全视距。

逆反射技术的亮度主要是为了提高交通标志的视认性,因此,在技术评价上,逆反射材料的亮度概念是一个宏观概念,包含了两个很重要的微观技术指标:光度和色度。

2. 逆反射的光度

根据交通行业标准《逆反射体光度性能测试方法》(JT/T 690—2007)的规定,逆反射的光度性能可以用比率法、替代法、直接发光强度法和直接亮度法四种方法来测量。因为在本书中着重讨论和交通安全相关的逆反射技术,所以只使用逆反射体的光度测试方法中的逆反射系数,其英文是 Coefficient of Retro-reflection,单位是 cd/lx/m^2(Candelas per square meter per lux,也简称为 CPL)。在《逆反射术语》(JT/T 688—2007)中,对逆反射系数的定义是"发光强度系数与逆反射体的表面积之比"。用数学公式表现为:

$$R_A = R_I/A$$

$$R_I = I/E_{\perp} \tag{2-4}$$

式中:R_A——逆反射系数,cd/lx/m^2;

A——试样表面面积,m^2;

R_I——发光强度系数,cd/lx;

I——发光强度,cd;

$E_{\perp}$——光照度,lx。

逆反射系数是用来描述光线照射到物体表面以后再反射回光源的量,简单地说就是反射光线对应照射光线的比率。该系数在不同的入射角(例如 -4°, +30°, +45°)和不同的观测角(例如 0.2°、0.5°、1.0°)时分别对应车辆在相对标志牌的不同关键位置时逆反射性能,这些性能对应了驾驶员在不同位置和时间对标志牌的识认要求。图 2-33 是关于逆反射系数的基本光学单位介绍。

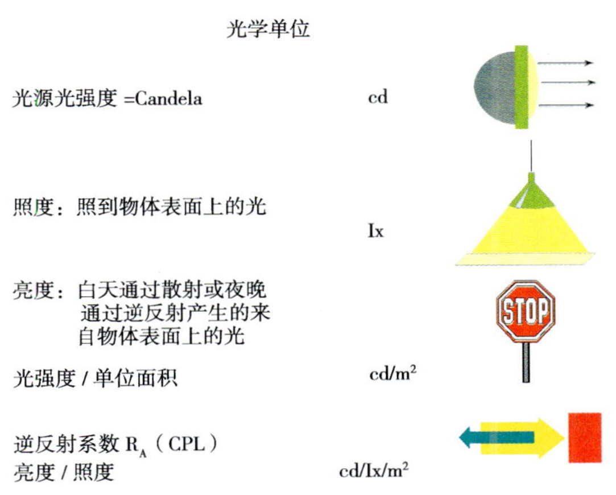

图 2-33　逆反射技术中的光学单位

发光强度（Luminous intensity，Candlepower），是指从光源一个立体角（单位为 sr）所放射出来的光通量，也就是光源或照明灯具所发出的光通量在空间选定方向上分布密度，单位为烛光（Candle or Candela，cd，坎德拉）。发光强度为 1cd 的光源可放射出 12.57lm（流明）的光通量。可以简单地把 1cd 理解成一个蜡烛产生的光的强度。

照度的单位是勒克司（lux，Lm/m^2，勒克斯），在距离一个发光强度为 1 cd 的光源 1m 处接受的照明强度，习惯称为烛光 · 米，亦即距离该光源 1m 处，$1m^2$ 面积接受 1lm 光通量时的照度。

亮度（luminance，Brightness）也称为辉度。当人眼目视某物所看到的物体，可以用两种方式表达其亮度：一种用于较高发光值者如光源或灯具，直接以其发光强度来表示；另一种则用于本身不发光只反射光线者如交通标志牌，以亮度表示。亮度即被照物每单位面积在某一方向上所发出或反射的发光强度，用以显示被照物的明暗差异，公制单位为堪德拉/平方米（$Candela/m^2$，cd/m^2）或尼特（nit）。

逆反射系数就是反光膜接受光线以后的反射亮度，单位是每堪德拉每勒克斯每平方米（$cd/lx/m^2$），或者简称 CPL。

一般意义上讲，逆反射系数越高，说明逆反射材料的逆反射性能越好，由此制作的安全设施能越早在更远的地方被驾驶员看见。但如果从工程技术人员的角度评判逆反射材料的“亮度”，实际上是一定要带上距离和角度值的。因为所有的逆反射材料，在不同的距离、入射角和观测角下，都有不同的逆反射系数。概括起来讲，影响逆反射系数的最关键因素是两个角度：车灯、设施和驾驶人的视线形成的观测角；车灯和设施形成的入射角。单纯地评价逆反射材料的亮与不亮，更多地是人们的一种感受和印象，很难作为科学概念进行理解。不过，伴随着国际交通界对视认问题研究的深入，逐渐形成了一个共识，就是在一定条件下，逆反射性能较好的材料，即指可以兼顾远距离发现需求和近距离视认需求的反光材料。

3. 逆反射的色度

道路交通安全设施中所使用的材料涉及普通材料、逆反射材料、荧光材料等，颜色主要包括表面色(昼间色)和逆反射色(夜间色)。

表面色为各种材料、设施在白天使用时的颜色,即昼间色。目前国家标准中规定的安全色和视觉信号表面色均属于表面色。

逆反射色为具备逆反射特性的材料或设施在夜间使用时所显现的颜色,即夜间色。近几年,随着逆反射技术及其应用的发展,人们逐渐意识到夜间使用的逆反射色的重要性,开始对其进行研究和规范。

测量表面色时,采用 D65 光源作为照明光源。D65 光源的亮度近似于白天中午前后的太阳光,照明观测条件是 45/0,观测到的是昼间色;测量逆反射色时,采用标准 A 光源作为照明光源。标准 A 光源亮度近似于汽车前照灯,照明观测条件是入射角 0°、观测角 0.2°,观测到的是夜间色。

D65 和 A 光源分别代表了色温等于 6504K 的日光和辐射体在 2856K 发出的光,简单地说,就是白天中午时的阳光和夜间条件下车灯照射的光线。

为什么要同时规定两种状况下的颜色标准呢?因为人眼看到的颜色实际上是物体颜色和环境光线在人眼中综合的反映,同样物体在不同光线条件下的颜色是不一样的。而交通安全设施要传递的信息是固定的,不能因为颜色的差异而引起白天和夜晚的视认性能变化过大。例如高速公路上的警告标志,在白天时的视认环境良好,它可以及时预告而引导交通流安全通行,但在晚上可能因为颜色的差异使得视认性能大大下降而引发交通事故,所以交通标志上的颜色变化要有严格的规定。图 2-34 是 GB 18833—2002 的两种反光膜颜色坐标。

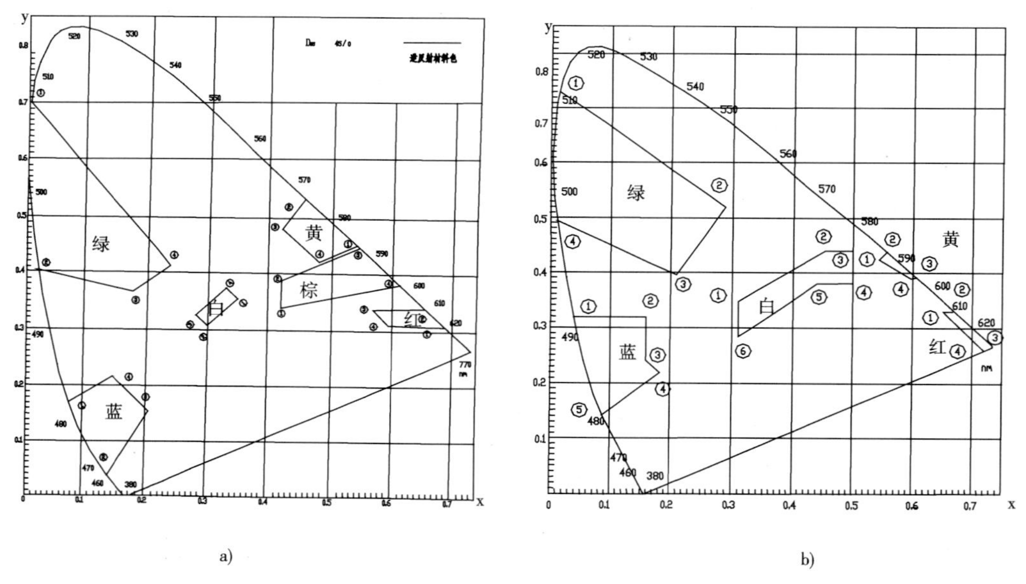

图 2-34 反光膜的 D65 光源和 A 光源的颜色坐标

在交通标志上使用的反光膜,在夜晚对光线的定向反射会影响反光膜在人眼里反映的颜色。如图 2-35 所示,禁止摩托车通行的标志牌和稍远处的公益标志牌在白天的颜色并没有很大差异。在夜晚,标志牌的颜色仍然是保持和白天基本一致的颜色,而公益标志牌的颜色已经变得很灰暗了。

图 2-35 反光膜和非反光膜在反光时的颜色对比

第四节 逆反射应用基础

一、应用条件下的逆反射实现

上面介绍的反光原理，是一种理论上的分析，是理想的逆反射现象，理想的逆反射体将光线沿着入射光轴全部反射回光源，而这种反射的作用，在现实应用中是相对有限的——因为这样的标志膜会将所有入射光反射回光源，而不会有任何光被观察者的眼睛接收。

实际上，并没有这么“理想”的逆反射材料。所有的反射材料都将入射光线以光锥形式反射回去，该光锥的轴线是入射光光径，其中大部分光强都集中在轴线附近，离轴线越远，光强越弱。这种发散的光回归方式，到达驾驶者眼睛的光是沿着略偏于入射光径的路径返回的光线，如图 2-36 所示。这两条路径（入射路径和反射路径）之间的夹角即为观测角。图 2-37 是入射角的路径。图 2-38 是逆反射体的反射光锥。

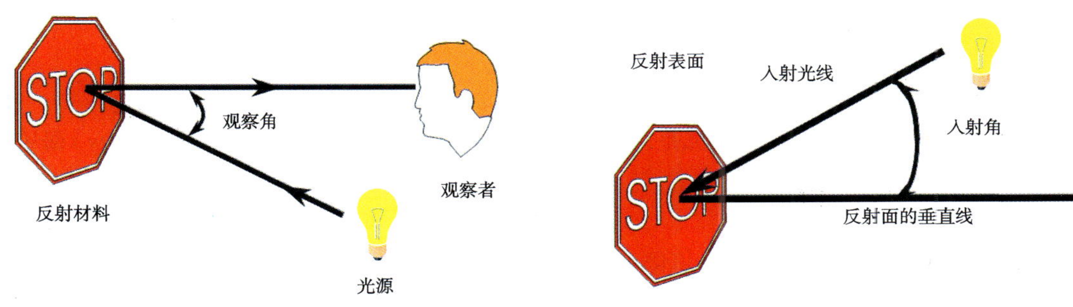

图 2-36 观测角示意图

图 2-37 入射角示意图

对于远距离处的机动车来说，反射光线的路径仅仅微偏于入射光线的路径，这意味着处在逆反射光锥中轴心区域的远距离处驾驶人的观测角非常小，随着车辆逐渐驶近标志，驾驶人的

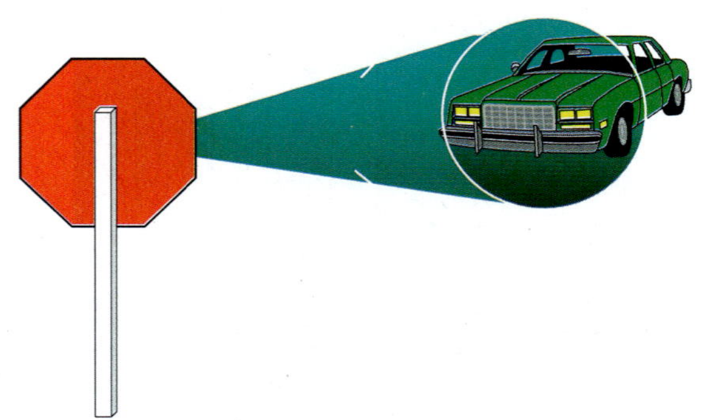

图 2-38　逆反射体的反射光锥

位置越来越向光锥的边缘移动，观测角也在不断增大，这时，光线向较大观测角的发散对驾驶人来说就显得极为重要，因为这样可确保在不同距离处，驾驶人都能获得一些反光，使标志能被看见。因此，在 1999 年版的国家标志标线标准 GB 5768 里，就已经提出了要关注大观测角下的标志反光性能。

在车辆行驶的过程中，判断逆反射材料是否具有持续的反光能力，就看其在从较小的观测角到较大观测角是否具有持续的亮度。目前测试设备已可精确测出 0.1°到 2°的观测角条件下逆反射材料的亮度。

由于逆反射材料具有将入射光反射回光源的特性，因此它在夜间或灰暗处对光源射来的光线的反射效果尤为突出，这使处于光源处的观察者能在较远的地方就发现它的存在，并做出反应。这一特性被应用在公路标志、标线、警示牌、警示服、矿井下的警示标志等，都显现出它对人和物的安全防护作用，如在夜间行驶的车辆，驾驶人在很远处就能发现用逆反射材料制做的标志牌或身穿用逆反射材料制做的警示服的行人，及时采取措施从而避免交通事故的发生。

随着交通事业的飞速发展，高速路不断增加，车辆越来越多，车速越来越快。当车速为 100km/h 时，驾驶人每秒钟要前进 27.7m，仅仅完成发现标志和作出判断就需要 2.88s 以上的时间，而从发现到要读清楚道路标志的提示并采取措施，通常需要高达 380m 的距离。一些特定的逆反射材料的高反光特性恰恰解决了这一问题。

在现实生活中，利用逆反射材料来实现逆反射技术的“照明”功能，延长安全视距，对道路交通安全有着非常重要的现实意义。

二、逆反射材料的应用研究概述

逆反射材料的应用研究一直都是围绕着一个主题进行的，就是视认性(Visibility)研究。鉴于逆反射材料的最大应用领域是交通标志，所以标志视认性研究也是最主要的研究领域。

标志视认性的概念比较复杂，不能用一个单一的数据来衡量。视认性至少包括两个概念：显著性(Conspicuity)和识读性(Legibility)。显著性，是把标志从它的环境中发现出来的能力，而识读性是把信息(字符)从标志中辨认出来的能力。影响标志牌视认性的因素有很多，基本上可以分为标志牌、车辆、驾驶人和交通环境四大因素。如表 2-3 所示，在这四个因素里面又可以细分为更多的影响要点。图 2-39 是同样标志牌在不同的灯光背景里的显著性对比。

影响标志牌视认性的四个因素　　表 2-3

标　志	车　辆	驾 驶 人	环境/路况
• 设置位置 1. 柱式 - 右侧 - 左侧 - 路侧 2. 悬臂式 - 高度 - 车道分布 - 倾角 • 标志尺寸 • 标志形状 • 标志颜色 1. 背景 2. 图案 • 图案 1. 图形 2. 文字 - 字体 - 字号 - 笔划宽度 - 字符间隔 - 行间距 • 照明 • 反光材料性能	• 车型 1. 跑车 2. 小客车 3. 皮卡/越野 4. 大型货车 • 车灯 1. 车灯类型 - 卤素灯 - 钨灯 - 氙灯 2. 反射器类型 3. 照明分布 4. 照射目的 5. 清洁度 • 风挡 1. 透光性 2. 清洁度 • 稳定的电压	• 视觉 1. 视力 2. 对比敏感性 3. 色视觉 4. 其他 • 知觉 • 综合信息处理能力 - 文化水平 - 年龄 - 身体差异 • 饮酒/麻醉药	• 大气条件 1. 雨 2. 雪 3. 雾 • 交通背景复杂性: 1. 城市 - 居住区 - 学校 - 商业区 - 工业区 2. 乡村 • 时段 - 白天 - 黄昏 - 晚上 • 平面线型 • 纵断面线型 • 视距 • 路面反射系数

a)

b)

图 2-39　标志在不同灯光背景条件下，显著性完全不同

在现实交通工程领域，逆反射技术和材料的研发，主要是从生产企业展开的。很多国家的交通科研部门，更多地是把精力和资源放在了逆反射材料的应用研究领域。交通标志做为最主要的交通安全设施，其标志板面所用反光膜材料及其交通标志的视认性研究，成为了逆反射材料应用领域里最主要的研究对象。

标志视认性的系统性研究历史并不长。它首先是由美国车辆安全中心 CAS 在 1984 年请求美国联邦高速管理局发布标志标线的逆反射系数标准开始的。美国的科学家们围绕这个题目进行了一系列的研究。当时主要的研究目标是不同交通环境下的标志牌需要的最低亮度，通过这些研究，他们指出人眼对标志牌的视认顺序是从标志牌的颜色开始，然后是形状，最后是字符，图 2-40 是标志牌的视认顺序。还完善了整个视认过程的划分以及标志牌的推荐最低视认距离。图 2-41 是标志认读过程和最小安全距离。

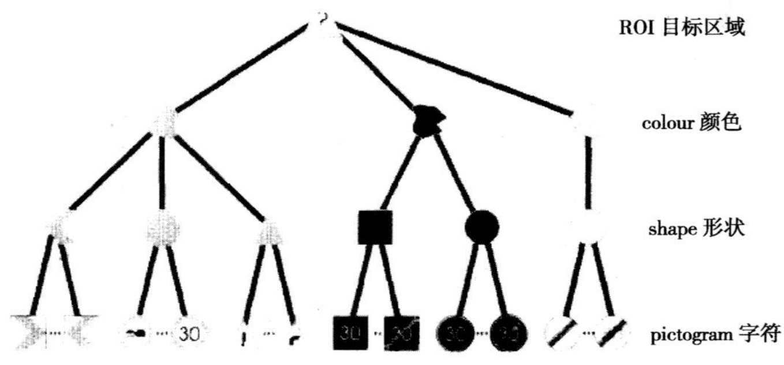

图 2-40　标志牌的视认顺序

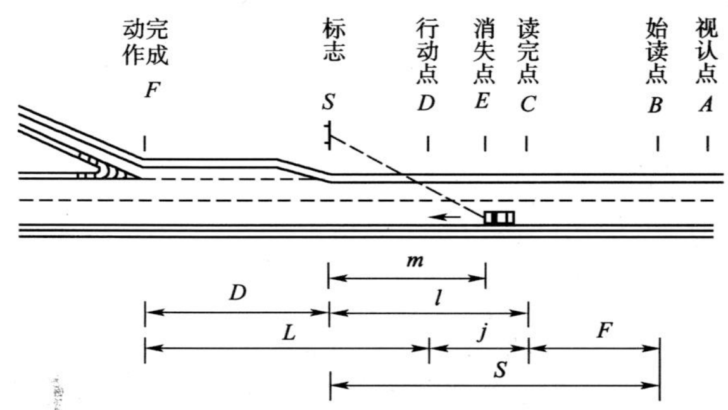

图 2-41　标志认读过程和最小安全距离

经过了近十年的研究，美国的科研已经积累了大量的试验数据，由 Paniati，J. F. &Mace 在 1993 年开发出一个计算机软件（Computerized Analysis of Retroreflective TrafficSign，CARTS），对驾驶人发现标志/认读信息/决定行动/开始操作/完成操作的时间点进行模拟，然后通过计算这些时间点对应的距离以得到标志牌的最低视认距离（MRVD）。值得思考的是，当时在设计软件时，就发现有太多的影响因素，所以设计人员假设了很多“平常”的视认条件以简化程序。美国的联邦公路公路署根据这个软件的计算结果推出了一个推荐性的最低标志牌逆反射系数表，表 2-4 是交通部公路所翻译的 CARTS 的推荐最低逆反射系数表（1993 版）。

在 1993 版的软件发表以后，更多的研究发现这个版本假设的“平常”视认条件有很多不足的地方，比如车灯亮度计算模式是以左车灯加右车灯的一个车灯亮度，就像一辆摩托车，而不是 4 轮汽车的车灯模式。所以在 1994 年又发表了新的 CARTS 软件，重新计算标志牌最低反光亮度。研究者在研究和收集了美国 50 个州的 20 000 块标志牌的数据以后，发现车灯亮度有很多难题没有解决，龙门架标志牌的逆反射系数很难测量，所以决定在 1998

年提高取消推荐龙门架最低逆反射系数和降低大部分标志的白色最低逆反射系数的标准。同时修改的还有提高了标志牌白色字符的最低逆反射系数。表 2-5 是 1998 版本和 1993 版本的比较。

美国联邦公路署 1993 年推荐的最低逆反射系数[1]　　表 2-4

<table>
<tr><td colspan="14">字符颜色:黑色　背景颜色:黄或橙色</td></tr>
<tr><td colspan="5">标志尺寸</td><td colspan="3">≥48in</td><td colspan="3">36in</td><td colspan="3">≤30in</td></tr>
<tr><td colspan="2">字符</td><td colspan="3">材料类型</td><td colspan="9">最低亮度值</td></tr>
<tr><td colspan="2">粗符号</td><td colspan="3">全部</td><td colspan="3">15</td><td colspan="3">20</td><td colspan="3">25</td></tr>
<tr><td colspan="2" rowspan="4">细符号和字</td><td colspan="3">I</td><td colspan="3">20</td><td colspan="3">30</td><td colspan="3">45</td></tr>
<tr><td colspan="3">II</td><td colspan="3">25</td><td colspan="3">40</td><td colspan="3">60</td></tr>
<tr><td colspan="3">III</td><td colspan="3">30</td><td colspan="3">50</td><td colspan="3">80</td></tr>
<tr><td colspan="3">IV、VII</td><td colspan="3">40</td><td colspan="3">70</td><td colspan="3">120</td></tr>
<tr><td colspan="14">字符颜色:黑色　背景颜色:黄或橙色</td></tr>
<tr><td colspan="2">交通流速度</td><td colspan="6">≥45m/h</td><td colspan="6">≤40m/h</td></tr>
<tr><td colspan="2">标志尺寸</td><td colspan="2">≥48in</td><td colspan="2">36in</td><td colspan="2">≤30in</td><td colspan="2">≥48in</td><td colspan="2">36in</td><td colspan="2">≤30in</td></tr>
<tr><td colspan="2"></td><td>白</td><td>红</td><td>白</td><td>红</td><td>白</td><td>红</td><td>白</td><td>红</td><td>白</td><td>红</td><td>白</td><td>红</td></tr>
<tr><td colspan="2">所有标志</td><td>50</td><td>10</td><td>60</td><td>12</td><td>70</td><td>14</td><td>30</td><td>6</td><td>35</td><td>7</td><td>40</td><td>8</td></tr>
<tr><td colspan="14">字符颜色:黑色和/或黑与红色　背景颜色:白色</td></tr>
<tr><td colspan="2">交通流速度</td><td colspan="6">≥45m/h</td><td colspan="6">≤40m/h</td></tr>
<tr><td colspan="2">标志尺寸</td><td colspan="2">≥48in</td><td colspan="2">30 ~ 36in</td><td colspan="2">≤24in</td><td colspan="2">≥48in</td><td colspan="2">30 ~ 36in</td><td colspan="2">≤24in</td></tr>
<tr><td colspan="2">材料</td><td colspan="12"></td></tr>
<tr><td rowspan="4">地上安装</td><td>I</td><td colspan="2">20</td><td colspan="2">35</td><td colspan="2">50</td><td colspan="2">15</td><td colspan="2">20</td><td colspan="2">35</td></tr>
<tr><td>II</td><td colspan="2">25</td><td colspan="2">45</td><td colspan="2">70</td><td colspan="2">20</td><td colspan="2">30</td><td colspan="2">55</td></tr>
<tr><td>III</td><td colspan="2">30</td><td colspan="2">60</td><td colspan="2">90</td><td colspan="2">25</td><td colspan="2">45</td><td colspan="2">75</td></tr>
<tr><td>IV、VII</td><td colspan="2">40</td><td colspan="2">80</td><td colspan="2">120</td><td colspan="2">35</td><td colspan="2">60</td><td colspan="2">100</td></tr>
<tr><td rowspan="4">头上安装</td><td>I</td><td colspan="6" rowspan="4"></td><td colspan="2">40</td><td colspan="2">50</td><td colspan="2">100</td></tr>
<tr><td>II</td><td colspan="2">50</td><td colspan="2">75</td><td colspan="2">135</td></tr>
<tr><td>III</td><td colspan="2">65</td><td colspan="2">115</td><td colspan="2">185</td></tr>
<tr><td>IV、VII</td><td colspan="2">90</td><td colspan="2">150</td><td colspan="2">250</td></tr>
<tr><td colspan="14">字符颜色:白色　背景颜色:绿色</td></tr>
<tr><td colspan="2">交通流速度</td><td colspan="6">≥45m/h</td><td colspan="6">≤40m/h</td></tr>
<tr><td colspan="2">颜色</td><td colspan="3">白色</td><td colspan="3">绿色</td><td colspan="3">白色</td><td colspan="3">绿色</td></tr>
<tr><td colspan="2">地上安装</td><td colspan="3">35</td><td colspan="3">7</td><td colspan="3">25</td><td colspan="3">5</td></tr>
<tr><td colspan="2">头上安装</td><td colspan="3">110</td><td colspan="3">22</td><td colspan="3">80</td><td colspan="3">16</td></tr>
<tr><td colspan="14">注:观测角 0.2°,入射角 -4°下测量</td></tr>
</table>

1998 版本和 1993 版本的比较[1]　　表 2-5

字符颜色:黑色和(或)红色　背景颜色:白色													
交通流速度		≥45m/h						≤40m/h					
标志尺寸		≥48in		30～36in		≤24in		≥48in		30～36in		≤24in	
		白	红	白	红	白	红	白	红	白	红	白	红
所有标志		50	10	60	12	70	14	30	6	35	7	40	8
字符颜色:黑色和/或黑与红色　背景颜色:白色													
交通流速度		≥45m/h						≤40m/h					
标志尺寸		≥48in		30～36in		≤24in		≥48in		30～36in		≤24in	
材料		前[2]	后[3]	前[2]	后[3]	前[2]	后[3]	前[2]	后[3]	前[2]	后[3]	前[2]	后[3]
地上安装	I	20	25	35	35	50	45	15	20	20	25	35	30
	II	25	30	45	45	70	55	20	25	30	30	55	35
	III	30	40	60	55	90	70	25	30	45	40	75	45
	IV&VII	40	50	80	70	120	90	35	40	60	50	100	60
悬臂安装	I	无推荐值[4]						40	n/a[5]	50	n/a[5]	100	n/a[5]
	II							50		75		135	
	III							65		115		185	
	IV、VII							90		150		250	

注:1. 观测角 0.2°,入射角 -4°下测量;
2. 前为原版,FHWA1993 版推荐值;
3. 后为修订版,FHWA1998 版推荐值;
4. 修订版中去掉了悬臂安装的推荐值;
5. n/a[4] 表示未应用,修订版去掉悬臂安装值

绿色背板标志的最低逆反射系数值[1],与 1993 版对比								
交通流速度	≥45m/h				≤40m/h			
颜色	白色		绿色		白色		绿色	
	前[2]	后[3]	前[2]	后[3]	前[2]	后[3]	前[2]	后[3]
地上安装	35	35	7	7	25	25	5	5
悬臂安装	110	n/a[4]	22	n/a[4]	80	n/a[4]	16	n/a[4]

注:1. 观测角 0.2°,入射角 -4°下测量;
2. 前为原版,FHWA1993 版推荐值;
3. 后为修订版,FHWA1998 版推荐值;
4. n/a[4] 表示未应用,修订版去掉悬臂安装值

在 2000 年，基于更多的车灯类型、车型和夜晚驾驶出现在道路上，美国联邦公路署认为有必要推荐一个更完整的最低逆反射系数，为此，《美国统一交通控制手册》(MUTCD)正式为标志标线最低逆反射系数预留位置。在 2001 年，美国德州交通部发布了龙门架和街名牌的推荐最低逆反射系数。在 2003，美国联邦公路署发表了新版的推荐最低逆反射系数。该推荐系数和 1998 年相比较有一些明显的变化。

(1)按照 ASTM 对反光膜的分类而分别规定了不同级别的最低逆反射要求。

(2)全面提高了最低逆反射系数要求，要求完全不使用工程级白色字符，要求在龙门架上不使用超工程级和高强级白色字符。

(3)第一次提出对红色底膜的逆反射要求。

(4)第一次提出字符和底膜的逆反射比率要求。

(5)重新提出 1998 版取消的龙门架最低逆反射要求。

在 2003 版本的逆反射系数推出以后，预计将在次年出正式版本，但实际上 2004 年没有能够如期发布正式的最低逆反射系数，后来在 2005 年又更新了一次推荐的数据。这个 2005 版和 2003 的版本没有什么变化，因为在 2004 年 ASTM 更新了反光膜的分类，其中增加了第十类反光膜和规定高强级可以分别属于玻璃珠和微棱镜结构，所以 2005 版的推荐最低逆反射系数也更新了。最新的 2007 版本的数据和 2003 和 2005 没有什么区别，但 2007 版再也不是推荐使用的最低要求，而是具有法律强制性质的写进国标的最低逆反射数据，该数据从 2008 年 1 月正式生效。至此，从 1993 年美国国会要求联邦公路管理署实施最低逆反射系数政策以规范交通标志标准，经过 15 年的审慎研究，终于初步完成。它的问世，不仅进一步明确了逆反射技术在道路交通安全上的重要作用，更强化了交通标志逆反射性能的法律责任。

表 2-6 ~ 表 2-8 分别是 MUTCD2003，2005 和 2008 版本的表格。

日本对逆反射材料的使用和关注度都是很高的。特别是因为地理位置、气候和文化的特殊性，日本国进行了很多针对本国情况展开的研究，其中有些方面的研究处于领先地位。比如，日本因为本身是温带海洋性气候，沿海交通频繁，多雨水、大雪和雾，所以日本在恶劣天气里的标志牌视认性研究领先于其他国家。图 2-42 是日本的 Kazunori Munehiro 主持的一次雾天的标志牌视认性实验用的标志牌和实验场地。

图 2-42　日本测试用的标志牌和场地

2003 年版本的表格 表 2-6

<table>
<tr><td rowspan="2">标志颜色</td><td rowspan="2">标准</td><td colspan="6">反光膜类型(ASTM D4956-01a)</td></tr>
<tr><td>I</td><td>II</td><td>III</td><td>VII</td><td>VIII</td><td>IX</td></tr>
<tr><td>红底白字</td><td>见注①</td><td colspan="6">35//7</td></tr>
<tr><td rowspan="2">黄底或橙底黑字</td><td>见注②</td><td colspan="3">*</td><td colspan="3">50</td></tr>
<tr><td>见注③</td><td colspan="3">*</td><td colspan="3">75</td></tr>
<tr><td>白底黑字</td><td>—</td><td colspan="6">50</td></tr>
<tr><td rowspan="2">绿底白字</td><td>悬臂安装</td><td colspan="3">*//7</td><td>*//15</td><td>*//25</td><td>250//25</td></tr>
<tr><td>路侧安装</td><td colspan="3">*//7</td><td colspan="3">120//15</td></tr>
<tr><td colspan="8">注:
①表中的数字给出了字模和底膜的亮度对比,观测角 0.2°,入射角 −4°下测量,单位:$cd/lx/m^2$;
②最小对比度为:3:1(白色反光膜:红色反光膜);
③对尺寸大于等于 48in 且字体为粗体的标志牌;
④对尺寸小于 48in 且字体为细体的标志牌</td></tr>
</table>

<table>
<tr><td>粗体标志牌</td><td>W3-1 转弯
W3-2 曲线
W3-3 反转
W3-4 反曲线
W3-5 连续转弯
W3-6 大、单个箭头
W3-7 大、双箭头
W3-8V 型或倒 V 型
W3-9 转弯和限速
W3-10 平曲线和交叉口
W2-1 十字路口
W2-2,2-3 辅路
W2-4T 型交叉口
W2-5Y 型交叉口
W2-6 环型交叉口
W3-1a“停”
W3-2a“让行”</td><td>W3-3 单车道
W4-3 车道增加
W6-1 高速匝道入口
W6-2 高速匝道出口
W6-3 双向交通
W10-1,-2,-3,-4 前方公路-铁路道口警告
W11-2 人行横道
W11-3 麋鹿出没
W11-4 牛出没
W11-5 农场设备
W11-5p,-6p,-7p,-8p 指向箭头
W11-8 消防站
W11-10 货车穿行
W12-1 双箭头</td></tr>
<tr><td>细体标志牌</td><td colspan="2">所有未在粗体标志牌中提及的均为细体标志牌</td></tr>
<tr><td>特殊标志
(上表中需要用到黄色的标志)</td><td>W3-1a“停”
红色反光膜≥7
W3-2a“让行”
红色反光膜≥7,白色反光膜≥35
W3-3 前方交通信号
红色反光膜≥7,绿色反光膜≥7
W14-3-禁止通行,W4-4p-穿行禁停,W13-2,-3,-1,-5-曲线及转弯限速</td><td></td></tr>
</table>

2005 年版本的表格 表 2-7

标志颜色	反光膜类型(ASTM D4956-04)				附加标准
	玻璃珠型			微棱镜型	
	I	II	III	IV V VI VII VIII IX X	
绿底白字	W*:G≥7	W*:G≥15	W*:G≥25	W≥250,W*:G≥25	悬臂安装
	W*:G≥7	W≥120,W*:G≥15			地面安装
黄底黑字/橙色黑字	W*:O*	Y≥50,O≥50			见注②
	W*:O*	Y≥75,O≥75			见注③
红底白字	W≥35,R≥7				见注④
白底黑字	W≥50				—

注:①表中的数字给出了字模和底膜的亮度对比,观测角 0.2°,入射角 -4°下测量,单位:cd/lx/m²;

②针对尺寸大于等于 48in(1.2m)的细体字标志和所有粗体字标志;

③针对尺寸小于 48in(1.2m)的细体字标志;

④最小对比度为:3:1(白色反光膜:红色反光膜)

* 此种颜色、此种类型反光膜不宜作此应用

粗体字标志牌		
W1-1,-2 转弯和曲线	W3-1“停”	W11-2 人行横道
W1-3,-4 反向转弯和曲线	W3-2“让行”	W11-3 麋鹿出没
W1-5,连续弯路	W3-3 前方交通信号	W11-4 牛出没
W1-6,-7 大箭头	W4-1 合流	W11-5 农场设备
W1-8V 型或倒 V 型	W4-2 车道终点	W11-6 清雪设备穿行
W1-10 转弯处的交叉口	W4-3 增加车道	W11-7 骑马者穿行
W1-11 急转弯	W4-5 进入合流车道	W11-8 消防站
W1-15 270 度环路	W4-6 进入拓宽车道	W11-10 货车穿行
W2-1 十字路口	W6-1,-2 驶入驶出分流车道	W11-1 双箭头
W2-2,-3,辅路	W6-3 双向交通	W11-5p,-6p,-7p,-8p 指向箭头
W2-4,-5T 型、Y 型路口	W10-1,-2,-3,-4,-11,-12 前方公路-铁路道口警告	W20-7a 施工区
W2-6 环形交叉口		W21-1a 前方施工
细体标志牌——所有未在粗体标志牌中提及的均为细体标志牌		
特殊情况		
W3-1“停”:红色反光膜≥7 W3-2“让行”:红色反光膜≥7,白色反光膜≥35 W3-3 前方交通信号:红色反光膜≥7,绿色反光膜≥7 W3-5 减速标志,白色反光膜≥50 非菱形标志,如 W14-3(禁止驶入),W4-4p-穿行禁停,W13-2,-3,-1,-5 曲线及转弯限速,宜用大尺寸来获得相应的亮度。		

图 2-43 是日本街头的电线杆,很多都贴有反光膜,提示安全和地点。

加拿大因为地处高纬度区域,长年多霜和冰雪,在霜冻条件下的视认性研究比他国领先。Eric Hildebrand 在 2004 年的一次实验中指出:经过霜冻的标志牌的视认性明显下降,逆反射系数为非霜冻的 1/3。图 2-44 是其中一次霜冻测试的照片。

在我国,关于逆反射技术的讨论,主要是伴随着逆反射材料在交通标志上的应用逐渐展开的,目前主要是侧重于交通标志的视认相关领域。有关逆反射材料的不同性能特征,对道路交通事故的影响等应用型研究项目,无论是数量还是丰富程度上来看,都还有很大的发展空间。

2008 年版本的表格 表 2-8

标志颜色	反光膜类型(ASTM D4956-04)				附加标准
	玻璃珠型			微棱镜型	
	I	II	III	IV V VI VII VIII IX X	
绿底白字	W*:G≥7	W*:G≥15	W*:G≥25	W≥250,W*:G≥25	悬臂安装
	W*:G≥7	W≥120,W*:G≥15			地面安装
黄底黑字/橙色黑字	W*:O*	Y≥50,O≥50			见注②
	W*:O*	Y≥75,O≥75			见注③
红底白字	W≥35,R≥7				见注④
白底黑字	W≥50				—

注:①表中的数字给出了字模和底膜的亮度对比,观测角 0.2°,入射角 -4°下测量,单位:cd/lx/m^2;

②针对尺寸大于等于 48in(1.2m)的细体字标志和所有粗体字标志;

③针对尺寸小于 48in(1.2m)的细体字标志;

④最小对比度为:3∶1(白色反光膜∶红色反光膜)

*此种颜色、此种类型反光膜不宜作此应用

粗体字标志牌		
W1-1,-2 转弯和曲线	W3-1“停”	W11-2 人行横道
W1-3,-4 反向转弯和曲线	W3-2“让行”	W11-3 麋鹿出没
W1-5,连续弯路	W3-3 前方交通信号	W11-4 牛出没
W1-6,-7 大箭头	W4-1 合流	W11-5 农场设备
W1-8V 型或倒 V 型	W4-2 车道终点	W11-6 清雪设备穿行
W1-10 转弯处的交叉口	W4-3 增加车道	W11-7 骑马者穿行
W1-11 急转弯	W4-5 进入合流车道	W11-8 消防站
W1-15 270 度环路	W4-6 进入拓宽车道	W11-10 货车穿行
W2-1 十字路口	W6-1,-2 驶入驶出分流车道	W11-1 双箭头
W2-2,-3,辅路	W6-3 双向交通	W11-5p,-6p,-7p,-8p 指向箭头
W2-4,-5T 型、Y 型路口	W10-1,-2,-3,-4,-11,-12 前方公路-铁路道口警告	W20-7a 施工区
W2-6 环形交叉口		W21-1a 前方施工

细体标志牌——所有未在粗体标志牌中提及的均为细体标志牌

特殊情况

W3-1“停”:红色反光膜≥7

W3-2“让行”:红色反光膜≥7,白色反光膜≥35

W3-3 前方交通信号:红色反光膜≥7,绿色反光膜≥7

W3-5 减速标志,白色反光膜≥50

非菱形标志,如 W14-3(禁止驶入),W4-4p-穿行禁停,W13-2,-3,-1,-5 曲线及转弯限速,宜用大尺寸来获得相应的亮度。

关于标志视认性研究,原交通部的张伯明研究员早在 1993 就做了《交通标志汉字视认性的研究》。该研究报告对交通标志中汉字的高度、宽度、笔划粗细、字符间隔、数字和字母做了非常详细的研究。他的研究结果直接促成了后来的国标 GB 5768 中的汉字标准。中国在这之后的 15 年里,道路建设飞速发展,这推动了中国视认性研究的快速发展。1997 年,交通部的唐琤琤研究员主持了一个《反光标志夜间可见性研究》。它的测试方法参照了美国的 CARTS 软件模式;在匀速行驶的汽车中,记录驾驶人认读标志信息的时间,然后换算成距离。又根据视认距离指出最佳反光膜字模和底膜的组合,年龄与视认距离的关系,字模和底膜的逆反射系数比等一系列非常实用的数据。从 2005 年开始,以同济大学方守恩教授为首的部分研究人员分别开展了利用眼动仪对标志牌视认性和标志牌信息量的研究。

a)

b)

图 2-43 日本街头的电线杆

a)

b)

图 2-44 霜冻测试面板

我国的道路,特别是高速公路仍然在高速发展中,在发展的过程中出现了大量的有中国特色的新生事物。所以,更需要要大力开展与这些事物相关的科学研究。在高速发展中的中国交通,面对生命、效率和环境的挑战,深入挖掘和合理配置安全资源,鼓励和促进更多、更有效率的安全技术的应用与普及,都需要有更多的科学研究的投入。

思考题

1. 什么是光的逆反射? 简要阐述逆反射基本原理。
2. 简要陈述逆反射技术的发展过程。
3. 视认性包括哪两个方面?
4. 影响标志视认性有哪些因素?
5. 简述美国国家制订最低逆反射系数的目的和主要内容。

第三章　逆反射材料及其应用技术

从使用逆反射技术生产逆反射材料伊始，逆反射材料就被陆续应用于交通标志标线、突起路标、轮廓标识、交通锥、防撞筒等各种道路交通安全设施，以及汽车号牌、衣物鞋帽等，其作用都是为了能够利用车灯的照射和光线的反射，来“点亮”前方，提高驾驶人发现前方物体的距离，从而能给驾驶人以更充分的时间，采取相应的安全措施。与其他各类道路交通安全措施相比，与各种减轻道路交通事故伤害的成本相比，应用逆反射技术，无疑是成本低廉且行之有效的解决方案。从某种意义上说，逆反射材料的应用，是一种更为积极主动的安全防范措施，与针对事故发生后旨在降低伤害程度的措施如护栏防护相比，更具安全价值，更能体现对生命的关爱。图3-1、图3-2是各种典型应用的照片。

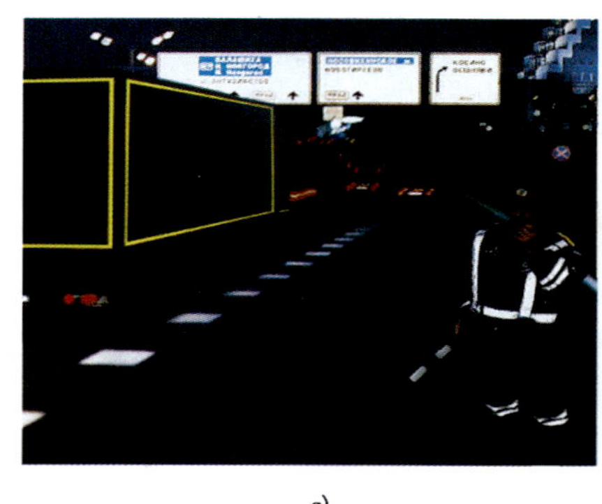

a)

b)

图3-1　俄罗斯道路上的各种反光材料应用：服装、交通标志标线、车身标识

a)

b)

图3-2　油品运输车上的反光标识的白天和夜间效果照片

事实上，从20世纪30年代开始，人类除了迅速投入使用各种由科技工业创造出的新型逆反射材料，以尽快减少道路交通伤害之外，也开始逐渐地启动了对应用逆反射技术改善道路交通安全条件的研究。

20世纪90年代，在美国和加拿大两国政府交通安全管理部门和科研机构的努力下，针对逆反射材料的新老技术的安全效果,展开过一次很有意义的研究,通过交通标志材料表面的反光膜的升级换代和使用不同材料前后数年里的事故数据的挖掘,得出了一个很有价值的结论:即交通标志的逆反射性能越好,道路交通安全效果越好。人类一直在不断地研究和发展逆反射技术,提高道路交通标志的逆反射性能,通过先进技术的应用,来解决普遍存在的道路交通安全问题。

光的逆反射功能的实现,是通过具备逆反射性能的各种反光材料来实现的。这些材料,绝大多数不是自然界天然形成的,而是依靠人类的创造力,后天发明合成的新物质。逆反射技术汇集了光学、材料学、数学、有机化学等多种学科和技术。所以,在介绍逆反射技术在道路交通安全管理中的应用之前,有必要先来认识一下逆反射材料。可以说,对这些新物质的认识与掌握是本章的重点,它是选择逆反射材料应用的基础,同时也是研究和形成利用逆反射技术解决道路交通安全方案的关键。

第一节　反光交通标志及其反光膜

一、反光膜综述

1. 反光交通标志及反光膜的诞生

逆反射材料在交通标志上的应用,形成了反光交通标志,从而使交通标志在汽车前照灯的照射下,具有了夜间视认效果。

反光膜是一种已制成薄膜可直接应用的逆反射材料,也是应用最为广泛的一种逆反射材料。1937 年,世界上第一块反光膜在美国 3M 公司实验室诞生。这是交通标志大规模应用反光膜历史的起点。1939 年,在美国明尼苏达州的公路边,第一次在露天条件下使用了一块用 3M Scotchlite™反光膜制作的标志牌,从此,揭开了一系列反光产品用于交通标志的新时期,开创了一个全新的交通安全行业。这一年,美国交通标志国家标准中正式规定,要使用反光膜制造交通标志。

此后,随着化学工业、特别是合成树脂的发展,各个研发机构不断研究创新,利用玻璃珠技术、合成树脂技术、薄膜技术和涂敷技术,相继开发了一系列高质量逆反射产品。

从 20 世纪 40 年代开始,这种最初制造的反光膜,被冠以"工程级"反光薄膜,广泛用于道路交通标志。此后,用于衣物等个人安全防护领域的反光膜等一系列产品,也伴随着合成树脂的问世及社会发展的需要,陆续被开发出来。此后,伴随着一系列材料科技和光学技术的研究成果,特别是微棱镜反光材料的出现,使这种最初主要用于交通标志的反光材料,开始逐步被更新、更好的反光材料所代替。

2. 反光膜的分类

反光膜的分类方法有很多。其中比较普遍接受的分类原则,是以逆反射单元的基本结构为基础,根据反光膜正面光度性能(观测角 0.2°,入射角 -4°的逆反射系数)的逆反射系数高低为主的排序方法。但考虑到反光膜的不同工艺,有些是专门为解决非正面逆反射亮度的,有些是兼顾两方面性能的,还有些是针对恶劣气候条件下的视认需求的,所以这种分类方法也存在不足之处。因此,熟悉和掌握各种不同的反光膜的应用条件和设计功能,就显得十分必要。

根据反光膜反光单元的结构,将反光膜划分为两大类别,即玻璃珠型反光膜和微棱镜型反光膜。每类反光膜都还包含很多种类,如微棱镜型反光膜,由于采用了更先进的技术工艺,其材料选择和棱镜结构上,都有了很多变化,可以应对更多的交通需求。根据棱镜的形式和技术特点,微棱镜型反光膜又可分为远距离小角度逆反射能力好的截角型棱镜反光膜,近距离大角度逆反射性能好的截角型棱镜反光膜,以及兼顾各方面需求的全棱镜反光膜,白天和恶劣气候条件性能都好的荧光型全棱镜反光膜,符合传统工程级逆反射参数的棱镜型反光膜等。

玻璃珠型反光膜较早出现,但其工艺变化比较少,主要有两种类型,一种为透镜埋入型反光膜,习惯上称为工程级反光膜;一种为密封胶囊型,通常称为高强级反光膜。在透镜埋入型反光膜里,由于其出现历史悠久,在漫长的生产制造过程中,各个不同的厂家,利用透镜的直径、密度、耐候涂层的厚度的不同,制作了很多种反光膜,比如超工程级反光膜,主要是在工程级反光膜的基础上,用更高质量的玻璃珠,并把玻璃珠的密度加大,以提高一些亮度。俗称经济级的反光膜,主要在中国生产,基本上是在工程级反光膜的技术基础上,通过减少透镜(玻璃珠)数量与密度的方式实现的。经济级反光膜,其反射能力无法满足交通安全的需要,更多的是用在商业领域,在国际上很少有将其列入交通安全向光的标准之中。

谈到反光膜的科学分类方法,就不能离开对应用反光膜有很大指导意义的反光膜标准。在世界各国的反光膜标准中,美国材料与测试协会标准、澳大利亚和新西兰标准、美国联邦公路管理署交通标志逆反射材料指导意见等,对世界各国的研究和应用逆反射材料制作交通标志,改善交通安全,起到了积极的指导作用。

美国的材料与测试协会是一家历史悠久的材料测试标准国际组织,英文全称是 Association of Standard Testing of Materials,简称 ASTM。它的成立,就是为了向科学界和产业界提供一系列的材料检测标准,以实现对新生材料的定义,为全世界的科学界提供一个能共同交流的技术平台,为逆反射材料以及石油、天然气、化工等各种产业领域里的很多材料,提供检测标准化的技术支持。

鉴于这样的技术诉求,ASTM 对逆反射材料的检测标准,也是随着逆反射材料的发明和使用不断累加进行的。每出现一种新材料,只要这种材料出现一段时间并由其生产厂家向 ASTM 提出加入申请,委员会就会授权对这种材料进行类别界定,建立检测标准。也正是由于这样的原因,在 ASTM4956 的反光膜标准里,反光膜种类多达 11 个,而且还在不断发展;然而另一方面,ASTM 标准更像是一个关于逆反射材料的产品目录,而不是一个能够帮助了解反光膜应用方法和问题的标准,因为在 ASTM 对这些材料进行最初的分类时,并没有考虑驾驶人的表现和需求。

由于这样的原因,世界各发达国家为了能对自己的交通工程建设单位提供更有效的技术支持和指导,都专门设立了自己国家的技术标准,而不是直接沿用 ASTM 对反光材料的分类。

如下表 3-1、表 3-2 是美国联邦公路管理署在 ASTM 的基础上,制订的供给交通工程实施单位使用的关于逆反射材料的使用建议分类方法,其亮点是结合玻璃珠型和棱镜型逆反射材料的结构特点,明确区分了交通标志和非交通标志的逆反射材料应用类别。

美国联邦公路管理署逆反射材料分类方法——2005 年 9 月(交通标志用反光膜)　　表 3-1

交通标志用玻璃珠反光膜									
反光膜示例									
ASTM 分类	I	II	II	III	III	III	III	III	III
生产商	见注释 A	Avery Dennison	Nippon Carbide	3M	ASTM Inc.	Avery Dennison	Kiwalite	LG Lite	Nippon Carbide
品牌名	Engineer Grade	Super Engineer Grade	Super Engineer Grade	High Intensity	High Intensity	High Intensity	High Intensity	High Intensity	High Intensity
型号	很多	T-2000	15000 17000 18000	2800 3800	ASTM HI	T-5500	22000	LH8000 LH8100	N500 N800
注:A:表中列出的生产商,除瑞飞外,均制作工程级反光膜;工程级无特殊的标记、花纹等,工程级反光膜与低等级反光膜(经济级、商用级等)从外观上不易区分									

交通标志用微棱镜反光膜									
反光膜示例									
ASTM 分类	III,IV	III,IV,X	VII,VIII,X	VIII	IV,VIII	IX	IX	X	N/A
生产商	Avery Dennison	3M	3M	Avery Dennison	Nippon Carbide	3M	Avery Dennison	Nippon Carbide	3M
品牌名	High Intensity Prismatic	High Intensity Prismatic	Diamond Grade LDP	MVP Prismatic	Crystal Grade	Diamond Grade VIP	Ommi-View	Crystal Grade	Diamond GradeDG^3
型号	T-6500	3930	3970	T-7500	94000IV 92000VIII	3990	T-9500	93000	4000
注	B	B	B,D		B,C			C	
B:这些材料可以按照 ASTM 分类法分类; C:这些材料从外观上不易区分; D:新产品中没有箭头和水印标志									

美国联邦公路管理署逆反射材料分类方法——2005 年 9 月(交通锥、交通柱等用反光膜)

表 3-2

非交通标志用反光膜						
反光膜示例						
ASTM 分类	III	III	V	V	III	VI
生产商	Avery Dennison	Reflexite	Reflexite	Reflexite	3M	Reflexite
品牌名	High intensity prismatic work zone	High impact channelizer tape	Barrier delineator	Barrier delineator	High intensity flexible	Traffic cone collar
型号	WR-6100	N/A	AR1000	AP1000	3840	N/A
典型用途	防撞设施	防撞设施	非标志刚性表面	非标志刚性表面	防撞设施	交通锥
柔性标志用反光膜						
反光膜示例						
ASTM 分类	VI	VI	VI	VI	VI	VI
生产商	3M	3M	Avery Dennison	Reflexite	Reflexite	Reflexite
品牌名	Diamond grade roll-up sign	Vinyl roll-up sign	Flexible roll-up sign	Flagging material	High performance marathon	Super bright fluorescent
型号	RS20	RS30	WU-6014	N/A	N/A	N/A
典型用途	可折叠标志	可折叠标志	可折叠标志	可折叠标志	可折叠标志	可折叠标志

与美国的联邦公路管理署提供的指导意见相比,澳大利亚和新西兰的道路交通标志逆反射材料标准具备更简洁、更清晰的指导意义,见表 3-3。目前,包括中国在内的很多国家的标准,特别是欧洲很多国家,都不同程度受到这个标准的影响。

在 2007 年的澳/新标准里,有一些亮点非常值得关注。这个标准是建立在国际交通安全工程界近 15 年研究成果的基础上的,集中体现了全新的安全需求,也体现了英国、瑞典、荷兰、西班牙等一批发达国家交通标志逆反射技术标准的最新趋势,其中包括:

(1)用 1W(wide angularity,大观测角)取代了传统 1A(只注重正面亮度)在交通标志上的位置,1A 转作轮廓标用反光膜。

(2)在前言中大篇幅地介绍大角度反光性能优越的反光膜(1W 级别)在交通标志应用中的优势,重点论述了大观测角性能在驾驶者阅读标志牌过程中的重要性。

(3)在所有级别的反光膜性能要求上都增加了 1°观察角的反光亮度。

(4)在标准的附录 B 中专门介绍了反光膜的选择和使用:

澳大利亚/新西兰的交通标志反光膜标准(AS/NZS1906.1:2007)　　表3-3

级别	结构	性能	应用
1W	微棱镜结构	超高等反光强度,尤其是在大入射角和大观测角条件下具有高反光亮度。通常有12~15年的使用寿命	适合用于路侧和龙门架标志,尤其是对文字信息和方向信息的指引
1A	微棱镜结构	超高等反光强度,尤其是远距离,小观测角条件下具有高反光亮度	轮廓标
1	大多为密封胶囊式玻璃珠结构	高等反光强度通常有12~15年的使用寿命	适合用于高速公路和城市道路的路侧标志
2	大多为透镜埋入式玻璃珠结构	中等反光强度通常有7年的使用寿命	适合用于非常靠近路面的路侧标志,且周围环境较暗,不需要远距离进行识别
2A	大多为透镜埋入式玻璃珠结构	中高等反光强度通常有10年的使用寿命	基本与2相近,只是担保寿命是10年
1W(CW)	微棱镜结构	与1W一致,但有更好的柔韧性,不提供质量担保	施工区设施
1(CW)	大多为密封胶囊式玻璃珠结构	与1W一致,但有更好的柔韧性,不提供质量担保	施工区设施

①讲到选择反光膜应该综合考虑性能、耐候性和价钱等多方面因素,并明确提出选择耐候性能更好的产品,从长远来说是更经济的。

②介绍了各级别反光膜适用的位置和道路。

③介绍了驾驶人在阅读标志牌的过程中观测角的变化,并指出随着观测角的增大,交通标志的亮度应该保持相对稳定,而前后亮度相差太大的反光膜不适合用于制作交通标志,同时也指出,即使驾驶不同类型的车辆,也应该保持稳定的反光亮度。

3.反光膜的结构

反光膜是由多层不同性能材料组成的层结构。不同的反光膜,其组成的层结构也是不同的。

图3-3是最早出现的玻璃珠反光膜的基本结构图,由图中可以看出,反光膜一般都是由表层(保护膜)、反射层(功能层)、基层(承载层)、胶粘层和底层(保护层)等多层不同物质组成的膜结构物体。反光膜的表层一般是透光性和耐候性良好的树脂薄膜;反射层则根据不同类型的反光膜,其组成材料也各不相同,有微小玻璃珠、微棱镜或金属反光镀层等;基层多为树脂有机化合物制成的薄膜;胶粘层一般是环氧树脂胶;底层是厚纸做的保护层。

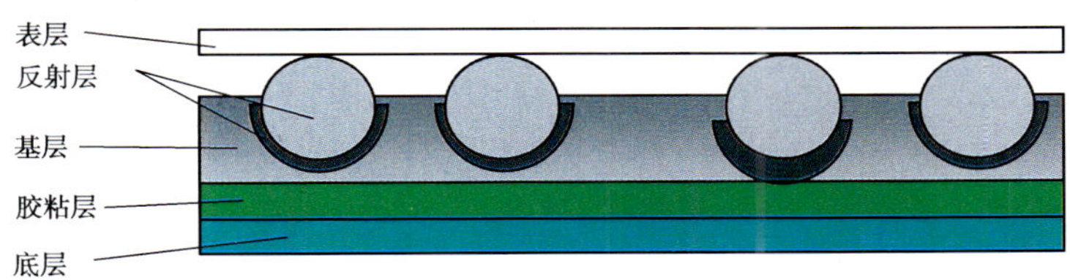

图3-3　最初的反光膜横断面结构层

表3-4是各种反光膜的结构图，由此可见反光膜的种类不同，它的组成材料和结构也是各不相同。

各种反光膜主要结构图解表　　表3-4

结构名称	透镜埋入型玻璃珠	密封胶囊型玻璃珠	截角型微棱镜	全棱镜的正面结构
图解结构				
结构层数	5	7	6	5
结构材料	玻璃珠	玻璃珠	微棱镜	微棱镜

4. 反光膜的作用

反光膜的首要作用，就是改善交通标志的表面性能，使之能适应全天候状态的交通需要，提高道路安全运行条件。

由于不同种类的反光膜的反光性能存在差异，所以在具体应用到交通标志的制作时，就需要根据标志的设置功能和目的，进行相应的规范。研究这种应用规范的科学，被世界各国交通安全工程专业人士看作是交通控制与安全技术的重要组成部分。

交通控制与安全技术已经发展了上百年。人类第一部交通标志标准于1908年在英国问世以来，世界上很多国家都持续投入了大量的科研技术资源，来分析和掌握逆反射技术在交通安全领域的作用和价值。在这方面走在最前列的是欧美等发达国家。他们的研究成果，在很多方面帮助中国在10多年时间里，走过了从无到有的过程——中国的交通标志反光技术研究起步于20世纪80年代末，以交通标志国家标准GB 5768和交通标志用反光材料国家标准GB 18833为主要技术规范。在很多方面，这些标准还处在大量完善和发展的阶段，相关的科学应用方法和效果研究结论等，需要大量的时间和实践。

二、透镜埋入式（传统工程级）反光膜

1. 透镜埋入式反光膜的诞生与发展

俗称“工程级”的透镜埋入式反光膜，是玻璃珠型反光膜的最初一类产品，业内习惯称为“工程级”系列反光膜，发明于1937年。“工程级”的称呼，来自曾经注册过的英文产品名称“Engineering Grade”，是该产品发明公司的命名。后来，很多科研机构直接使用这个产品名称来代表实验材料用名，所以该名称得以在全世界交通工程界成为习惯用法，其正面亮度（0.2°/－4°）一般在100cd/lx/m^2以下。直到2008年11月，根据工程级反光膜反光亮度特点研制的新的棱镜型工程级反光膜（Engineering Grade Prismatic，EGP）问世，才又一次用科技的创新，突破和丰富了工程级反光膜的含义。

传统意义的工程级反光膜在20世纪80年代引进到中国，20世纪90年代，中国境内开始陆续出现了一批生产厂家，制造这种反光膜。

2. 工程级反光膜的应用

自20世纪40年代以来，工程级反光膜一直被成功地用来制作交通标志。该产品的问世，第一次在公路上让夜间行驶的驾驶人，可以更早地发现在他们的行驶路线前方的标牌和反光

物体。由于这种材料的问世,在不同程度上解决了以下当时一直困扰道路交通安全管理界的难题:

(1)道路标识在夜间无法进行远距离识认。

(2)主动光源消耗资源大,有些道路不具备提供电力照明的条件。

(3)主动光源有可能干扰驾驶人的视线,让其看到不用甚至不该看的内容。

(4)一种能基本满足中低车速和窄道交通(20 世纪 40 年代前后的常规车速)需求的反光指示牌。

至今,在很多国外偏远地区和乡村道路,和一些几乎没有其他光源干扰的低速道路环境里,这种反光膜仍然被广泛采用。

20 世纪 70 年代,工业水平出现大幅度提高,筑路技术提升,车速加快,在很多地方,工程级材料已经不能满足需求。目前,在交通流量小、机动车低速行驶、没有环境干扰光源的地区以及很多经济欠发达地区,特别是非安全提示类标志上,工程级反光膜仍然有着一定的应用。

工程级反光膜问世后,一度被主要用于制作指路标志、禁止标志、警告标志和指示标志以及普通广告使用的标志。伴随着逆反射技术的进步和新材料的不断出现,工程级反光材料的亮度被认为无法满足安全需要。在发达地区,工程级反光材料逐渐不再被用于制作警告类和禁止类标志。大型指路标志和高等级道路上,也很难再找到它的踪影了。美国 2008 年的国家交通安全标准里认为,在很多情况下,该种反光膜(ASTM 中的 I 类膜),最低亮度不能满足安全需要(详细内容见本书第二章第二节)。

3. 工程级反光膜的结构与寿命

工程级反光膜的背胶,一般分为压敏型和热敏型两种,都可以完成粘贴。采用同类别的油墨使用丝网印刷技术,也可以在上面印制各类图案。工程级反光膜适用的底板为铝板,施工操作温度一般要求在 18℃ 以上。温度过低,会影响粘胶性能,导致标志寿命受损。图 3-4 是透镜埋入式反光膜的结构示意图。

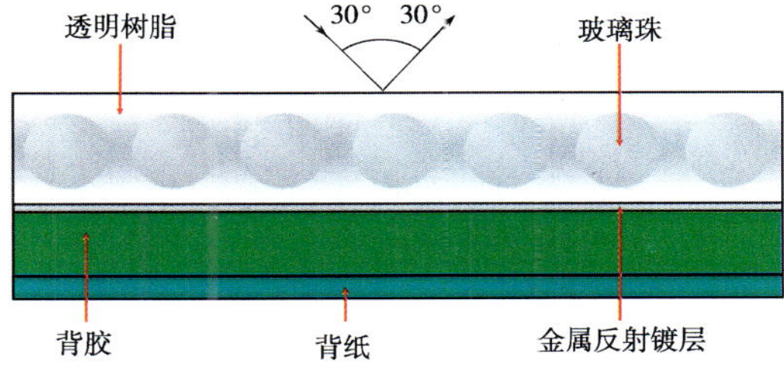

图 3-4 透镜埋入式反光膜结构图

工程级反光膜的寿命一般为 3 ~ 7 年,白色膜正面亮度(0.2°/ −4°)一般在 $100cd/lx/m^2$ 左右,根据生产厂家的不同。有些厂家只提供 7 年的反光膜,7 年后的亮度保留值至少为初始亮度值的 50%。有些厂家则只提供 3 年和 5 年的质量担保。这主要是反光膜的耐候性不同造成的,同样的原材料制成的反光膜,在不同地域气候条件下使用时,其寿命长度是不同的,关于反光膜耐候性技术研究在本书后面会介绍到。

工程级反光膜的亮度稳定性、亮度强度和耐候性,都是考察这类反光膜生产质量的一些重要依据。特别是耐候性和光度参数上的差距,能明显体现工程级反光膜的优劣。

三、透镜密封式(高强级)反光膜

1. 透镜密封式反光膜的特点

透镜密封式反光膜是一种耐久的玻璃珠型反光膜,业内习惯称为“高强级”反光膜,于

1972 年研发成功。“高强级”来自英文的 High Intensive Beads(简称 HIB),最初是该产品研发公司的专用名称。直到 1985 年,从日本开始,一些国家和地区的企业,也陆续开始制作这种反光膜,于是“高强级”一词开始陆续被其他厂家使用,并逐渐变成了对这种特殊结构的反光膜的统一称谓。

经过合格工艺和材料制造的这种高强级反光膜,至少比工程级反光膜的反光系数高 2 倍,其内部真空支架结构还解决了由于温度变化导致标志牌上凝结露水的问题,从而进一步提高了材料的反光能力。该材料问世于 20 世纪 70 年代,顺应了当时车速提高,道路条件变好的技术进步的需要,被成功地用来制作交通标志,拯救了大量生命。与工程级反光膜相比,即使标志在较大角度情况以及光亮地区,高强级反光膜都使标志更加清晰可见,有效地向驾驶人预告前方道路危险情况。

高强级反光膜采用的是玻璃珠反光技术,由于它在产品结构上的创新,拥有了比工程级反光膜无可比拟的反光亮度和角度性能。但同时,由于高强级自身结构导致了一些难以克服的产品缺陷,如产品薄而易撕裂,起皱、气泡、表面蜂窝突起、生产能耗高、排放大等。玻璃珠技术的局限,也阻碍了高强级向更高亮度和更好的角度性的改进。

2. 高强级反光膜的分类与结构

高强级反光膜也是带有背胶的材料,一般分为压敏型和热敏型两种。采用同类别的油墨使用丝网印刷技术可以制作各类图案。高强级反光膜一般是由透光性和耐候性能良好的树脂薄膜作为表层,第二层是真空层,第三层是嵌入式微小玻璃珠,第四层为金属反光镀层,第五层为树脂承载层,第六层是胶粘剂,第七层是背纸保护层。图 3-5 是高强级反光膜的结构示意图,图 3-6 是高强级反光膜的典型外观。

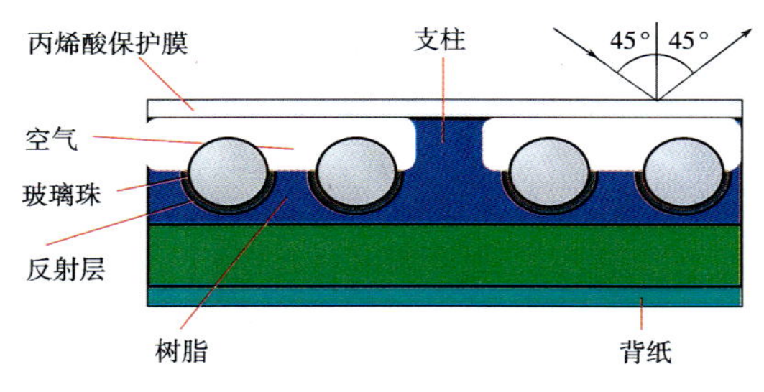

图 3-5 高强级反光膜的结构图

图 3-6 高强级反光膜的典型外观

3. 高强级反光膜的应用与寿命

高强级反光膜主要用来制作指路标志、禁止标志、警告标志和指示标志等交通主要标志。高强级反光膜问世后,驾驶人识别交通标志的时间缩短,发现前方标牌和障碍的距离显著提前,大大地增加了采取安全防范措施的时间,降低了夜间公路交通事故发生率,提高了交通安全性。根据实证研究,高强级逆反射材料的亮度,比工程级逆反射材料的亮度大幅度提高。从 20 世纪 90 年代开始,在中国高速公路上就已经大量使用了这种高强级逆反射材料。

此后,随着机动车性能和道路建设技术的提升,城市环境的巨大变化,高速公路和高速车辆大幅度增加,城市光源纷繁复杂,宽路急弯层出不穷,对驾驶人的预见识认视距有了新的要求。高强级反光材料的一些缺点,特别是在大角度反光性能和加工工艺与成本上,已经无法和新出现的棱镜技术相比拟,开始逐渐被取代。

进入 20 世纪 90 年代后半期，特别是 21 世纪，美国和欧洲地区，已经全面启动了用棱镜级材料取代高强级材料的进程。特别是 2004 年问世的“超强级”逆反射材料，使用了棱镜技术，不仅从反光性能、加工方式、节能减排上，都比高强级有了质的提升，价格成本上也不输于高强级材料。从此，作为高强级材料的发源地美国，已经不再出产这种材料，使中国成为高强级反光材料的唯一生产地。

优质的高强级反光膜寿命一般为 10 年，白色膜正面亮度（0.2°/ -4°）一般在250cd/lx/m² 以上。在正常使用状况下，10 年后的亮度保留值至少为初始亮度值的 80%，高强级反光膜适用的基材为铝板，操作温度通常要求在 18℃以上。

四、微棱镜反光膜

微棱镜反光膜的逆反射原理与工程级（透镜埋入式）和高强级（透镜密封型）反光膜不同，工程级和高强级反光膜均采用玻璃珠反射原理，而微棱镜反光膜的反射原理是运用微棱镜的折射与反射。微棱镜反光膜的主要代表性产品，从逆反射特点和结构上主要可以分为四类：注重远距离识别性的截角棱镜、注重近距离大角度识读性的截角棱镜、兼顾远距离识别性能和近距离识读性能的全棱镜和这些棱镜技术与新型材料技术相结合的新型棱镜型反光膜。它们是顺应应用层次的多元化而在近些年涌现出来的应对不同层次需求的新型反光材料。

1. 远距离截角微棱镜反光膜

远距离型截角微棱镜反光膜是第一代的微棱镜反光膜，问世于 20 世纪 80 年代早期，英文名称是 Long Distance Prismatic（LDP），市场能见到的第一代钻石级、水晶级、星光级，都是这类产品。这类反光膜的正面亮度非常高，白色膜正面亮度（0.2°/ -4°）一般在 800cd/lx/m² 以上，而且逆反射光的分布没有方向性，反光膜无论是水平或者垂直贴膜，在反光效果上的差别不大。但在大的入射角和观测角下，反光亮度会有很大的衰减。如图 3-7 所示是该类反光膜的显微镜下结构图。这种突出正面逆反射光度的反光膜，更多适合用来做轮廓标、警示柱等，不适合用来做在识读距离内需要更多视认亮度的交通标志。这种早期的棱镜反光膜，是当时设计和研发的一个阶段性的成果，那时候的棱镜结构，还没有能解决大观测角的逆反射亮度问题。

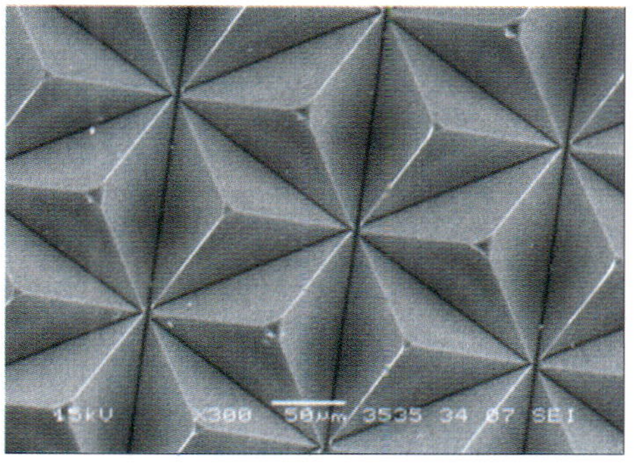

图 3-7 远距离截角微棱镜反光膜结构图（LDP 钻石级的电子显微照片）

2. 大角度截角微棱镜反光膜

在第一代微棱镜反光膜问世后，人们发现了一个问题，当机动车真正驶入标志的识读距离时，也就是在大观测角度情况下，标志的亮度衰减太大了，以至于在识读距离内无法阅读标志内容，或是要花更长的时间来阅读。由此，人们又利用大角度截角微棱镜结构，制造了大角度截角微棱镜反光膜（见本书第二章内容），以解决在识读距离内，保持标志亮度的问题。所以，这种大角度反光膜，同样是从反光性能方面来描述的一种特殊的棱镜型反光膜。

相对于远距离截角微棱镜反光膜，大角度截角微棱镜反光膜的正面亮度比较低，但在大的入射角和观测角时，它的反光亮度不会有很大的衰减。而大角度对应的是多车道和弯道多的地点，以及标志内容复杂，需要较长阅读时间的标志，所以这种反光膜适合于城市道路和宽阔道路的交通标志。虽然它在远距离的正面反光亮度一般（仅相对于远距离棱镜级，与高强级的正面亮度相比，仍然能高出1倍多），但在近距离时（需要进行标志内容识读的距离），其反光亮度比远距离反光膜要高很多。其方向性要比远距离反光膜要强，可以根据标志设置的位置和方向进行调整，来适应识读的需要。图3-8所示是大角度截角微棱镜（Visual Impact Prismatic，VIP）在显微镜下的结构图。翻译为视觉影响型棱镜，20世纪80年代晚期问世，曾经一度广泛使用，全棱镜技术出现后停产。

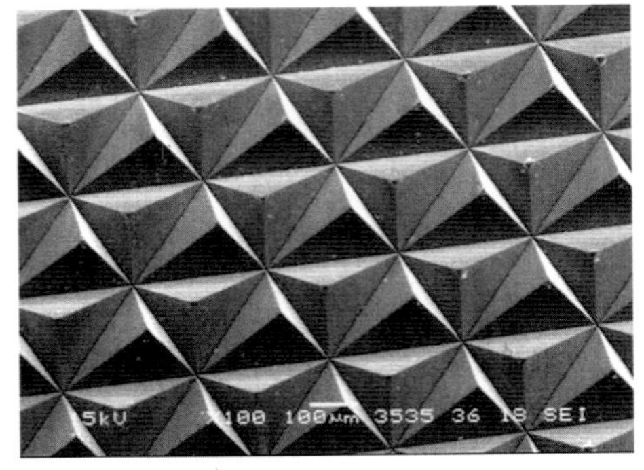

图3-8　大角度截角微棱镜的结构图（VIP钻石级电子显微照片）

3.全棱镜反光膜

全棱镜反光膜是使用全棱镜结构完成的棱镜型逆反射材料，它去除了传统微棱镜结构中不能反光的部分，使反光膜全部由可以实现全反光的棱镜结构组合而成。它结合了远距离和大角度微棱镜反光膜的两种特点，在保持正面亮度大、远距离容易发现的同时，提高了在50～250m距离时的大入射角和观测角下的反光亮度。

这种全棱镜反光膜的问世，突破了棱镜型反光膜不能同时兼顾远距离反光能力和近距离反光能力的学术屏障。它根据车灯光传播的路径和方式，找到了在理想距离内的标志视认需要的角度（入射角和观测角），再确定了传统截角微棱镜上的不反光区域，然后将这些不反光区域去掉，从而实现了单位面积反光膜上的反光结构面积100%，也就是所谓的“全反光”。

当然，从实际的反光效果看，这只是理论反光效率100%。在实际制作中，由于材料等条件的限制，反射车灯亮度的100%还不能实现，目前，最好的反射效率是58%，这已经大大高于其他类型的反光膜，比如高强级的反射效率，只有23%。而且观测角从0.2°开始一直到2°，逆反射效率可以始终保持在50%以上。图3-9是全棱镜反光膜的电子显微照片。

现在的全棱镜反光膜上，通过每一微晶立方体联结并按一定规律排列后，在一个平方厘米的材料面积上会有930个以上的反光单元，以控制光线射入和反射出的路径。微晶立方角体下层经密封后形成一空气层，利用光的衍射现象，使入射光线形成内部全反射，从而不需借助金属反射层即可达到最优越的反光效果。使用耐磨高硬度的聚碳酸脂材料和微晶立方体技术制成的这种反光膜与传统的工程级和高强度级反光膜比较，其反光性能不仅成倍增加，而且大角度反光性能亦有很大提高。这种全棱镜反光膜的正面亮度为工程级的6倍以上，白色膜正面亮度（0.2°/－4°）一般在600cd/lx/m^2以上，是高强级的2倍以上，而大观测角下（0.5°和2°时）的逆反射性能，则要高出大约2～4倍以上。

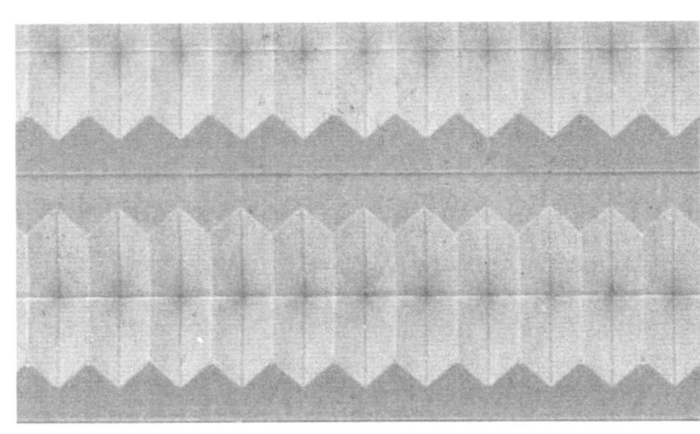
图3-9　全棱镜反光膜表面结构电子显微照片

全棱镜反光膜是一种适用于所有等级公路

和城市道路的交通标志材料。在西方的应用，开始逐渐替代了标志照明的投资和消耗。在制作道路标志时，如果从长期的投资效益和安全效益出发，全棱镜反光膜可以代替任何等级的反光膜。在正常使用状况下，使用10年后的全棱镜反光亮度保留值，至少为初始亮度值的80%，也就是10年后，它仍然能大大超过全新的高强级和工程级反光膜的逆反射性能。从科学发展的角度考察，这是更节约的选择。同时，如果采用同类别的油墨，结合丝网印刷技术，可以制作各类带有图案的交通标志。

全棱镜反光膜主要用在指路标志、禁止标志、警告标志和指示标志等，特别是需要较长时间阅读的标志、视觉环境复杂的标志以及宽阔路面和高等级公路上，其性能表现尤为突出。钻石级反光膜适用的底板是铝板，加工操作温度一般要求在18℃以上进行。

图3-10是工程级反光膜、高强级、截角棱镜和全棱镜在各个角度的逆反射亮度值比较。随着科技的进步，全棱镜反光膜各个角度的光度性能有显著的提升。

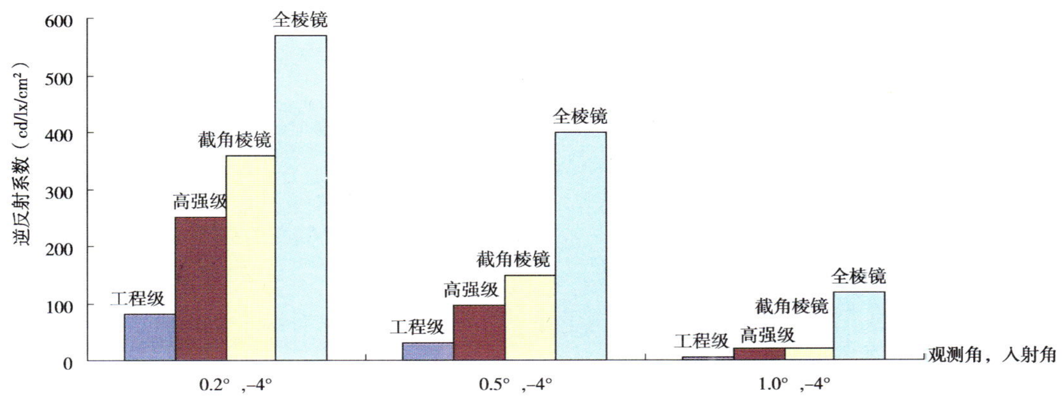

图3-10 各类反光膜不同角度下逆反射性能比较（截角棱镜数据来源于超强级典型数据）

4.棱镜型反光膜的多元化

近年来，棱镜型反光膜在结构没有大的变化的情况下，更多地转向了通过不同的材料处理技术，实现更丰富的光控制效果和丰富的材料特性，以完成不同的逆反射能力、不同的柔韧性，以便适应不同层面的需要。在市场上俗称为"超强级"、"特强级"、棱镜型工程级的反光膜，都是棱镜型反光膜的新形式。这些反光膜的截角棱镜结构基本一样，但是材料加工工艺有所区别，形成了不同的反光效果、优越的耐候能力和加工适应性，以应对不同的应用需求。

其中，尤其是超强级反光膜，由于顺应了市场的需求，在21世纪初问世后，迅速普及开来。其设计初衷，就是发挥棱镜结构的优势，在确保能够超越高强级反光膜所有功能的基础之上，又能在多角度条件下，具有更好的逆反射性能、更优越的性价比。

这些新型棱镜反光膜具有非常高的强度和厚度，消除了反光膜在标志加工中易撕裂、起皱、气泡、表面蜂窝突起等缺陷，大大降低了施工时的难度，使标志加工过程更加容易控制，减少了加工不良带来的损失。同时，由于这种反光膜的表面亮度因子大，逆反射性能大大改善。它不仅具备了长距离下的优越逆反射系数，在一般的视认需求下，近距离的大观测角度依然能使标志保持较好的亮度，使驾驶人能更早地发现标志牌，并在近距离更加清楚地阅读标志牌的内容。图3-11是这些棱镜结构反光膜的结构示意图。通过树脂层、立方晶体表面的材料加工差异，就能形成不同的逆反射效果。

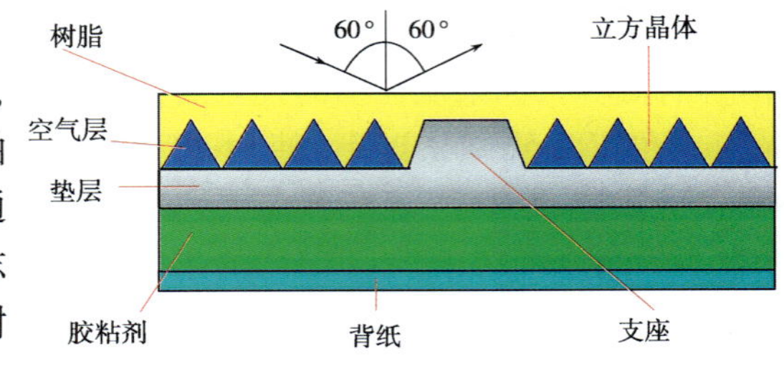

图 3-11　棱镜结构反光膜结构示意图

这类反光膜的表层大多采用聚碳酸酯材料，不仅更加耐磨损、耐刮擦，而且可以配套丝印油墨，还可以应用到热转印打印，制作彩色的交通标志。同时，由于表面亮度因子的提高，使标志牌在白天更加醒目、鲜艳，也具备了更好的耐候性。

在 2008 年北京奥运会期间，北京市交通管理机关就使用了这种反光膜，高质高速地完成了赛事准备任务，使中国成为奥运会历史上第一个使用这种反光膜制作专用车道提示标志的国家。这也从一个侧面展现了中国交通标志制作工艺已经迅速地和国际先进水平接近，见图 3-12。

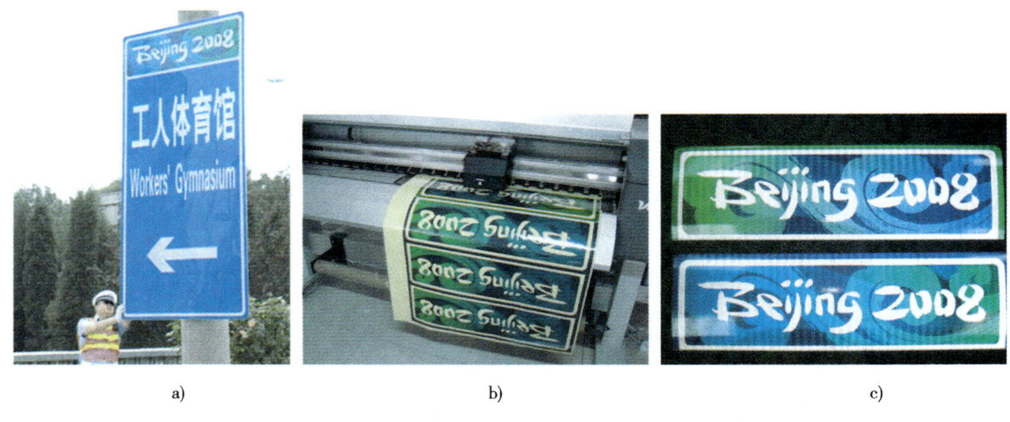

a)　　b)　　c)

图 3-12　北京奥运交通标志

图 3-12a）是正在安装的超强级反光膜标志，上面的彩色部分，是由打印机打印完成的。图 3-12b）为正在打印的超强级反光膜。图 3-12c）是超强级反光膜表面最大的与众不同点独特的条纹图案，这是其他反光膜所不具备的特征。

2008 年才问世的棱镜型工程级反光膜，也是一个全新的产品概念。它在保证了传统工程级反光膜正面亮度性能的同时，在大角度反光性能上，也有了长足的进步。同时，由于聚碳酸脂材料的使用，使这种反光膜具备了坚硬和高耐候的能力，可以大大提高施工效率，为逆反射材料的应用和推广提供了更多技术选择空间。

5. 荧光反光膜

（1）荧光反光膜的概念

在全棱镜结构以后的反光膜，在结构上还没有突破。但在反光膜的成本、材质和化学涂层上，还有很多发展的空间。荧光反光膜就是其中改善涂层技术，以进一步优化反光膜功能的一个典型案例。荧光全棱镜反光膜，是把耐候性优异的特殊荧光材料（一般荧光材料耐候性很差）和全棱镜技术结合以后的具有特殊光学效果的反光膜。荧光反光膜里有一种独特的耐候性荧光因子，能够在吸收光谱内的可见光和部分不可见光的能量后，增加活跃程度，从而将不可见光的能量转化为可见光的能量，使反光膜的色度和光度在白天发挥得更加强大，从而增加标志的显著性。

(2)荧光反光膜的应用

由于荧光反光膜能够吸收光谱内的不可见光的能量并加以转化,这就使其能具有更加好的色度和光度,也就是所谓的更加鲜艳。这种荧光反光膜,在恶劣天气条件下,和当太阳光不强烈时,要比普通颜色鲜艳得多,更容易引起人们的注意。将这种荧光反光膜用于交通安全设施产品中,对确保黎明、黄昏或雨、雪、雾等恶劣天气的行车安全具有重大意义。目前荧光全棱镜反光膜在国外的应用已经很普遍,如荧光警示标志、荧光线形轮廓标、道路施工区荧光标志等。黄绿色荧光全棱镜反光膜已经被美国联邦公路局批准用于行人、非机动车和学校区域的交通标志;橙色荧光全棱镜反光膜多应用于施工区域标志。世界各国针对荧光反光膜也出台了相应的标准规范和技术条件。图 3-13 是荧光和非荧光反光膜的对比。

a)　b)
c)　d)
e)　f)

图 3-13　荧光和非荧光反光膜的对比

从 2006 年开始,中国已经开始应用荧光黄反光膜和荧光黄绿反光膜等。在四川通往峨眉山的高速公路的多雨雾路段,北京八达岭高速公路上的事故多发路段,以及北京五环路上的奥运专用车道上,都能看到中国交通工程界对这种新型技术的应用。图 3-14 所示为北京奥运水上赛场附近的人行道提示标志,使用了荧光黄绿全棱镜型反光材料,提高了警告标志的视认效果。注意观察旁边使用普通反光膜的警告标志的光度和色度差距。为确保奥运交通，五环路上安装了带有荧光黄绿全棱镜型反光膜的车速提示设备，见图3-15。值得注意的是，逆光状态下，其他的交通标志色度和光度都不好，但荧光黄绿全棱镜反光膜区域，非常醒目。

图3-14　北京奥运会水上赛场附近的人行道提示标志

图3-15　北京五环路上正在安装带有荧光黄绿全棱镜型反光膜的车速提示设备

需要注意的是，荧光反光膜是耐候型荧光因子和棱镜型反光膜结合产物，那种使用柠檬黄印刷的广告材料，不属于这个技术范畴，尽管表面看起来色谱接近，但并没有荧光反光膜的所有技术特性。

第二节　反光道路交通标线

一、交通标线材料及其分类

道路交通标线材料的分类方式比较多，除了按设置方式、使用功能、形态划分之外，还可以按照标线的视认功能来分，可以分为反光型、不反光型、蓄光型三大类。反光型标线材料是指标线材料里预混逆反射材料或者在标线施工的时候在表面撒播逆反射材料，包括干性反光标线和全天候反光标线；不反光型的标线材料里没有逆反射材料或者表面也不撒播逆反射材料；蓄光型的标线材料是指标线材料里含有蓄光粉，在有光照的情况下，蓄光粉吸收并且储存光能，当环境的光照低于一定程度的时候，蓄光粉里储存的能量就以光的形势发射出来。

谈到反光标线的特点，就离不开构成反光标线的涂料类型。目前，我国道路交通标线是按照标线涂料的材质来划分，一共有四种：溶剂型、热溶型、水性涂料和双组分标线，还有一种是刚刚开始使用的反光标线带。按照我国《路面标线涂料》标准（JT/T 280—2004）的规定，道路交通标线材料分为溶剂型道路交通标线材料、热熔型道路交通标线材料、双组分道路交通标线材料、水性道路交通标线材料四种类型。

1. 溶剂型涂料

溶剂型涂料，也是最先使用的道路交通标线涂料，主要有丙烯酸型和氯化橡胶型两大类。经过多年的发展和应用已经普遍被人们所熟悉和接受。溶剂型涂料施工简便、容易，适应性强,可以直接在旧涂层上涂覆新涂层,干燥时间快,价格便宜,修补容易,一次性投资少。但是由于其寿命短,施工时涂料中大量的有机溶剂的挥发严重污染环境,危害施工人员的健康,越来越严格的环保要求以及有限的使用寿命,大大限制了此类涂料的发展,近年来表现出下跌的应用趋势,在一些经济不发达地区的中小城镇道路以及农村公路,此类产品还有一定的市场。

2. 热溶型涂料

热熔型标线涂料是20世纪50年代率先在欧洲发展起来的,由于其线型美观、经久耐用而发展迅速。近年来,热熔型标线涂料在我国高等级公路以及城市道路上得到普遍应用,此类涂料中的优质品,具有良好的反光效果,耐久性好,使用寿命较长,干燥时间快。但也有其弱点,主要是施工时需要特殊的加热设备,排放大,施工费用较高,几乎占了总费用的1/3,施工效率也较低,标线难以补涂。因受施工质量和路面质量影响,抗污性有时不理想。

3. 水性涂料

水性道路交通标线涂料在美国、西欧等国家开发了很长一段时间,并且得到了一定的应用。水性涂料是一种环保型涂料,主要优点有:挥发性有机含量低,不易燃,不会给环境带来污染,不会危害到施工人员的健康安全;无需清理旧线,修补、更新安全方便;机械设备清洗方便。主要缺点有:耐水性以及和混凝土地面的黏附力有待进一步改善,施工受环境以及天气影响较大,只能在温度10℃以上、相对湿度80%以下、24小时内无雨、路面无积水和砂土的情况下施工。

4. 双组分涂料

双组分道路交通标线材料又称反应型道路交通标线材料,双组分道路交通标线漆是一种新型的、无溶剂的环保型道路交通标线材料,我国曾经在20世纪70年代使用过环氧树脂型材料,但由于当时的设备开发和施工工艺都不成熟,所以未能得到大量的应用。基本原理是基料和固化剂按照比例混合,两者发生化学反应并在相对短的时间内固化成坚韧的漆膜,现在,双组分道路交通标线材料已成功应用于美国、德国等西方国家,我国山西等地也有部分成功的应用,是道路交通标线材料发展的新趋势。

5. 标线带

标线带是一种粘贴型产品,其最大的特点就是施工非常简便。高质量的标线带,由非常好的化学合成材料制作,坚硬、柔软、便于施工,并具备优越的水下反光功能。有些产品,还可以做到自由粘贴和揭除,不破坏路面。目前,在美国、西欧、日本等发达国家,标线带应用较为普遍。由于成本问题,道路交通标线在我国尚未得到普遍使用,主要用在人行横道斑马线、导流线、停车线和车道指示箭头标线等非车道标线上。图3-16是在广西南宁五象广场附近人行道上热熔斑马线两端和停车线,都是粘贴上去的全天候雨夜标线带。在雨夜里,反光效果非常理想。图3-17是广西南宁的道路施工人员,在粘贴剪裁好的全天候雨夜标线带。

6. 全天候反光标线

随着社会的进步、科技的发展,道路交通标线材料的发展趋势有几个特点:减少材料制造和使用对周围环境的污染;延长标线的使用寿命并且使之经济实用;提高标线的视认性——通过在标线涂料里预混玻璃珠等逆反射材料的工艺,提高标线的夜间可视性,尤其是通过反光单元的材料升级,提供在潮湿环境下和雨夜条件下的标线可视性。

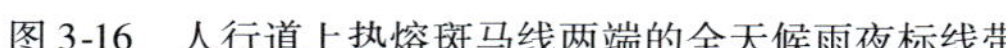

图 3-16　人行道上热熔斑马线两端的全天候雨夜标线带

图 3-17　施工人员粘贴剪裁好的全天候雨夜标线带

伴随着全天候反光标线技术的出现，传统的衡量标线的技术标准在考核标线的附着性能、耐磨性能、耐候性能、抗污染和抗变色性能、防滑性能、施工性能等之外，又增加了雨夜反光性能和亮度性能指标。

传统的道路交通标线反光涂料，使用的是普通的玻璃珠。这种逆反射材料的反光特性是，当光在从一种介质进入另一种介质时，会发生折射。所以，当路面干燥时，车灯的光线是直接从空气里进入玻璃珠再反射回空气里的，没有其他介质的存在，其反射回的光线就可以直接传递到光源附近，被驾驶人发现，如图 3-18 所示。一旦下雨或地面潮湿，这种传统的标线由于反光元素被雨水淋湿，光线需要在穿越空气后再穿越水膜，这就多了一种介质，从而改变了光线的反射路径，如图 3-19 所示。玻璃珠表面出现水膜时的光线照射路径如图 3-20 所示，当玻璃珠上有水膜时，很多光线无法穿越水膜形成逆反射，这就影响了逆反射能力。失去了逆反射功能，标线就显得不亮，驾驶人看不清道路和车道，在下雨的夜晚，容易引发交通事故。

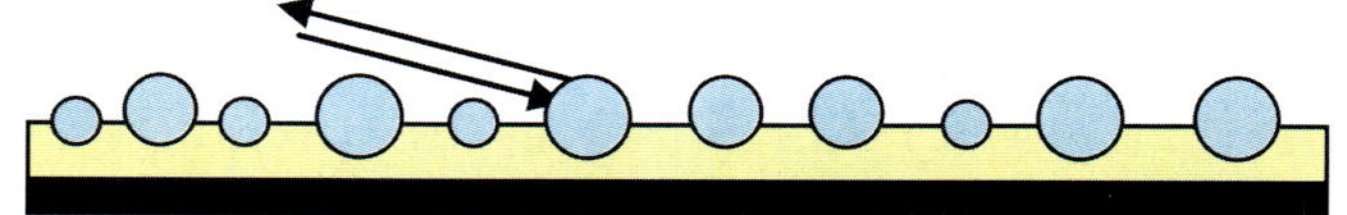

图 3-18　干燥条件，普通反光标线，大小两种直径的玻璃珠相配合，完成逆反射

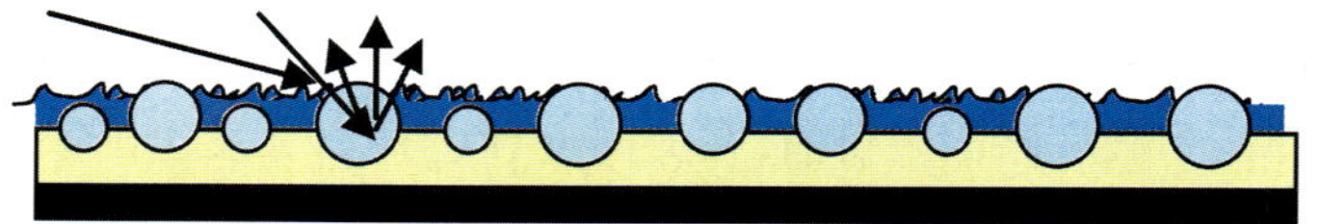

图 3-19　潮湿路面，光线通过水膜，折射到各个方向，失去逆反射功能

长久以来，如何保证交通标线在下雨时和不下雨时具有同样的反光效能，一直是交通标线材料行业难以逾越的一个难题。

2007 年，具有真正水下反光能力的全天候反光道路标线涂料问世。顾名思义，全天候反光，就是这种标线不仅是在晴天的夜晚、白天，而且在雨天的夜晚同样能够起到反光的作用，为道路的使用者提示行车线路，有利于降低雨天夜间交通事故的发生率。

全天候雨夜标线使用的反光元素，不再是单一的反光元素结构，而是由两种反光元素组成的一个逆反射系统。一种是干燥环境下可以完成逆反射的玻璃珠，一种是在干燥环境无法完成逆反射的特制的人工合成微晶陶瓷微珠，其对光线的反射，是有偏角的，需要水膜的参与，才可以完成逆反射，使光线回到光源的方向，从而完成逆反射的过程。图 3-21 是微晶陶瓷微珠在水膜的作用下，光线发生定向弯曲，形成逆反射效果。

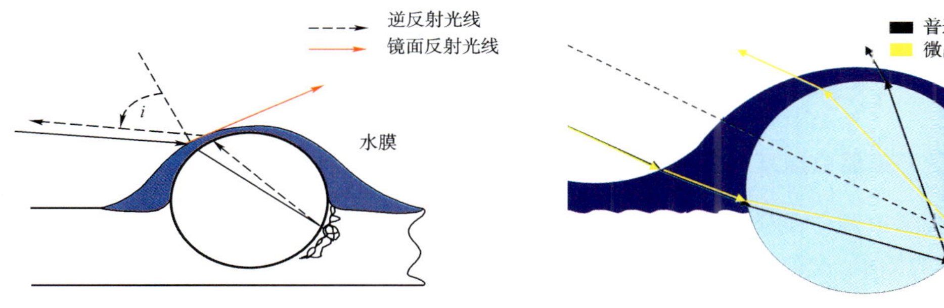

图 3-20　玻璃珠表面出现水膜时的光线照射路径示意图(黑色实线代表入射光)

图 3-21　微晶陶瓷微珠水下逆反射效果

全天候反光道路交通标线可以是水性涂料，也可以是热熔涂料、双组分涂料和标线带等形式。根据使用地区的气候特点和道路环境条件，通过配比具有独特反光性能的雨夜反光陶瓷微珠和普通反光玻璃珠的比例，使得标线在水下和干燥路面都能够起到反光的作用。全天候反光道路交通标线水中反光的实验效果和实用效果见图 3-22 和图 3-23。图 3-24 是我国国家标准中对于标线的逆反射系数测量中的角度和距离的规定。

图 3-22　全天候反光道路交通标线水中效果示意图

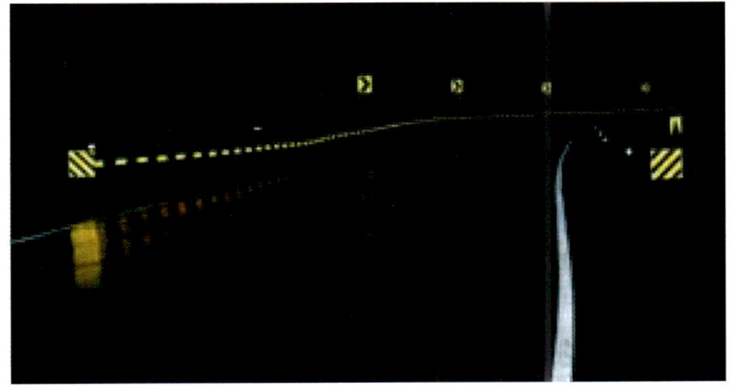

图 3-23　全天候反光道路交通标线实用效果：左侧标线为普通标线，右侧为全天候雨夜反光标线

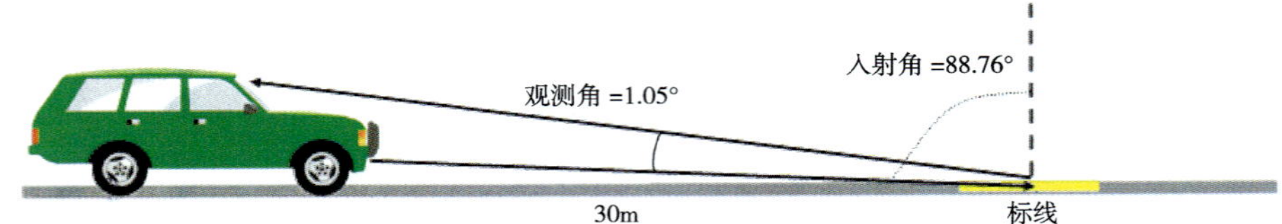

图 3-24　标线的逆反射系数测量中的角度和距离的规定

二、正确区分道路交通反光标线的相关技术概念

近年来,我国道路交通反光标线的发展有了不小的进步。由于道路的飞速发展,对交通标线形成了巨大的需求,这种高速增长,也导致了一些标线产品技术在没有成熟时就仓促使用,造成了一些标线质量、施划工艺和使用寿命等问题。这不仅导致了道路交通安全隐患,也影响到了行业人士对反光标线的信心。要加快解决这个问题,使中国的道路标线行业的能够又快又好地发展,就要树立以下几个技术概念。

1. 道路交通标线材料的寿命和道路交通标线材料反光亮度的寿命是两个不同的概念

道路交通标线材料的寿命,是指标线材料被磨损掉的时间,也就是所谓的耐磨性。不同的标线材料,其成膜物质(组成成分)不同、填料不同、厚度不同,耐磨性都受影响。

从成膜物质本身来讲,单一组分物质成膜一般不如由双组分或者多组分反应型成膜耐磨性好,但是成膜厚度可以大大改变单一组分成膜物质的耐磨性。通常我们所谈的都是标线材料本身的寿命,而不是反光亮度的寿命,反光亮度的寿命是指交通标线材料反光性能符合标准亮度的时间,即交通标线反光亮度的耐久性,它与交通标线材料本身的寿命是两个不同的概念。比如冷漆,冷漆标线在路面上被完全磨掉的时间大约为 3 ~ 5 个月,但是它的反光亮度寿命为零;热熔漆磨损寿命为 2 年,而其反光亮度寿命却只有 3 ~ 6 个月,表 3-5 是不同涂料反光亮度的比较(标线带的数据来自美国 3M 公司的 380IES 标线带)。

不同标线材料寿命及其反光亮度的寿命　　表 3-5

标线材料及反光亮度的寿命	冷漆	热熔漆	双组分漆	标线带
标线材料的寿命(月)	3 ~ 5	24	24	48
反光亮度的寿命(月)(≥100mcd/Lx · m^2)	0	3 ~ 6	>12	48

目前我国在《路面标线涂料》标准(JT/T 280—2004)中,还在用耐磨性来衡量交通标线涂料的反光亮度的耐久性(在本书出版时,该标准正在修订,有关问题,请参照新标准)。美国、澳大利亚、芬兰和新西兰等国家,都对标线的逆反射率有规定,要求低于 100mcd/Lx · m^2 时,必须重新划线,而不在于标线材料本身是否仍然完好存在。

2. 道路交通标线对逆反射性能需求应该是持续的

随着我国高速公路的发展,车速越来越快,老龄驾驶人越来越多,这种变化客观上大大增加了对交通标线亮度的需求。实验结果证实,在 100km/h 的速度下,标线标准反光亮度值只给了驾驶人 3.9s 的识别时间,这仅仅是正常的反应时间,如果是疲劳驾驶或者年龄偏大的驾驶人,都需要更高的反光亮度。目前,大部分发达国家设定的反光亮度的标准为车辆距离 30m

处的路面的反光亮度。

反光标线的亮度,除了会受到水膜的干扰以外,还会受到其他很多方面的影响,其中比较典型的就是反光元素件随着标线涂料的自然老化和磨损出现的破损和脱落。因此,出于安全需要,反光标线应该定期进行检测和维护。

图 3-25 的三张显微照片,从左至右,分别是微晶陶瓷珠、高品质玻璃微珠、普通玻璃微珠在标线中使用 24 个月后的表面磨损情况,对比实验是由 3M 公司和美国内华达州交通部在拉斯维加斯的公路上进行的,该公路日通行流量为 10 000 辆车。

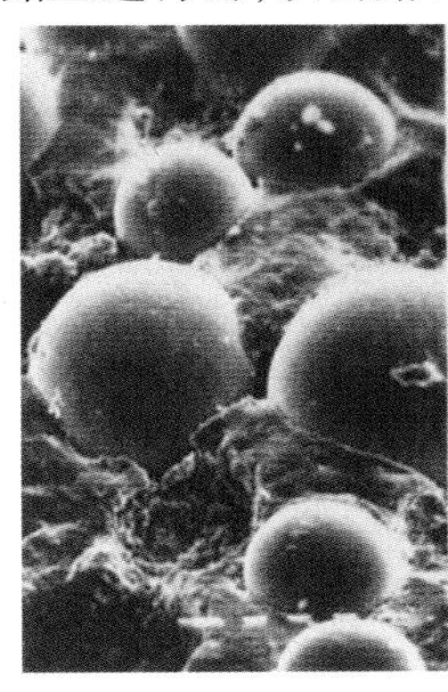
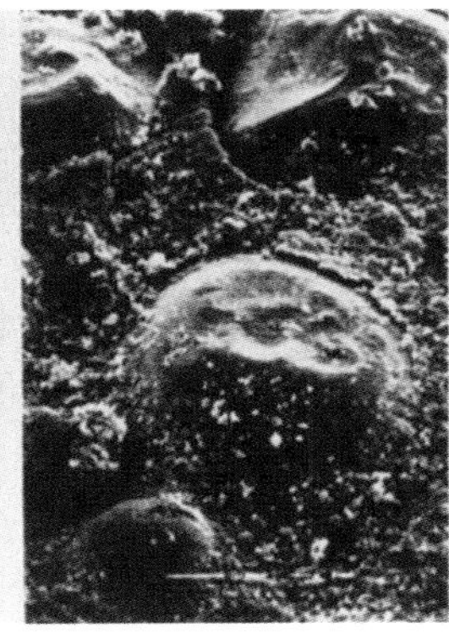
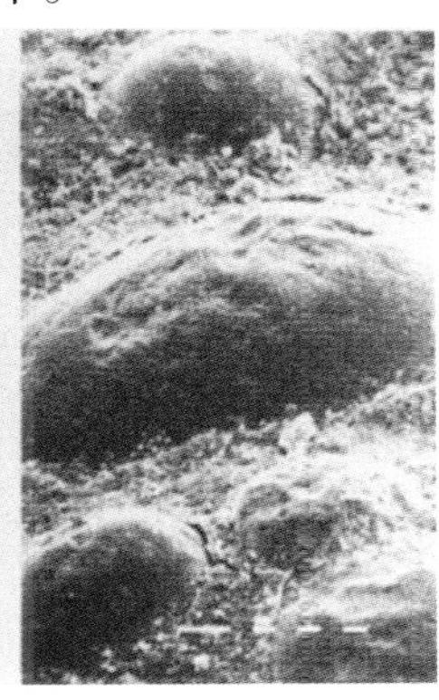

图 3-25　不同反光元素的表面磨损

目前,我国高速公路的道路交通标线材料还基本上都是热熔材料。如果在道路设计文件里,提出了标线的反光需求,施工单位就会购买添加了玻璃珠的热熔标线材料。这种反光标线的反光功能,会伴随着标线的损耗,不断波动并最终丧失。其原因是,热熔材料表层的反光玻璃珠很容易被磨损掉,在热熔标线内部"埋藏"的玻璃珠则需要一定的时间,等上面的热熔材料又被磨掉一层后,才能够被露出来起到反光作用,这就使得标线的反光亮度时好时坏,不稳定,同时,这种变化并不是针对潮湿和雨夜交通条件的。考虑到这种情况,需要为反光标线寻找和建立更科学的评价与检测标准,以满足更高的安全视认需求。

对于标线的逆反射性能而言,持续不断地检查标线逆反射系数,随时进行养护和更新,是道路安全通行保障的一项基本任务,也是一项应该长期坚持的道路养护作业内容。忽视了这项工作,就会形成行车安全的隐患。

3. 建立不同状态下的反光亮度概念

道路交通标线应具有以下特征:在白天和夜晚都清晰可见,指令简明,符号标识醒目,高速行驶下也能清晰辨认;同时在雨天和恶劣的气候下也应能够具有一定的可视性和反光性,保证足够的可视距离以便给驾驶人一定的辨别时间。这就要求交通标线在不同时间、不同天气环境下都具有确保安全行车的最低反光亮度,在标准中要根据不同条件规定出不同的反光亮度值。

欧洲标线标准《道路交通标线材料-道路交通标线的使用性能》(EN-1436-1997)中明确区分了干燥条件下,雨天,潮湿条件下几个不同条件的反光亮度值。美国的标线材料测量标准(ASTM2176 和 ASTM2177)里,也分别制订了雨天和潮湿条件下逆反射系数的测量方法和测量要求。

图 3-26 是运用交通标线涂料喷涂的高反光亮度的标线。清晰的道路交通标线，可以保证更好的行驶指引，提高行驶安全。

目前，我国的有关标准中，还仅仅有干燥条件的参数，从现有的交通条件和行驶安全角度出发，已经需要对潮湿和雨天情况下的标线反光亮度值制订标准，并在道路养护系统增添相应的检测设备。

英国的统计资料表明，虽然只有 10% 的时间会降雨，而且在这 10% 的时间内交通量也会有所下降，但是却有一半的事故是在雨夜发生的，原因之一就是在雨天标线被水覆盖后几乎辨认不清。

图 3-26　高亮度的道路交通标线

据我国 2007 年道路交通事故统计，尽管夜间交通量不足白天交通量的 30%，但是在夜间发生的交通事故数却占总事故数的 40% 以上，交通事故死亡人数占总数的 47.8%；雨、雪、雾等恶劣天气交通事故死亡人数占总数的 21.6%，因此，提高我国有关交通标线涂料的反光亮度标准值，适应全天候条件下的交通安全需要，是一个客观的需要。

第三节　反光突起路标

一、突起路标的概念与作用

突起路标是安装、固定于道路上并突出于路面、起标线作用的突起标记块，俗称“道钉”。突起路标的作用是可以在高速公路或其他道路上用来标记中心线、车道分界线、边缘线；也可以用来标记弯道、进出口匝道、导流标线、道路变窄、路面障碍物等危险路段。

具有反光特性的突起路标在安全导向中有着重要意义。突起路标反光亮度高，警示效果佳，通常被安装在行车道两边和中心线上，在夜间车灯的照射下可以勾画出车道的轮廓，给驾驶人提供清晰明亮的道路行车环境，起着非常重要的安全警示作用，是重要的一种逆反射交通安全设施，在我国的高等级公路和城市道路中得到了广泛的应用。

二、突起路标的分类

目前突起路标按其是否具备逆反射性能和主动发光性能，分为普通型、反光型、发光型和组合型四种。突起路标一般为矩形、圆形或椭圆形，边长或直径在 100 ~ 200mm 之间，如图 3-27 所示。

常见的突起路标基体材料包括塑料、金属、玻璃等材质，反射体包括反射器、玻璃珠、反光膜等，可分为白、红、黄等几种颜色。反光突起路标又可以分为单面反光和双面反光，单面反光一般为白色，代替边缘线和分道线；双面反光一般为黄色，设置在道路隔离带代替中心黄线。图 3-28 是其中几种典型的反光突起路标。

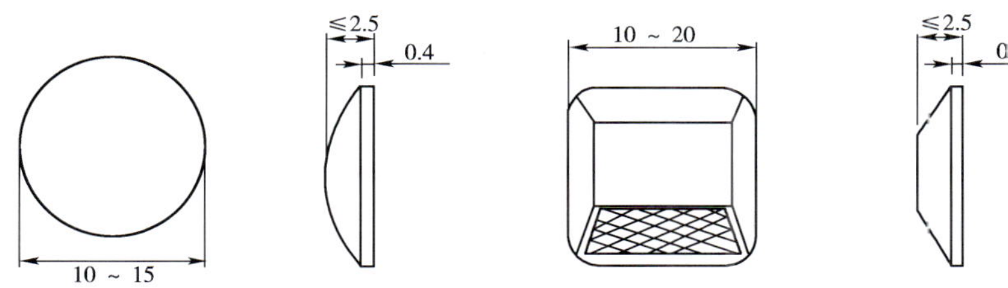

图 3-27　典型突起路标的形状示例图(单位:cm)

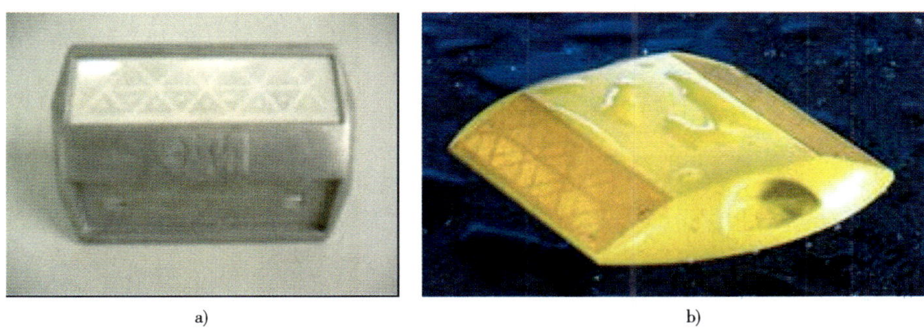

a)　　b)

图 3-28　单面反光的白色和双面反光的黄色道钉

三、反光突起路标

根据不同的反光原理,反光型突起路标包括棱镜型和透镜型等。反光突起路标在夜间能对车灯照射过来的光线起到逆反射作用,通常是在不同形状的基材或底座上嵌入反光晶片,有时也可能是在底座上粘贴反光膜。这类突起路标可能有不同的外形和材质,如铝质或者工程塑料,从功能上来讲都是一样的,显示道路轮廓、划分车道,起到夜间反光、雨夜反光、振动提示等功能。

反光型突起路标的颜色通常对应于道路交通标线的颜色,主要为白色和黄色,在夜间与道路交通标线配合,起到相应的安全作用。红色的反光突起路标比较少见,通常只用在特殊区域。另外还有一种俗称“猫眼”的突起路标,通常为半球形的球体,基体为玻璃材质,底座外表面为金属反射层,利用玻璃珠的反射原理产生逆反射光线。使用不同颜色的玻璃材质或不同颜色的反射面,“猫眼”在反射光线时可以形成不同颜色的反光效果,如图 3-29 所示。

图 3-29　新型反光猫眼道钉

由于反光突起路标具备了一定的高度,所以一般的雨水无法淹没或者停留在突起路标反光区域的表面,这就使得突起路标具备了一定条件下的雨夜指示功能。因此,在没有条件施画全天候雨夜反光标线的道路上,粘贴反光突起路标也能起到一定的全天候提示作用。

四、太阳能突起路标

太阳能突起路标一般集反光与发光功能于一体，即有反光突起路标的逆反射功能，又能通过积蓄太阳能而发光。太阳能突起路标通过太阳能电池板在白天吸收太阳光，把太阳能转化成电能，到了晚上，储能器件中的电能再自动转化成光能，通过发出亮光来勾画道路轮廓，诱导驾驶人视线。与普通反光突起路标相比，太阳能突起路标有两个最重要的特点：一是发光亮度大，是普通反光突起路标反光亮度的10倍以上。如此高强度的光线可以在夜间穿破雨雾，安全有效地为驾驶人指导方向。二是主动发光，在晚上以某种频率闪烁，动态警示作用强。主动发光不仅可以最大程度上避免雨雾的干扰，而且可以脱离对汽车灯光的依赖。图3-30是两种不同形状的太阳能突起路标。

a)

b)

图3-30　两种常见的太阳能突起路标

第四节　反光轮廓标识

一、轮廓标的概念与作用

反光轮廓标识简称轮廓标，是指沿道路两侧边缘设置的、用于指示道路前进方向、车行道的边界的反光标识。轮廓标主要用于高速公路、一级公路的主线，以及互通立交、服务区、停车场的进出匝道或连接道上，在这些道路交通设施的外轮廓连续设置具有反光性能的轮廓标，主要是为了给道路使用者指示道路的方向和车行道的边界，确保夜间行车安全。轮廓标在其他道路和路段使用时视需要进行设置。

二、轮廓标的分类与结构

轮廓标按设置条件可分为埋设于地面上的柱式轮廓标和附着于构造物的附着式轮廓标；按形状不同可分为柱式、梯形、圆形和长方形；柱式轮廓标按其柱体材料的不同特性，又可分为普通柱式轮廓标和弹性柱式轮廓标。

1. 埋植于地面轮廓标的结构及组成

通常情况下，埋植于地面上的轮廓标，在国内有着比较统一的规格。它由柱体、反射器组成。柱体为圆角、三角形截面柱，顶面斜向车行道，柱身为白色，在柱体上部有25cm长的一圈黑色标记，黑色标记的中间镶嵌一块18cm×4cm的反射器。反射器分白色和黄色两种，白色反射器安装于道路右侧，黄色反射器安装于道路左侧或中央分隔带上。轮廓标采用混凝土基础，柱体与基础的连接可采用装配式安装。埋植于地面上的轮廓标构造如图3-31所示。

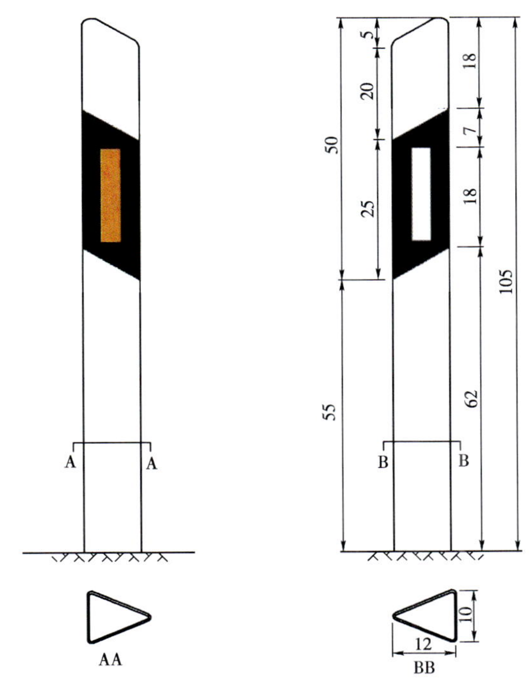

图3-31　埋植于地面上的轮廓标构造图（单位：cm）

2. 附着式轮廓标的结构及组成

附着于各类建筑物上的轮廓标，由反射器、支架和连接件组成。可根据建筑物的种类及埋置的部位采用不同形状的轮廓标和不同的连接方式。

（1）轮廓标附着于波形梁护栏中间的槽内时，反射器的形状为梯形，支架做成封闭式，固定在护栏与立柱的连接螺栓上，如图3-32所示。

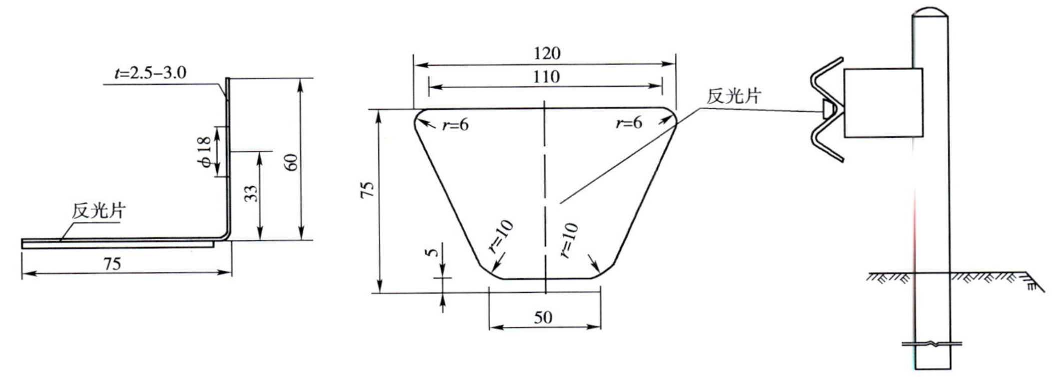

图3-32　安装在波形梁护栏中间槽内的梯形逆反射轮廓标（单位：mm）

（2）在经常有雾、风沙、阴雨、下雪、暴雨等地区，可将轮廓标安装于波形护栏板的上缘，如图 3-33 所示，或安装于波形梁护栏的立柱上。一般采用直径为 10cm 的圆形反射器。这种轮廓标可分为单面反射（A 型）和双面反射（B 型）两种，B 型适用于需要为对向车道提供视线诱导的场合（如中央分隔带），如图 3-34 所示。

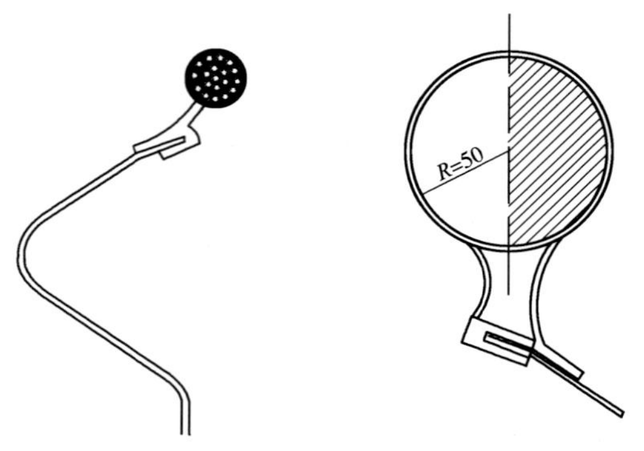

图 3-33　固定于波形梁上缘的轮廓标（单位：mm）

（3）附着于缆索护栏上的轮廓标，可通过夹具将轮廓标固定在缆索上，如图 3-35 所示。

（4）附着于侧墙上的轮廓标，包括设置于隧道壁、挡墙、桥墩、台侧墙、混凝土护栏等处的轮廓标，可以采用长方形或其他形状的反射器，如图 3-36 所示。

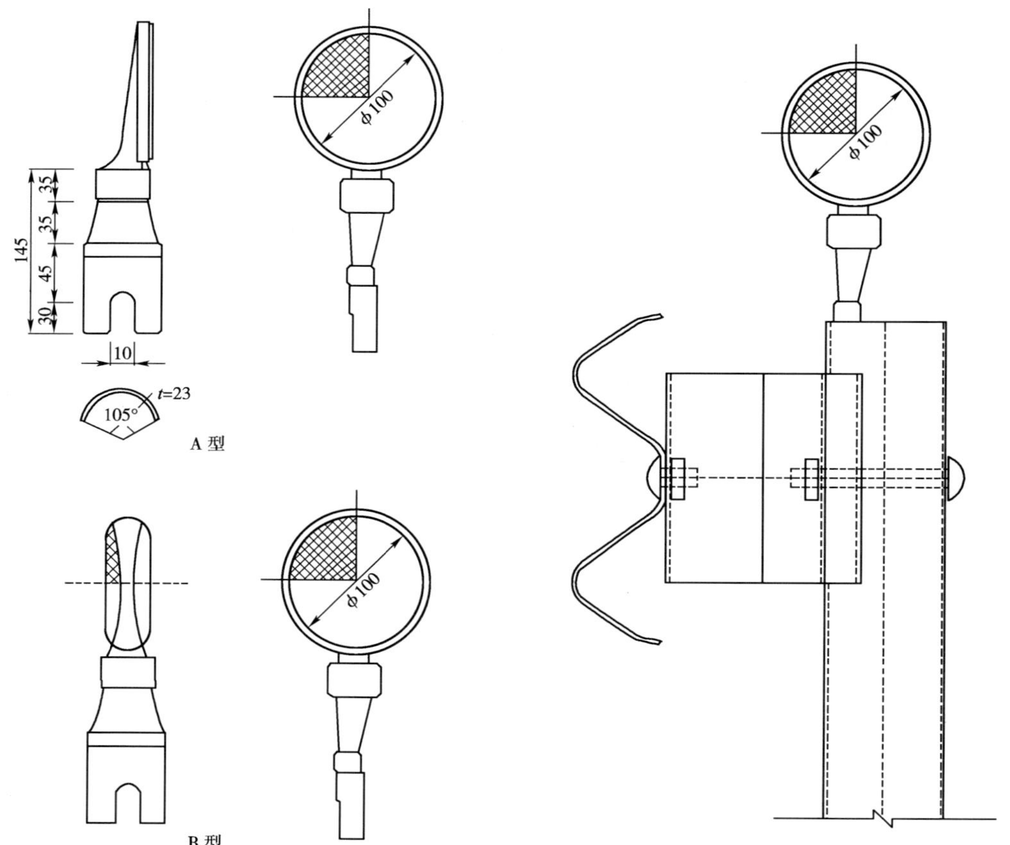

图 3-34　安装于波形梁护栏立柱上的轮廓标（单位：mm）

3. 轮廓标用逆反射材料

轮廓标的形式和种类繁多，有些是有常规基本形状的（见图 3-37），有些则是根据具体的道路条件,临时因地制宜制作的。因此,在轮廓标上所使用的逆反射材料,也是五花八门,从类似于汽车尾灯用的塑料反射器,到衣物用的各种柔性反光材料(也分棱镜和玻璃珠两类),再到交通标志用的反光膜,都各有应用。

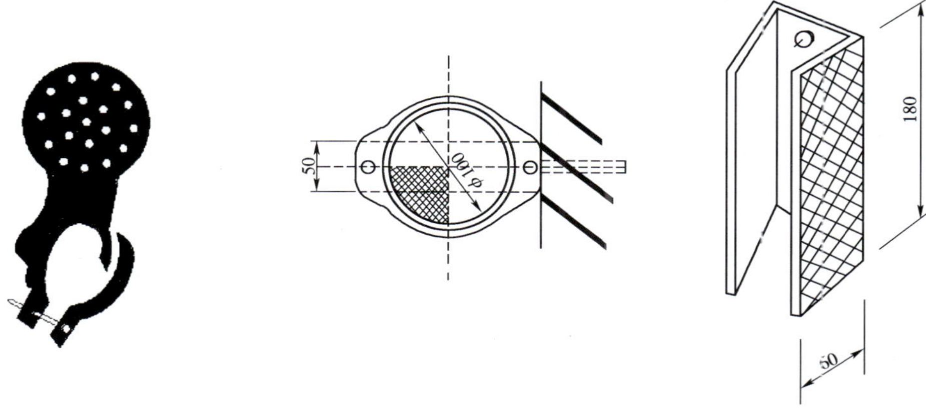

图 3-35　固定在缆索上的轮廓标

图 3-36　附着于侧墙上轮廓标的外形(单位:mm)

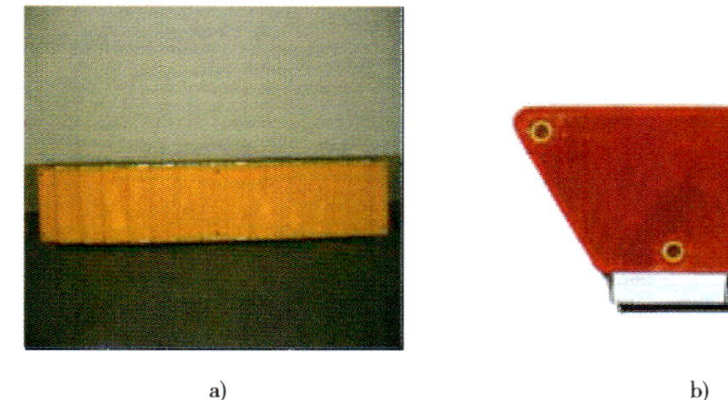

a)　　b)　　c)

图 3-37　几种常见的轮廓标

a)铝背基反光膜;b)塑料反射器;c)塑料反射器

就轮廓标的特性而言,根据使用目的和材料特点,有几点是应该明确的:

(1)轮廓标应该使用高反射性能的反光材料,以提高远距离就开始勾画道路线形和提示路边设施的能力。

(2)在弯道前方和宽阔路面旁的轮廓标,要尽量使用大角度反光性能好的反光材料,以照顾不同位置在行进中的视认。

(3)应该使用耐候性能优越的反光材料,特别是考虑到轮廓标没有自身的结构,一般要依附在其他设施之上,要避免和这些设施表面的材料发生化学反应。

(4)应该充分考虑施工和养护的便利性,尽量避免因安装轮廓标而对其他设施造成破坏。

图 3-38 为重庆市黄花园大桥护栏上粘贴的轮廓标。图 3-38a)是未粘贴前的路边水泥路牙和钢防护;图 3-38b)是粘贴后的夜晚,进距离拍摄(注意上面钢扶手上,也做了粘贴);图 3-38c)是夜晚远距离拍摄的全景效果;图 3-38d)是直接粘贴在水泥上的轮廓标,使用的是超强级反光材料和含有特殊涂胶与柔性金属基材的一种综合工艺。

图 3-38　重庆市黄花园大桥水泥和钢护栏上直接粘贴的铝背基轮廓标

第五节　衣物用逆反射材料

一、衣物用逆反射材料概述

1. 反光衣物的必要性

随着现代道路交通事业的发展,在道路上执行任务和作业的人员不断增加,除此以外,随着城市发展的速度加快,城乡差别越来越小,越来越多的人们会在夜间走出家门,在户外、城市街道和广场等公共场所进行锻炼和各种社会活动。在这种背景下,就需要有一种材料,附着在夜间从事道路施工作业或者在道路上从事其他活动人员的衣服上,使服装在灯光照射下反光,让机动车驾驶人,能够明显地注意到“路上有人”,来确保道路上行人的交通安全。

在欧洲,有一项著名的 VIV 立法。所谓 VIV 就是 Vest In Vehicle 的缩写,意思是每辆机动车里,必须有一件反光背心,以保证驾驶人在中途因故下车时,能够身穿反光背心,保护自己,减少事故发生的几率。

2. 高可视警示服

服装用反光材料,最先是在某些从事道路交通管理、服务人员职业服装上应用的,如:交通指挥、交通协管、环卫人员、道路施工人员等。具有反光性能的工作服一般是在职业服装某些特定部位外表缝制一些服装用反光材料做成的，也可以单独制作一件具有反光性能的马夹套在外衣上，这种由逆反射材料制成的反光服装叫做高可视警示服。高可视警示服已成为从事道路交通管理、服务人员的特种职业防护衣物。

由于我国道路交通状况纷繁复杂，在公路上从事工作的人员和行人必须加强安全防护，因此，高可视警示服当属首选防护衣物。身穿高质量警示服的人员无论白天或黑夜都能使驾驶人在几百米以外发现他的存在，并做出反应采取措施，避免事故发生。职业用高可视性警示服能够在视觉上表现出穿着者的存在，所使用的荧光面料和反光材料在白天任何光线条件下以及夜间车前灯照射下，保证穿着者具备一定的可视性，当危险情况出现时，驾驶人能够更早更及时地发现前方人员，从而有足够的时间采取制动或避让行动，避免交通事故的发生。

3. 高可视警示服的逆反射材料

高可视性警示服上使用的反光材料通常为玻璃珠型和微晶格型，是由颜色醒目的基底材料和逆反射材料（反光材料）构成。因其荧光加反光的双重效果，使穿着者无论白天还是夜间（或灰暗背景）在灯光照射下都能与周围环境形成鲜明的反差，显得清晰可见，使驾驶人有足够的时间停车或采取避让行动，从而能更加有效的为从业人员起到安全防护作用。

高可视警示服所用荧光材料的颜色主要是在白天起到醒目作用，常用荧光黄色、荧光桔红色和荧光红色三种非常醒目的颜色。反光材料可用于专业人员的安全保护，如反光带、反光膜和反光标志，也为户外运动者、行人和骑车人员提供了安全保障。在抢险急救现场，反光材料确保急救人员消防人员和警察在烟雾、雨天和昏暗场所显而易见。

二、玻璃珠型反光材料——反光布

反光布制成的反光衣服也是一个被广泛应用到交通安全领域的产品，在中国，交通管理人员、消防员、路政人员、道路施工和清洁人员已经把该类衣服作为工作服装的一部分了。反光布主要分为热敏型、压敏型和缝制型三大类。

1. 热敏型转移膜

热敏型转移膜由粘合在热活性胶上的广角、外露回归反射性玻璃珠组成，在一定的温度、压力以及合适的时间与不同的织物粘合在一起使用，也可以进行焊接、刻字、丝网印刷、压花、滚边使用。

2. 压敏型转移膜

压敏型转移膜由粘合在耐用织物上的广角、外露回归反射性玻璃珠组成，压敏胶粘剂（PSA）涂在布底的背面，可以直接粘贴在织物上面使用。

3. 缝制型反光布

缝制型反光布由粘合在各种织物背衬上的广角、外露回归反射性玻璃珠组成。它具有牢固的布质底基，通常缝制在其他织物或衬底上使用。

以上三种反光布具有共同的特点：反光强度高，优异的洗涤性能，优异的耐磨性能，并且安全环保，可以与人体皮肤直接接触。显著提高了穿着者在光线灰暗或在晚上等最容易受到伤害环境中能被发现的程度，大量减少了诸多危险事故的发生。热敏型转移膜、压敏型转移膜和缝制型等反光布的应用见图 3-39。

a)

b)

c)

图 3-39　各类反光布的应用

三、反光晶格

1. 反光晶格材料及其特点

高亮度反光晶格产品是由粘合在柔韧、有光泽且抗 UV 的聚合膜上的高反射微棱镜组成。它具有牢固的塑料底基，被接合到其他织物或衬底上，显著提高了穿着者在光线灰暗或在晚上等最容易受到伤害环境中被发现的程度，大量减少了诸多危险事故的发生。

2. 反光晶格材料的应用

高亮度晶格反光产品既可以被密封到塑料衬垫上来使用，又可以不密封而直接进行加工定制。它可以被缝制或用中/高频熔接到合适的织物或衬底上。反光晶格产品具有颜色丰富多变、反光强度高、易上色、雨淋性能优异等特点。在一些场合，也能见到这些材料被应用在临时交通设施上，这种用法是有问题的，主要是这些材料的耐候性和抗污性，并不能应付户外长期暴露的条件。各类反光晶格的应用见图 3-40。

a)

b)

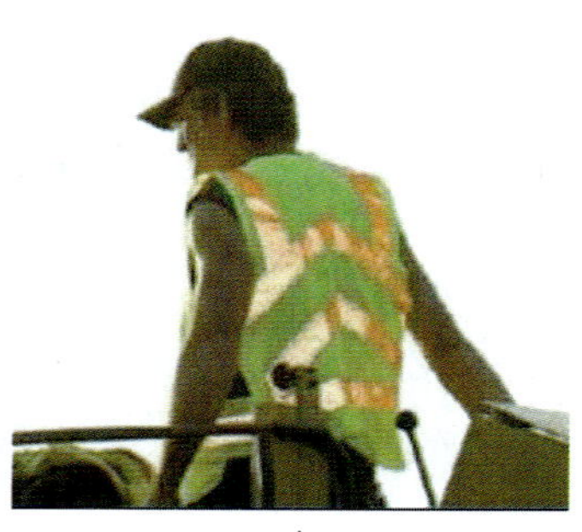

c)

图 3-40　各类反光晶格的应用

在 70 多年的逆反射技术演进过程中，人类逐渐认识并掌握了更加符合交通视认需求的逆反射技术，推出了一代又一代更符合识读需求的反光产品。个人和车辆用的安全防护类反光衣物和反光标识，为各种道路使用元素提供了节能环保的主动型事故预防措施，这些材料、手段和技术的综合使用，大大减少了对各类交通安全设施照明用电的需求，降低了道路通行成本，拯救了大批的生命，减少了难以计数的能源消耗和排放。

简言之,交通安全设施用逆反射材料,是人类为了提高安全视距,增加交通安全运行保障所专门发明的一类产品。面对幅员广阔的地球公路网络,24 小时全天候的视距变化,逆反射材料体现了人类的智慧,是科学发展观的具体体现。它利用科学手段,提高了车灯的照明价值,为人类的生产活动和生活提供一种节能、环保、安全的保障措施,因此,推广先进的逆反射材料,可以大大改进人类出行的安全条件。可以这样说,掌握逆反射技术的知识和应用,是世界各国交通工程和交通管理专业人员的一个重要的基本素质,也体现着一个国家和地区的科学发展水平和进步意识。

思考题

1. 简要陈述反光膜生产技术的演变过程。

2. 棱镜型反光膜与透镜型反光膜相比,有哪些技术进步?这种改变,对于安全的意义有哪些?

3. 列举 10 个生活中的实际案例,5 个说明逆反射材料的作用,5 个说明应该使用逆反射材料而没有使用的情况。

4. 什么是反光膜的正面亮度?为什么说反光膜的正面亮度并不能代表反光膜逆反射性能的全部?

5. 导致反光膜的逆反射能力衰减的因素有哪些?

6. 全天候反光标线的特点有哪些?它的雨夜逆反射是如何实现的?

第四章 逆反射效率与交通标志的视认性

交通标志的视认,是让驾驶者获得交通管理语言的基本途径。在很多情况下,驾驶人没有遵守和执行交通规则的原因,是和交通标志视认不充分、不清晰、甚至无法看到交通标志等有直接的关系。而交通标志的视认,则受到车速、标志设置位置、标志内容表现形式、标志表面材料性能、标志大小和角度等很多方面的影响。所以,在抱怨驾驶人和行人不遵守交通规则,遵章意识差之前,首先要关注的就是交通标志的设置,是不是充分保证了交通标志的规劝意图,人们获得交通规则和道路提示信息的权力是不是得到了充分的保障。本章的内容,就是解释影响标志视认的主要因素,学习和掌握这些内容,有利于大大改善交通标志的劝服力,提高道路交通的遵章比率。

第一节 交通标志视认的主要影响因素

反射技术研究和发展的一个重要需求,就是不断改善驾驶人对交通标志的视认能力,特别是对交通标志的夜间视认能力,其中也包括近 10 年来实现的对白天不良视认条件下的逆反射材料研究的突破。在逆反射材料被安装在交通设施上,成为在实际应用中的一种光控制技术表现形式时,就要受到入射角度、反射角度、光源、环境等一系列因素的影响。这些因素,从不同的角度,形成了逆反射技术发挥作用的阻力,进而阻碍了对标志表面光度和色度性能的表现力,影响到了驾驶人的视认效率。事实上,在研究人员克服各种阻力的过程中,逆反射材料在不断地升级和进步,以不断提高驾驶者的安全视距。

对于交通标志的视认,最主要有两个类型的影响,一类是标志设置类型的影响,比如字体、颜色、大小等,另一类影响,就是和逆反射技术有关的影响因素。所以,研究逆反射能量变化的过程,就是发现影响交通标志视认的主要因素的过程,就是研究干扰驾驶人安全视距的主要元素,这是逆反射技术安全应用的主要价值。在这方面,世界各国,特别是发达国家,已经进行了半个多世纪的研究和统计,积累了大量的科研成果和应用经验。

综合起来,从逆反射效率的角度分析标志的视认性,主要包括道路、车辆、环境、材质、驾驶人、设计和制作等影响因素。所谓逆反射性能的优劣,标志视认性的强弱,需要在考虑这些因素之后,才能获得更全面的评价。

一、道路因素

影响交通标志逆反射效率和视认的道路方面的因素主要有道路的路面宽度、车道数及道路线形等。

1. 路面宽度、车道数的影响

车辆在路面上的横向位置不同,对于固定位置的交通标志而言,会形成不同的光源"入射角"和"观测角",从而影响到对交通标志逆反射效率和视认距离。

入射角β是指照明轴和逆反射体轴之间的夹角。由于道路上的标志位置是固定的，也就是说逆反射体轴是固定的，当车辆处于多车道公路的不同车道时，其照明轴是不同的，因此由照明轴和逆反射体轴两轴构成的夹角也是不同的。车辆在道路的同一断面处，在最外侧车道行驶车辆的入射角最小，而在最内侧车道行驶车辆的入射角最大。由于逆反射体的反射效率与入射角密切相关，入射角度小逆反射效率高，入射角度大逆反射效率低，如图4-1所示。由入射角导致逆反射效率变化的因素还表现在道路上不同位置的交通标志上，比如龙门架、右侧路肩悬臂、左侧路肩悬臂、路中央隔离区、路两侧直立标志等，其逆反射效率都是不同的。

观测角是指照明轴与观测轴之间的夹角，由此可见，道路宽度对观测角的影响虽然是有限的，但是随着观测角的有限加大，会影响对交通标志的视认。

2. 道路线形的影响

道路线形的影响主要是指道路的平曲线和纵曲线路段会对入射角、照射和观测的时间构成影响。由于公路上的逆反射标志是靠汽车前照灯光源来反射的，而汽车前照灯的照射范围是有限的，当汽车在平曲线或纵曲线路段行驶时，汽车前照灯的照射方向是变化的，与直线路段相比就造成了汽车灯关照射标志和驾驶人观测标志的时间变短的现象，而且曲线半径越小，其照射和观测的时间就越短，如图4-2所示。

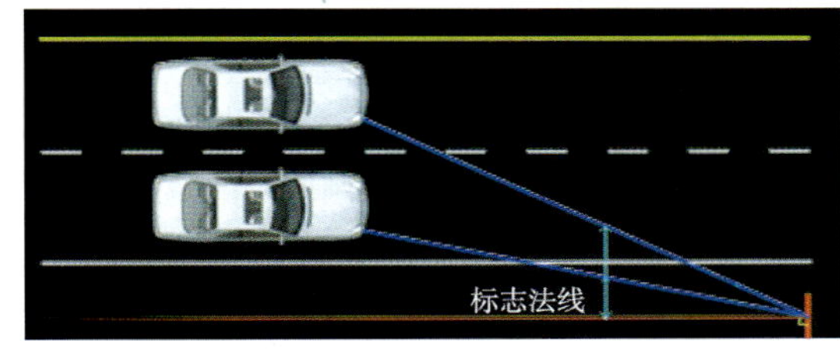

图4-1 不同车道对标志入射角和观测角的变化影响

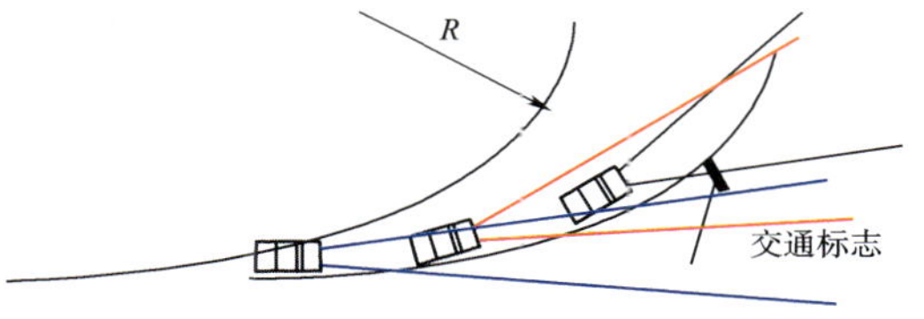

图4-2 平曲线路段对逆反射效率和视认的影响示意图

通过上述分析可知，路面宽度、道路线形对交通标志的逆反射效率及视认距离都有较显著的不利影响。因此，为了确保行车安全，对于多车道公路、山区公路，特别是高速公路都应选择逆反射效率高、视认观测角度大的逆反射材料。

二、车辆行驶速度、距离和标志位置的影响

1. 对逆反射效率的影响

当车辆运动时，作为固定在道路上不同位置的标志，比如龙门架、右侧路肩悬臂、左侧路肩悬臂、路中央隔离区、路两侧直立型标志等，驾驶人的观测角是一直在变化着的。而且车辆距标志牌的距离越近，入射角度越大，观测角度越大。设置在道路净空不同位置的标志，将直接影响到入射角度和观测角度。图4-3所示是同一车道车辆在不同距离时的入射角和观测角的变化情况。

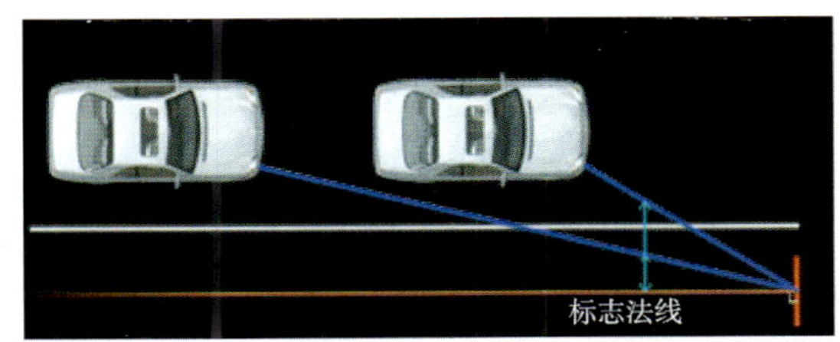

图4-3 同一车道上不同距离对入射角和观测角变化的影响

关于设置在道路周围不同位置上标志的车灯照射亮度问题，有人作过实验。在一条双车道

道路上，使车辆位于右侧车道内，距标志 50m，对车灯照射到在道路周围净空各位置上的标志的逆反射亮度进行测试，如果以车道右侧路边直立标志牌上的照射亮度为 100 的话，其他各位置上得到的车灯照射的逆反射亮度的比例关系见图 4-4。

从上述实验可以得出，车辆在前进状态时，驾驶人所能获得的观测角度是一直在变化的，距离标志越近，观测角就越大，同样，车灯照到标志的入射角也是越大的。即车灯的灯光对标志的照射强度，在随着入射角的加大而减弱。

按照这一理论推算，不难得出驾驶人和交通标志的角度关系，图 4-5 是常规小轿车和标志之间的观测角关系，在距离标志 122m(400ft)时，观测角是 0.37°，91m(300ft)距离时，角度增加到 0.5°，61m(200ft)距离，角度增加到 0.74°。

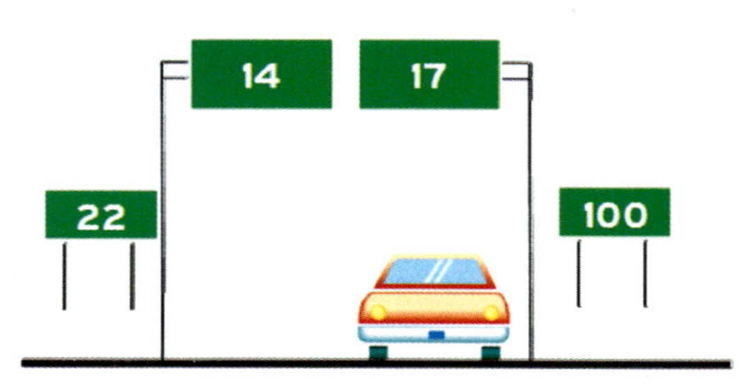

图 4-4　在道路净空不同位置标志牌的逆反射亮度的比例关系

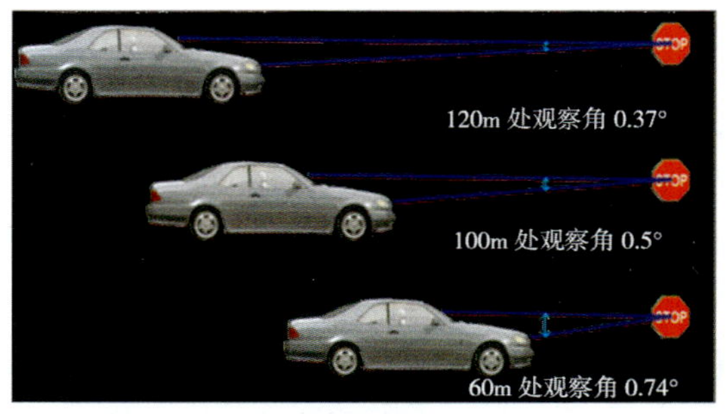

图 4-5　不同距离时驾驶人与标志的角度关系

人类肉眼对标志的视认距离一般是从 300m 内开始进行的，有效距离识读一般在 50 到 150m 之内完成。因此，对于小轿车而言，标志反光性能从 0°~0.74°，都是非常重要的。

2. 车速对识读距离的影响

除了逆反射材料本身的反射性能以外，车辆距交通标志距离的大小是影响逆反射入射角和观测角的主要因素，也是影响驾驶人视认性的主要因素。从动态的角度来看，车辆行驶速度的高低对灯光照射距离和驾驶人识读距离的影响最大，因此许多国家在标准中对不同限速公路的交通标志的字符大小均有所限制，以确保驾驶人的识读性和视认距离。

表 4-1 是英国交通标志国家标准中的一组参考数据，体现的是车辆速度和标志识读的距离关系。

英国国标中车速与识读距离的关系　　表 4-1

时速(mph)	时速(km)	典型字符高度(mm)	识读或视认距离(m)	距离分级
70	112	300	200~50	长距离(D1)
60~70	95~112	250	200~50	长距离(D1)
50~60	80~95	200	120~40	中距离(D2)
40~50	64~80	150	90~30	短距离(D3)
30~40	48~64	125	90~30	短距离(D3)
20~30	32~48	100	90~30	短距离(D3)
20~30	32~48	75	50~20	近距离(D4)

由表 4-1 可以发现，事实上，在交通标志视认时，都需要考虑到 50m 以内的近距离时的标

志视认能力，车速越高，越要求长距离的识读范围。在车速超过 100km/h 时，基本需要 150m 的标志识读距离。可以推论，当车辆快速拉近和标志的距离时，观测角度和入射角度都快速变大，如果标志所用逆反射材料的大角度反射性能不好，也就是标志反光能力无法保证在观测角变大时缓慢衰减，标志就有可能在识读最佳距离内快速变暗，对识读效率产生影响。这也是为什么大角度下的反光性能要稳定，是现在标志用反光膜研究发展的主流趋势。

在交通标志设置时，如果忽视了大角度观察性能，将使标志在进入识读区时丧失了可以视认的亮度。同时，由于标志本身的问题，导致驾驶人需要用更长的时间来认读标志，就势必导致驾驶人观察路面其他情况的时间的减少，这就会导致驾驶人的判断和反应时间的减少，造成了安全视距的缩小，形成事故隐患。

三、车辆因素

驾驶不同种类的车辆，驾驶人对交通标志的观察能力是有着很大差别的，主要因素分为两类，一类是车型，一类是车灯。

1. 车型影响因素

车型差异会导致视认距离差异。众所周知，大车和小车在驾驶眼高上存在着明显的差异，这就会造成观测角的不同，从而导致驾驶人视认距离的差异。但在很多道路设施工程的设计中，这一点又很容易被忽视。特别是在交通标志的设置中，这一点也没有给予充分的考虑。因为小型车辆在接近标志牌时的角度变化比大型车要小。这种差异将导致大车和小车驾驶人对交通标志观察时，在同一距离下，会出现不同的观测角和光线入射角，从而获得不同的标志“亮度”；这种亮度的差异，又会影响到视认效率的差异，安全视距就因此产生差别。在一些道路上，大型车辆比小型车辆更容易出事故的原因之一，就是由于这种差异导致的安全视距变小。

图 4-6 所示是常规状态下，不同车型，在距离标志 91m（300ft）时，对标志的观测角是有显著差异的，小车是 0.5°，中型车是 0.58°，大卡车是 1.16°，在这些不同的观测角下，逆反射亮度是有着很大的差异的。

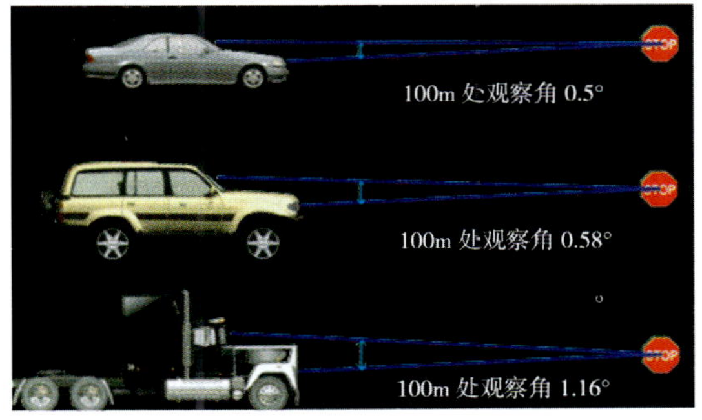

图 4-6　不同车型观测角的差异变化

实际上，不同车型在不同距离下观测角的变化率是不同的。按照图 4-7 所示，分别进行大型车、中型车和小型车的不同距离下观测角的测试实验，实验距离范围为 200 ~ 500ft（61m ~ 153m），实验距离间隔为 100ft（31m），实验测试结果见表 4-2。

不同车型在不同距离下观测角测试结果数据表　　表 4-2

观测距离 / 观测角度 / 车型	实验观测距离（ft）			
	500	400	300	200
大型车	0.70°	0.90°	1.20°	1.75°
中型车	0.35°	0.45°	0.60°	0.90°
小型车	0.30°	0.40°	0.50°	0.75°

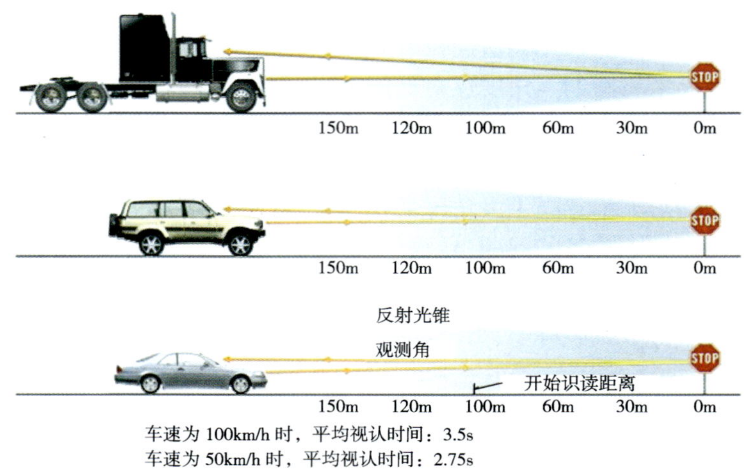

图 4-7 不同车型在不同距离下观测角的变化实验示意图

图 4-7 是不同车型在不同距离下观测角的变化实验示意图，图中同时显示，48km/h(30mph)时速时，扫视的平均时间是 2.75s，在平均车速 96km/h(60mph)时，眼睛的扫视的平均时间需要 3.5s，在这个过程中，观测角在快速增加，请见表 4-2。

在同等距离时，大货车和小轿车对标志观测角度存在差异，如图 4-8。由图 4-8 可以发现，在同是 100m 观测标志时，小车观测角度的是 0.5°，而大车观测角度是 1°，不同观测角下，标志的逆反射亮度值不同。而若要获得同样的亮度，如观测角为 0.5°时的亮度，则两车距离标志差了 122m。但大车驾驶人在获得 0.5°观测角时，距离标志 230m，基本还无法进入字体视读的视力距离，因此，大车并不能像小车那样，在 0.5°观测角时进行识读。而当大车进入到可以识读的距离时，也就是 100m 左右时，它获得的亮度，是 1°观测角时的标志亮度，这时，要使大车也能获得足够的亮度来支持标志视认，就必须保证大观测角下的标志亮度。

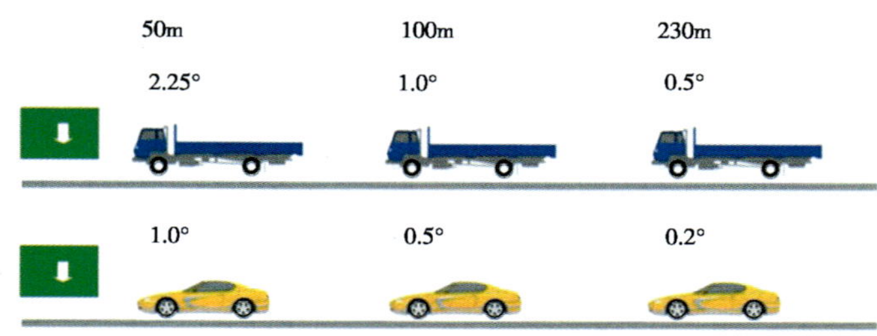

图 4-8 小汽车与大货车在相同距离下观测角的差异

在封闭路段上，有时人们会发现大卡车由于没有按照提示标志及时采取措施而错过出口，被迫倒车，往往就和这 100 多米的视认性能差异有关。在一些道路上，标志的设立，仅仅考虑了小车驾驶眼高的视认需求，而忽视了的视认需要。在这样的道路上，大车驾驶人在标志够亮时，视力达不到看清标志的能力，等距离拉近，视力可以看清标志内容时，标志的亮度又不够了。

通过车辆对逆反射的影响因素分析可以得出如下结论:在道路交通标志设置时,应该充分考虑到不同车型驾驶眼高的差异,使交通标志的逆反射材料性能和字符大小更能适应车型和行驶速度的需要,这是改善大型车辆驾驶人安全视距的一个有效途径。而这种改善的最直接办法,就是使用大角度反光性能好的反光材料制作交通标志。在具体实施道路工程验收和标志设置质量评价时,也要兼顾使用大车在夜间进行检查,才能更好地发现真正的效果。

在很多发达国家,已经陆续将这些新型材料的技术参数即1°观测角时的反光系数,写入了有关交通标志标准,以减少事故,挽救生命。比如澳大利亚的国家技术标准,在1级标志反光膜里,特别规定了1W类的反光膜(W代表Wide Observation Angle),要求其白色反光膜在0.5°观测角时,要高于400,这已经比高强级反光膜的正面亮度值(0.2°观测角/-4°入射角)的数值高了近一倍,1°观测角/-4°入射角的逆反射系数也要超过120,是高强级同一角度下逆反射强度的6倍。英国的国家标准BS8408—2005里更详细地规定了交通标志的设置和逆反射性能的要求,要求考虑不同车型的观测问题,并且直接描述了140多种标志的设置方式和情景,让设计人员可以直接参照引用。

2. 车灯影响因素

交通标志逆反射技术是一种被动光反射技术,它的反射能力,还受到了一个不能忽视的要素的影响,即车灯的照射强度和方式。不同的年代,不同的车型,车灯的类型和其所能形成的逆反射效率有着很大的差异。

人类在发明了灯泡以后,已经有很多种技术被应用在了汽车上。概括地讲,有三类:一类是20世纪的六、七十年代流行的、目前有些车仍在使用的钨丝灯;一类是20世纪80年代出现的卤素灯;一类是20世纪90年代后期出现的氙灯。如图图4-9所示,从左向右,依次为20世纪60年代的钨丝灯,1983年出现的卤素灯,1997年出现的氙气灯。

图4-9　不同时期的小客车前照灯

这三类灯的照射角度和能力,有着非常大的差异,特别是在卤素灯成为主流车用灯后再涌现出的氙灯,以其更高的亮度、更长的寿命、更省电和更环保的技术,迅速被越来越多的高级轿车所接纳。为了更加安全的驾驶,避免迎面会车时对对面来车的干扰,这种氙灯还特意压低和偏移光轴,使光线更多地照向地面和副驾驶方向,以避开来车驾驶人的视线。

图4-10、图4-11是卤素灯和氙气灯照射同一逆反射体时的逆反射效率的对比情况。

图4-12为用卤素灯照射不同材料制作的标志时,各种标志的逆反射效果照片;而图4-13是用氙气灯照射不同材料制作的标志时,各种标志的逆反射效果照片。

从上面的照片中不难发现,氙气灯已经无法照射到工程级的反光材料,高强级的标志亮度也已经很暗。也就是说,氙气灯要求交通标志有更好的大角度反光性能,才能保证其逆反射效率和足够的视认距离。

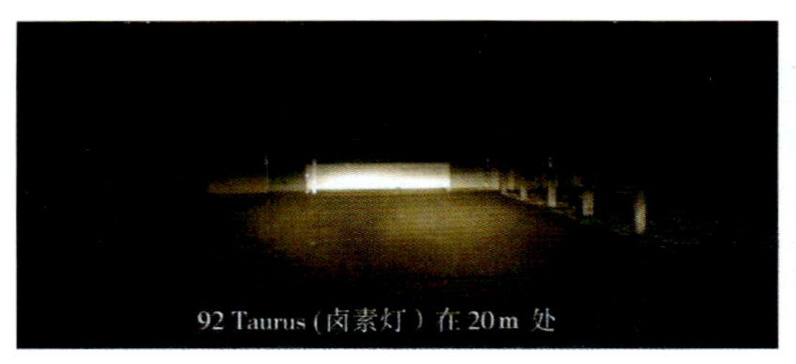

图 4-10　卤素灯照射效果

图 4-11　氙气灯照射效果

图 4-12　卤素灯对不同级别反光标志的照射效果级别反光标志的照射效果

图 4-13　氙气灯对不同级别反光标志的照射效果

四、环境因素

1. 环境影响因素分析

驾驶人—车辆系统总是在一定的环境条件下运行的，环境条件无疑对驾驶人的信息接收及传递有很大的影响。在夜间对交通标志的视认也是一样，道路两侧的灯光广告牌、霓虹灯、路灯和其他逆反射指令标志等，都对交通标志的视认效率构成了一个非常重要的环境影响因素，如图 4-14 所示。

图 4-14 里的标志亮点，不仅是亮度高，超越了周围的环境，还有一个值得学习的地方，就是照片中左侧的组合标志，分别是指路标志、警告非卡车车道标志、提示左转线标志，使用了三种颜色，这样让驾驶人可以立即感受到和左转相关的各种问题，比在一个底版颜色上做这些内容要清晰得多。

图 4-14　城市灯光对反光标志的干扰

关于夜间驾驶，每个驾驶人员都有背景发光物体对交通标志视认干扰的体验。众所周知，在广阔的原野和静静的星空下的道路，与穿梭在车水马龙、路灯和霓虹灯相互辉映的城市道路上的视认条件，有着明显的差别。在有些情况下，甚至专门为行人设置的路灯，也成了驾驶人观察标志的干扰因素。如果说，在旷野中公路上行驶，交通标志的正常亮度就能在几百米外被发现，而在到处是照明设备、城市灯光景观、霓虹灯广告的环境下，交通标志怎样才能脱颖而出，标志要多亮才能比其他背景“亮点”更能提早引起驾驶人的注意呢？道路的沿线照明设施，又需要什么样的亮度和高度，才能既起到照明作用而又不干扰驾驶人的视线呢？这些问题都是目前存在的而又十分棘手的环境干扰问题。

2. 背景发光体干扰的解决方案

背景发光体的干扰，主要是指一些标志在设置时，或者设置后，周边的环境里有其他的发光体，比如霓虹灯、夜景景观灯等，导致驾驶人接近标志时，受到这些发光体的干扰，无法视认标志。在现在的很多城市景观照明里，对这个问题考虑的比较少。

目前对于道路两侧及周边夜间背景发光体干扰问题的解决方法主要有以下三种。

一是在设置交通标志和其他设施时，特别是在城市道路上，要充分地考虑各种发光光源和反射光源对驾驶人观察效果的干扰和影响，即抓好设计上的源头管理，从根本上减少环境的影响；

二是制订相关标准，禁止在交通标志有效识读范围内设置发光物体和逆反射体；例如在2005 年发布的英国国家交通标志反光技术标准里（编号 BS8408:2005）就专门要求，在标志周围 50m 范围内如果有其他灯光，就一定要使警告和指令标志表面的亮度，达到指路标志的 3 倍以上，也要达到没有路灯照射道路标志的 3 倍以上。之所以这样规定，就是要确保及时、安全提示，能够引起人们更多的注意力；

三是对于环境因素干扰特别严重的城市道路上的交通标志，只能通过高等级高亮度的标志牌来阻抗，如图 4-14 所示。

五、天气因素

1. 天气影响因素概述

在雨、雪、雾等恶劣天气里，由于道路上的能见度降低（见图 4-15），导致交通事故发生的几率要比其他时间段高很多。因此，如果能提高恶劣天气情况下的交通标志、标线的视认性，将直接影响安全视距和交通安全控制能力，影响安全驾驶。另外，由于黄昏和黎明时间段的日照特点，道路环境上各种物体的色彩对比度减少，路灯一时又无法发挥作用，这也会影响到对标志的识读效率，继而影响到交通安全。

图 4-15　雨天导致标志和标线无法在有效距离内视认

2. 雾天影响因素分析及基本措施

一般来说，雾是空气中悬浮的小水滴、小冰晶，在城市里，还有一个现象，就是尘埃，统称可悬浮颗粒。当光束照在上面时，就会发生不规则的反射和折射，造成光束发散。从另一个角度来说，雾的出现，表明空气中的水蒸气达到了饱和湿度，有些区域可能处于过饱和状态，这种情况下水蒸气、蒸气密度的变化等，对光束也会形成较大的散射。雾对光的干扰，不仅仅发生在夜间，在白天，对阳光的散射也有着很强的作用，因此在多雾的白天，视距也就受到了很大的影响。另一方面，这些可悬浮颗粒、水汽，都可能由于环境温度的变化，附着在交通标志表面，影响驾驶人的视认。

在城市里，在强阳光下和阴霾天，城市里各类大气污染源形成的可悬浮颗粒，都可能形成"雾"，并导致光线的无规则散射，形成驾驶视认的困难。

研究和了解雾，对于设法改善安全视距有着积极的意义。

(1)雾的形成原因及特点

在水汽充足、微风及大气层稳定的情况下，如果接近地面的空气冷却至某程度时，空气中的水汽便会凝结成细微的水滴悬浮于空中，使地面水平的能见度下降，这种天气现象称为雾。雾的出现以春季二至四月间较多。凡是大气中因悬浮的水汽凝结，能见度低于1km时，气象学称这种天气现象为雾。在一些地区，有著名的雾霭区，比如北京到天津的高速公路和北京出京通往河北的高速公路，几乎都有著名的浓雾路段，遇大雾天气需要封路。

雾形成的条件：一是冷却，二是加湿，增加水汽含量。

雾的种类有：

①辐射雾：多出现在晴朗、微风、近地面水汽比较充沛且比较稳定或有逆温存在的夜间和清晨。

②平流雾：暖而湿的空气作水平运动，经过寒冷的地面或水面，逐渐冷却而形成的雾，气象上叫平流雾。

③混合雾：有时兼以上有两种原因形成的雾叫混合雾。

④蒸发雾：即冷空气流经温暖水面，如果气温与水温相差很大，则因水面蒸发大量水汽，在水面附近的冷空气便发生水汽凝结成雾。这时雾层上往往有逆温层存在，否则对流会使雾消散。所以蒸发雾范围小，强度弱，一般发生在下半年的水塘周围。

⑤烟雾：城市中的烟雾是另一种原因所造成的，那就是人类的活动。早晨和晚上正是供暖锅炉工作的高峰期，以及交通严重拥堵导致的大量汽车尾气排放，使尘悬浮物等污染物在低气压、风小的条件下，不易扩散，与低层空气中的水汽相结合，形成烟尘(雾)，往往这种烟尘(雾)持续时间较长。

雾出现的特点。一般来说，秋冬早晨雾特别多。我们知道，当空气容纳的水汽达到最大限度时，就达到了饱和。而气温愈高，空气中所能容纳的水汽也愈多。$1m^3$ 的空气，气温在4℃时，最多能容纳的水汽量是6.36g；而气温是20℃时，$1m^3$ 的空气中最多可以含水汽量是17.30g。如果空气中所含的水汽多于一定温度条件下的饱和水汽量，多余的水汽就会凝结出来，当足够多的水分子与空气中微小的灰尘颗粒结合在一起，同时水分子本身也会相互粘结，就变成小水滴或冰晶。空气中的水汽超过饱和量，凝结成水滴，这主要是气温降低造成的。如果地面热量散失，温度下降，空气又相当潮湿，那么当它冷却到一定的程度时，空气中一部分的水汽就会凝结出来，变成很多小水滴，悬浮在近地面的空气层里，这就是雾。它和云都是由于温度下降而造成的，雾实际上也可以说是靠近地面的云。了解雾的生成条件，对于预测雾对交通的干扰程度有着实际意义。

(2)雾天容易引起事故的主要原因

雾天容易引起事的主要原因有两方面：驾驶人原因和路面设施原因。

驾驶人方面存在的原因：

①大雾阻碍视线，驾驶人缺乏对前方路面信息的有效判断距离。

②超载、超员、超速车辆发现前方情况异常后，不能在有效距离里完成制动。

③大雾多发在气温变化大的早晨，如果驾驶人经过一夜的长时间驾驶，存在一定程度的疲劳，注意力不够集中，安全视距需求延长——可以发现，这三种主要事故原因，都落在了“安全视距”的话题上。

路面设施方面存在的原因：

①预警设施不足，不能及时提醒驾驶人注意。

②预警设施质量差，无法在雾天保证充分的安全视距。

③引导和监控设施不足，出现大雾天气后，无法及时发现大雾并在来车方向缺乏必要的可变信息板等提示设施——同样，还是“安全视距”的问题。

（3）基本应对措施

从改善安全视距入手，是应对雾天交通事故的最基本措施，再结合交通警察的人为管理与干预措施，是可以大大减少雾天交通事故的。

在常年多雾地区，应该使用特殊方法，提高道路标志标线的影响力，改善其安全视距，让驾驶人有更多更充分的时间进行响应。在一些特殊路段，要求当地交管部门，做好应对准备，使用高显著性技术制作的交通标志和储备一大批临时交通标志，在有雾而又无法封路的情况下，利用临时标志限制车速、控制车距。

在发达国家，从1995年起，普遍陆续使用了一种可以成倍提高恶劣气候条件下的标志视认的反光材料制作警告类交通标志，这种围绕着具备了高耐候稳定性的荧光因子技术而发明的新型材料，称为荧光钻石级反光材料（Fluorescence Diamond Grade）有黄色、橙色、柠檬黄色。它能将阳光中的不可见光的一部分能量转变为可见光的能量，提高了标志的显著性，从而改善了白天的安全视距。如图4-16、图4-17分别为雾天普通标志和荧光黄标志的视认效果。

图4-16　雾天看不清标志

图4-17　雾天里的荧光黄钻石级标志

3.雨天影响因素分析及基本措施

雨天是道路交通事故的一个高发时段。在谈论雨天交通事故时，人们更多地是在谈论两个现象，一个是“路滑”，一个是雨水对视线的遮蔽。

从科学角度讲，路滑是指“水膜滑溜现象”——指汽车在积水的铺装路面上行驶时，轮胎一边排开路面上的积水一边向前滚动。干燥的路面与轮胎接触时，可以获得较高的摩擦系数，在路面积水以后，轮胎与路面的直接接触受到妨碍，水在这里起着似乎于润滑剂的作用，使摩擦系数减少。路面潮湿时，轮胎的接地面内只有一部分能直接与路面接触，其余部分是通过水膜接触路面的。水膜介入的部分越大，摩擦系数越低。如果进一步提高车速，最终将导致轮胎与地面完全失去接触，轮胎便在路面的积水上面向前滑动。这种现象恰如滑水运动一样，卷入轮胎下面的水压力与轮胎的载荷相平衡，轮胎与路面完全失去接触，这就是“水膜滑溜现象”。如果“水膜滑溜现象”造成两侧轮胎受到地面摩擦力不同，高速行驶的车辆将失去平衡，极难驾驭。行车中，为了使轮胎与地面能直接接触，必须排挤掉介入的水膜，这就必须加大局部压力，或减低轮胎运动速度，以便有足够的时间把水从接地面内排出去。由此可见，行进中的车辆“水膜滑溜现象”产生，必须满足两个条件：道路上有积水及车速过高。

对于积水，从交通工程角度讲，主要是设法完善道路排水设施，优化路面材料结构，使水不宜积存，提高干燥速度。但在很多情况下，并不能做到及时和完全有效，清除积水和使路面干燥，因此，在更多的情况下，对交通安全而言，应该首先把主动预防措施放在另一项重点上，就是抑制车速。——这就又回到了我们的主题：安全视距。因为所有的所谓“车速过高”，都指的是超过合理安全反应空间的速度。我们这里谈到的“抑制车速”，一方面是增加雨天的安全提示和车速控制设施，一方面，就是改善交通标志和其他相关设施在雨天的视认性。

在雨天，不仅风挡上的雨水会直接遮挡一部分视力，而且空气中的水汽，还会对光线形成不规则的漫反射，白天影响日光，夜间影响车灯，干扰视距。因此，利用更加清晰的车速提示标志、道路路况提示标志、更加清晰并带有全天候雨夜反光标线等技术，来控制和影响雨天行车，已经成为预防雨天事故的最普遍、最直接的技术。

4. 雪天影响因素分析及基本措施

在雪天，从视认影响角度分析，最大的挑战就是白雪覆盖了路面、路边设施、路段参照物、乃至树木，导致驾驶观察环境的对比度严重不足，在距离、速度、角度等方面的判断，都增加了难度。驾驶人在这样的环境下，需要更加集中精力，才能分辨路况，这就给安全视距的保障要求，提出了更高的标准。

如图 4-18 所示，由于雪花的干扰，道路环境一片白茫茫的，各种障碍和物体的对比度都严重下降，这就形成了对视认效率的干扰。图中矗立的学校路段提示，是使用的荧光黄绿钻石级材料，在环境中突现出来。这就是在雪天改善视距的一个重要手段——利用高科技含量的视认改善技术，制作道路状况提示标志，提高驾驶人的视认距离，使车辆能提前更多的距离进行减速和回避。

图 4-18　雪天中，能见度变差，只有特殊材料的交通标志才比较醒目

在美国、瑞典等很多多雪的国家，还使用一些较独特手段来应对雪天的道路路况视认需求，一是使用一种带有装甲的雪地专用反光道

钉(如图4-19、图4-20),以保证在铲雪车过后,反光道钉仍然起作用,一是在道路两旁的长期积雪上,利用反光材料制作旗杆式的简易标志,临时插在道路两侧的雪堆里,标识道路线性,提示路况,使驾驶人能更多地提前感受道路的状况。

如图4-19,带有装甲的雪地道钉(正面、侧面和双向反光),可以防止铲雪车的破坏。

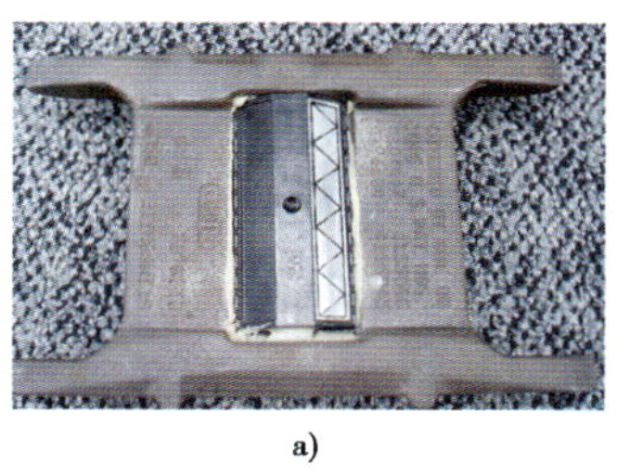
a)

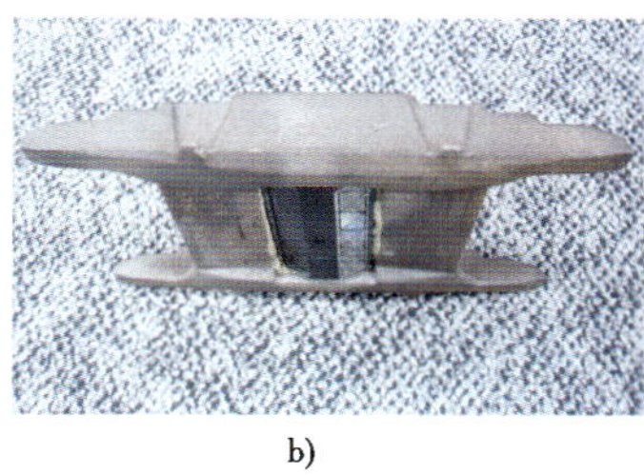
b)

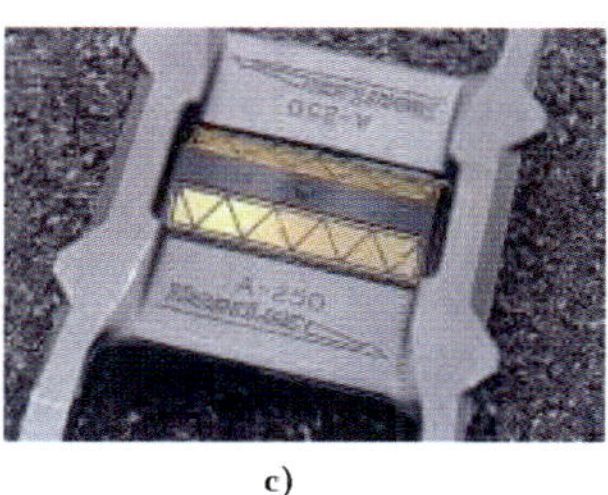
c)

图4-19　雪地道钉

a)正面;b)侧面;c)双面反光

5. 黄昏和黎明影响因素分析及基本措施

黄昏和黎明时段,是交通事故的高发时段。这是一个已经经过了实践检验的结论。究其原因,从安全视距的角度讲,主要就是在这两个时间段,由于阳光强度降低,导致可见光能量减弱,很多物体的色度降低,道路环境条件的对比度下降,要求驾驶人的眼睛具备很好的暗适应力,才能看清环境。这就给安全视距的充分性,带来了挑战。

使用荧光黄钻石级和荧光黄绿钻石级,是解决黄昏和黎明时段标志视认的一个有效的措施——在很多国家,要求驾驶人在黄昏和黎明也要打开车灯,甚至有要求全天候开车灯的地方,其实都是要解决在视认条件不好时的安全视距保护问题,因为在交通标志使用反光膜的时代,车灯可以突破很多自然条件的限制,让驾驶人看得更远。在还没有打开车灯的情况下,利用荧光钻石级反光膜的特性,也能改善安全视认效率。如图4-21所示,是黄昏时的广州街头实景拍摄,图中标志唯一能看清的是使用荧光黄绿钻石级制作的标志牌。

图4-20　反光道钉(白色和黄色两种)的使用效果

图4-21　黄昏,有车灯

图4-22、图4-23是在荷兰进行的在白天和黄昏时的视认效果比对实验路段现场照片(车内拍摄),道路左侧的是黄色高强级反光膜,右侧的是荧光黄钻石级反光膜。

图 4-22　白天多云

图 4-23　黄昏时,没有使用车灯

六、标志材料因素

1. 标志材料因素的概述

标志材料因素,确切地说是指标志逆反射材料的影响因素。制作交通标志表面的材料,在经历了近百年的发展历史后,已经有了本质的变化。早期的交通标志表面材料是木板、油漆,到后来发展到用搪瓷,在这以前都没有严格意义上的逆反射材料。逆反射材料的研究是从玻璃球开始的,然后逐步发展到微玻璃珠、树脂棱镜等逆反射材料。每一次逆反射材料的更新,在逆反射亮度、视认范围和耐久性等方面都得到了大大的提高。

根据逆反射技术的材料、结构和性能的不同,大致可以划分为四个层面,而每一个层面都有比较具有普遍意义的代表性产品,即工程级、高强级、超强级、钻石级反光材料。各个层面上材料的逆反射效率及视认范围的简单对比见表 4-3。

各种级别的逆反射效率及视认性的对比值(白色)　　表 4-3

等级 / 效率指标	工程级	高强级	超强级	第 3 代钻石级
逆反射系数 R_A(cd/lx/m^2)	80/30	250/90/20	360/150/30	700/400/120
观测角 α(视认范围)(°)	0.2/0.5	0.1/0.2/0.5/1	0.2/0.5/1	0.2/0.5/1

在材料的逆反射性能之外,还有一种新型材料,就是荧光反光膜,后面会专门介绍这种材料,这里只介绍一下材料对视认效果的影响。从图 4-24 可以发现,荧光黄绿在白天的识别概率,在 100m 时,可以达到普通黄绿色的 4 倍多,可以达到黄色的近 9 倍。而黄色和黄绿色都是用来做安全警示用的颜色,能更早地发现这些警告信息,是所有安全管理人员的愿望。

2. 标志材料的耐候性分析

实际上,不同等级反光膜的材质本身,不论是玻璃珠还是聚酯物,对逆反射效率及视认性的影响是不大的,主要是不同等级的逆反射材料的内部结构和表面材料的耐候性,大大地影响了逆反射效率和标志视认性。

由于交通标志是露天使用为主,因此,在不同的气候地区,要经受不同的气候条件考验。强烈的阳光和紫外线,是交通标志表面材料要经受的最普遍的考验;此外,高温、严寒、盐和酸的腐蚀、潮湿和雾水侵袭、风沙吹打，都会破坏交通标志视认能力的稳定性。所以，在制作交通标志时，如果忽视了耐候性问题，单纯追求逆反射效率或者所谓的“级别”，会是一个基本的错误。

图4-25是中国西南某城市的道路交通标志，使用的是高强级反光膜，没能经受强紫外线的照射，表层脱落（照片提供：刘洁）。

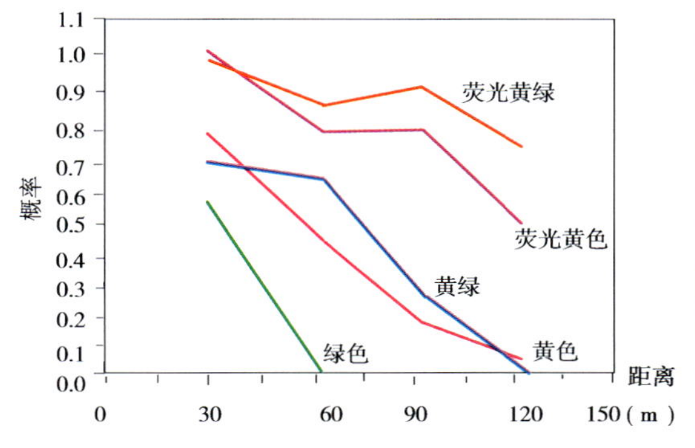

图4-24　不同颜色标志在白天（中午，100%阴天）的识别概率

图4-25　表层脱落的高强级反光膜

特别需要强调的是，由于标志逆反射效率和交通安全息息相关，在道路标志设计阶段、施工安装阶段、维护保养过程中，都要密切关注由于气候环境造成的逆反射系数衰减问题，并制订长期的参数标准，以强制更换衰减严重的标志，确保道路行车安全。

关于耐候性的研究，有两个主要方式：实验室里进行模拟老化实验和自然老化实验。

在实验室里，有专门的实验老化箱，模拟自然环境进行加速老化实验，根据这类老化实验，可以得出一些基本数据。图4-26是两种常见的模拟阳光和盐雾的人工老化箱。

Q-UV

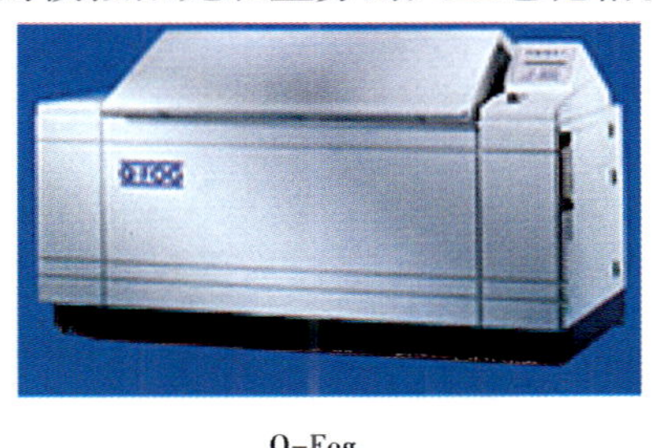

Q-Fog

图4-26　紫外线和盐雾老化箱

实验室里进行的自然老化模拟实验，与自然环境相比，还是有很大的距离的。如中国关于逆反射材料的国家标准GB18833，就在规定了自然老化和人工老化的测试条件的同时，也规定如果两者的结果有差异时以自然老化的结果为准。关于自然老化实验，在世界各地，有一批国际公认的材料耐候性标准实验基地（见图4-27 3M公司交通安全系统部提供）。在这些实验基地里，各国科研机构、政府部门和反光材料生产厂家，有很多反光膜耐候性测试项目在进行。不同气候条件里的耐候性研究实验场的现场照片见图4-28～图4-31。这些耐候性自然老化实验，有的已经进行了60多年（见图4-32），每年有定期的检测数据，揭示各种反光材料在各种地理位置和气候条件下，反光亮度的衰减情况。自然老化实验室的选择一般遵守一个原则，就

图 4-27　典型的耐候性测试基地布局图

图 4-28　炎热湿润型标志自然耐久性实验现场

图 4-29　寒冷湿润型标志自然耐久性实验现场

是把实验室设在与要测试的成品可能使用的区域相同或者更恶劣的自然环境中。如果是有多种成品共同使用大型实验室，一般会选择四种有代表性气候的实验室：炎热湿润型、炎热干燥型、寒冷湿润型和寒冷干燥型。图 4-33 为新疆大风沙环境中的交通标志破损情况照片。

目前，国内在交通标志耐候性研究方面展开自然老化研究的地方还比较少。但是，就中国的地理面貌而言，东部沿海地区的盐雾和高温侵袭，西部沙漠地区的酷晒、严寒和风沙，西南地区的酸性土壤带，实际上对交通标志的耐候性，是有着很高的要求的。因此，在施工和道路养护上，一定要注意交通标志的耐候性，并制订相应的维护和检测标准，否则，将形成很大的交通安全隐患。

图 4-30　寒冷湿润型标志自然耐久性实验现场

图 4-31　寒冷干燥型标志自然耐久性实验现场

图 4-32　一些经过长达近 60 年的标志牌的现状照片

图 4-33　新疆乌鲁木齐河滩大道上遭到风沙破坏的交通标志图片

七、驾驶人因素

1. 驾驶人年龄的影响因素

在世界上,关于驾驶人对交通标志标线的视认和反应研究,已经有了一些共同的认识。老年人在行进中处理信息的能力明显地比青年人要低,这种差异随着所处理信息的复杂程度的提高而增大。老年人的反应时间 $Y=3.87+3.02\times$ 每个刺激的信息量(bit),青年人的反应时间 $Y=3.23+1.79\times$ 每个刺激的信息量(bit)。

交通标志视认性实验表明:年龄差异下的反应能力的变化,对车灯亮度的要求是不同的。不同年龄段人群,在观察交通标志时,对车灯亮度要求的一个比例关系,60 岁的驾驶人,对车灯照射标志时的亮度需要,是 40 岁人的 2 倍,是 20 岁人的 8 倍。

如图 4-34 所示,在夜间行进中观察物体时,1 位 60 岁的驾驶人,需要 16 盏车灯,才能达到 1 位 20 岁的驾驶人用 2 盏车灯所获得的亮度感受一致。

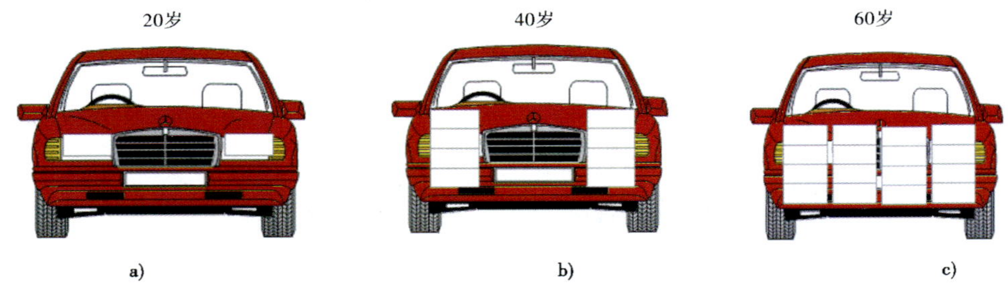

图 4-34 不同年龄驾驶者需要的车灯亮度

上述研究的成果,已经促使美国等国家的交通管理部门,在 2001 年正式要求为了适应驾驶者的年龄差异,要使用逆反射角度更大的反光材料,使用更大的字体,更亮和更大的标志。

2. 驾驶人文化程度的影响因素

在驾驶人的影响因素中,另一个不可忽视的影响因素是驾驶人的文化水平。由于不同文化水平的驾驶人对交通标志上的色彩感受、文字视认、意图理解等,都会存在很大的差别,这就会形成文化水平不高的人群对交通标志阅读和理解的时间延长等客观现象,而这种现象,就是我们经常抱怨有一些人根本“不看”交通标志的原因,其实他们很可能是没有充分的时间看明白标志。这也就进一步要求交通标志的反光能力要在车辆接近标志时,尽量延长逆反射的时间和范围,这就在客观上要求应该有更大角度的逆反射能力,才能更好地满足对标志的视认。

在交通事故分析的结论里,有很多情况下是“驾驶人采取措施不及时”,而实际上,是还有一些驾驶人的眼睛,有太多时间被锁定在交通标志上去长时间视认标志上的内容,从而影响了其对路况其他方面的观察,造成安全驾驶信息掌握不全面、不及时而导致交通事故的发生。

八、标志设计和制作中的相关因素

在对交通标志逆反射效率和视认性的影响因素中,还有一些不可忽视的重要因素,那就是交通标志的设计和制作因素。它主要包括颜色、字体、字高、信息条数、信息形式、标志位置等。这些因素,都会对标志的逆反射效率和视认性能有直接影响,同时也影响到了驾驶人的安全视距。

对于这一领域的科学研究，实际上也不仅仅是针对反光材料的，在白天和夜间以及特殊时间段的标志内容识读效率，都是非常重要的研究方向。忽视这些问题，也就容易导致安全视距受到破坏，造成交通事故隐患。

1. 字体

在交通标志里的指示类标志，主要依靠字符和箭头来进行道路提示。因此，在视力（车灯照射或其他照明因素之外）所能达到的范围里，字体的大小和笔画粗细等，都会对视认效率产生影响，进而影响安全。在这方面的研究中，由于各国的文字特点不同，阅读习惯不同，所以在标准形成上有一些不同。但总体上看，这类视认研究的方法大体相同，都要经过人为主观测试、心理测试和以眼动仪、脑电波仪等为主的仪器测试等几个重要的动态实验过程。

需要特别强调的是，考虑反光材料的逆反射特点，在夜间测试中，底膜和字模的亮度差、眩光和泛光干扰等，也都应该列入实验内容，以切实寻找到合理的标志字体以及合理的应用方法。

在这类研究中，有一个原则非常重要，就是“就高不就低”原则，为了保障交通安全，减少事故伤害，在没有确实的把握下，是不应该降低已有的一些习惯和标准的，而是应该不断提升已有的标准和习惯，因为我们都知道，至少路是越来越好，车子也是越跑越快的，人们对于标志的视认效率要求，也是水涨船高的，字体大一些，标志大一些，总比小一些要更好视认的。

常规概念上，人眼对交通标志上文字内容的实际阅读距离，不太可能超过300m，而真正有效的阅读，无论何种文字，一般发生在50～250m之间；结合车速和驾驶眼高，对应判断不同距离内的逆反射亮度值，对文字视认研究，有着更实际的意义。图3-35显示的是交通标志视认的三个关键过程。

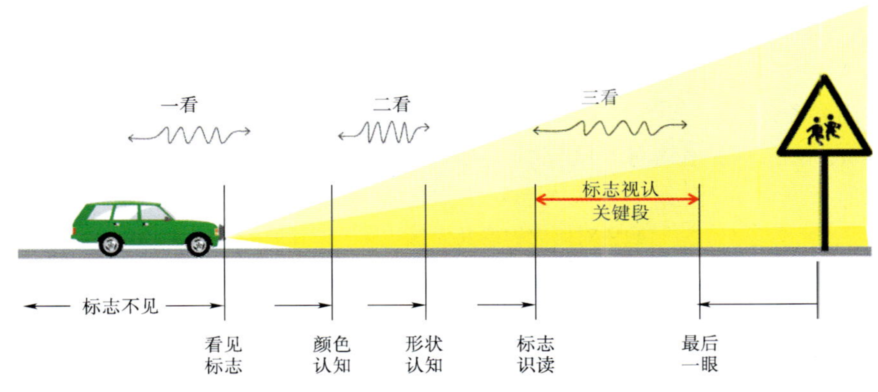

图4-35　交通标志视认的三个关键过程

超过300m的标志，一般需要的只是颜色和轮廓识别了。从眼动仪的数据观察，在这个距离外，一般标志作用主要在逐步吸引眼球上，还起不到固定眼球运动、进行识别的作用。这也是为什么在全球范围内，交通标志越来越关注大角度情况下的逆反射性能，因为在有效识读距离内，才是更加需要阅读亮度的范围，而这时，对标志的观测角和入射角都在快速加大。

我国的国家标准里规定了交通标志的字高，最大是60cm。根据我国有关机构的研究，通常这是在120m距离上，才能完成视认的文字字高；而识读标志的时间，一般需要2.6s以上；这也就意味着，一辆高速行驶的机动车，会在能看清标志文字后，以 33.3m/s（120km/h）的距离迅速接近标志，考虑到需要在 2.6s 看清标志后，还能有时间进行判断和采取措施，可以想像在这个 120m 的距离里，视认效率是多么的关键了。在这段距离里，交通标志的亮度的衰减越慢，就越有利于视认。

2. *颜色*

人类经过长期的摸索，在交通标志所使用的颜色上，已经基本形成了共识；根据国家和民族的差异，在应用类型上，虽然有一些小的改变，但是总体上讲，有白色、绿色、蓝色、红色、黄色、黑色、橙色等颜色。

在黄色里，伴随着科技的进步，人类又发明了可以把一部分不可见光的能量转化为可见光能量的荧光黄绿色、荧黄橙色、荧光黄色等棱镜型逆反射材料，提高了这些特种颜色材料的色彩穿透性，被利用来制作各类警告标志。

图 4-36 是美国交通标志标准中警告类标志所使用的颜色。图 4-37 是我国高速公路交通标志使用的指示标志的颜色。

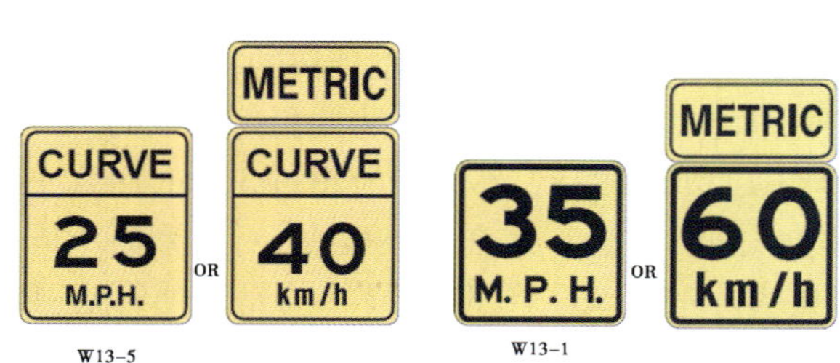

图 4-36　美国的警告标志颜色

图 4-37　中国高速公路交通标志的指示标志颜色

3. *对比度*

标志的内容是由文字和图形来表示的，这就有了标志牌的底膜和字模两个部分。同所有其他识读一样，底色和字色的对比度，会影响到人们对标志内容识读的舒适性和效率。经过国际交通领域的长期研究，得到了一些人们对于对比度的感受计量和标志设计原则，见表 4-4。

颜色对比度的感受计量和标志设计原则　　表 4-4

序　号	对比度的感受计量	设 计 原 则
1	对比度为正	正文亮度 > 背景亮度
2	对比度为负	正文亮度 < 背景亮度
3	可接受的最小对比度	正文亮度：背景亮度 5:1
4	可接受的最大对比度	正文亮度：背景亮度 20:1
5	最佳对比度	正文亮度：背景亮度 10:1

图 4-38 是对比度不正确的交通标志，底膜光度还存在一些，但字模光度基本丧失了，这是在 10m 外拍摄的标志夜间照片，地点在中国西南某市（照片提供：刘洁）。

这些亮度统计数据和对比度原则，已经长期成为了国际上生产交通标志用反光材料生产厂家的一些基本依据，是经过了几十年的实践和科研检验的结论，并依此在各个级别类型的反光膜生产上，实现了系列对应关系。如果脱离了这些对比关系，而改用不同的级别系列的反光膜混用，或者反光膜的反光亮度寿命不一致，都会影响最初的视认要求标准，影响视认和安全。

4. 信息量

人的识读是需要时间的。在交通标志上，有多少条信息需要传递，传递能达到什么样的效率和效果，是一项专门的学问。在英国交通标志国家标准里，介绍了这样一个公式，来指导标志制作工作：

图 4-38 底膜和字模对比度不当

$$S = 2s + N/3 \tag{4-1}$$

式中：S——阅读标志需要的时间；

N——标志牌上的信息条数量。

其中，2s 是标志认读的基本时间（编者注：这和中国有关机构的研究有接近的结论——中国交通部公路科学研究院有研究显示，中文的标志的基本识读时间是 2.6s，尽管没有进一步的展开研究结论，但这个结论，恰好和英文标志视认的基础时间 2s 相接近，而且中文的识读速度比英文慢这一常理，也得到了一定的验证）。

也就是说，如果是 5 条信息的标志牌，那么：$S = 2 + 5/3 = 3.67$s

一辆以时速 60km 前进的车辆，3.67s 已经前进了约 61m，也就是说，如果驾驶者能够在 200m 的地方开始读清楚文字，那么他将会在 140m 左右的地方完成识读，并开始采取相应的措施；所以，在 200 ~ 140m 之间这段距离，标志的反光度能尽量减缓衰减的幅度，就能更好地帮助驾驶者完成视认。反光膜的逆反射系数，通常要提供从 0.2°（观测角）/ −4°（入射角），0.5°/ −4°，1.0°/ −4°等多个观测角的数值，就是要考虑这种距离和大观测角跨度下的反光度稳定性。

而通常情况下，标志的文字视认，由于版面和字高的限制，大多数标志的最佳识读距离，是在 150m 左右开始的，进入到距离标志 50m 后，驾驶人一般不能再关注标志，而是要采取相应措施了；可以想像，如果是 120km 时速时，上面的例子就要求 200 ~ 80m 之间为标志识读距离，对标志表面的信息量和大观测角下的标志反光亮度，就都是非常严格的要求了。

考虑到标志信息量越多，识读标志需要时间越长的特点，标志内容比较多的地方，就更需要在大观测角下拥有高反光能力的反光膜了，因为要设法在车辆不断接近标志的那段时间里，尽可能地使标志亮度维持在一定的水平上，并缓慢衰减，保证驾驶者能有充分的光度，读完标志。

5. 位置

在分析道路和车辆对逆反射效率影响因素里，已经多次提到了观测角的变化和差异问题，这是和驾驶人在运动中观察标志有着直接的关系的。因此，在标志设置过程中，考虑道路的宽度、标志所处的位置等，都是一种保证安全视距的需要，是不能忽视的。

除此之外，还有一个非常重要的位置关系，就是在行进过程中，要避免观察标志的视线受到其他标志牌的干扰，特别是如果标志之间距离没有给充分，在一定的角度下，就可能形成前方标志在有效识读距离内干扰后面标志视认的情况。

需要注意的标志设置不当导致的视认干扰，主要包括如下一些情况：

(1)树木和其他道路设施干扰标志视认——在很多地方，特别是城市林荫道，有很多植物在种植后，会逐渐遮挡住交通标志，导致交通标志的识读，只能在很短的距离里完成，如图4-39所示；面对这样的问题，有两点是必须要做的安全工作；一是定期检查和修剪植物，一是为了使交通标志在全天候的状态下，能在更短的距离下被读到，具备更好的视认效率，尤其是夜间的林荫道，要使用大角度反光性能好的反光膜做交通标志，以保证识读距离内的标志亮度。

(2)短距离内标志设置过密，导致前后遮挡——在很多城市里，也有一些国道上，不难看到交通标志设置距离没有充分考虑行进间的观测关系问题的现象，导致前面的标志牌遮蔽了后面的标志牌。面对这种情况，有三个重要工作不能忽视：

①首先要在设置标志位置时，考虑不同驾驶眼高在距离标志 50 至 200m 之间时，观察前后标志尺寸和位置的关系，要尽量避免遮蔽现象。

②在无法全面避免视线遮蔽的路段，要在道路两侧重复设置标志，以保证提示内容的送达。

③要使用大角度反光性能好的反光膜做交通标志，以保证短识读距离内的标志亮度。

(3)短距离宽阔街道上，设置标志时没有考虑观测角度快速变大——在城市大型道路和一些高等级国道上，经常出现多车道道路，从最内侧车道观察设立在路肩上的标志，观测角度是很大的，对视认有很大的影响，夜间问题就更大；要解决这样的问题，有两个工作要做，一是要在道路两侧，也就是路肩和路中央隔离线上，都设置标志，提高标志影响力，如图4-40所示；一是要使用大角度反光性能好的反光膜做交通标志，保证不同位置的车辆都可以在更好的亮度条件下去视认标志。

图4-39　树木遮挡了标志视认

图4-40　英国道路标志，限速警告标志不仅双侧设立，还和路面标线共同使用

(4)路况复杂道路，没有设立多重预告，导致视认一次无法完成或无法及时采取措施——城市闹市区，车辆密集出没路段，道路周边环境干扰和车辆前后、左右遮蔽都很多时，是最需要保障交通标志信息送达的环境，这时，不仅需要提高标志大观测角时的亮度，更需要重复设立标志，以达到告知有效的目的。

图4-41是英国街头重复设置标志，提示同一条道路上不同的目的地标志，在一定角度和距离下是前后遮挡的，在这种情况下，前面的标志提示的前进方向道路名称，后面的标志提示

图 4-41　英国街头重复设置标志

的是停车位、附近地点等；同时，考虑到大车驾驶人近距离观察的视角，阻挡并不严重（英国为右侧驾驶）。

（5）行驶规定复杂的道路，标志设置没有考虑远距离和提前预告，导致无法及时采取措施——在很多情况下，特别是经过长途跋涉的外地车辆，在进入城市中心区域时，会遭遇不了解限行措和道路行驶规则的问题，如果不再两三个路口前，就提示这样的管理措施，直接就会导致交通浪费。因此，提前预告，是城市交通效率和安全管理的一个重要手段。

如图 4-42，英国城市外的主要交叉路口前，设置的进入城市中心前交通管理提示标志，让驾驶者可以提前选择道路——请注意最上端的文字，是告诉驾驶人本地点的；同时，后面的那块白色标志牌，表述的是同一个环岛线路，所不同的是，那里不再表示道路的前进方向和路线了，而是道路所要通达的地标性和功能性建筑物等本地道路信息；这些努力，都是针对来到这个地区的陌生人群设计的。

（6）环境复杂地段，标志没有进行突出处理，导致视认受到干扰——在很多情况下，道路环境不利于观察标志，是导致禁令告知无法被遵守的罪魁祸首。在这种情况下，要设法突出交通标志，主要手段就是提高标志的显著性。在丛林路段、多雾路段、城市雾霭环境下，这都是要高度重视的措施。

图 4-43 是荷兰的桥梁下限高预告，使用了荧光黄绿钻石级材料提高标志的显著性，并为了充分告知，增设了双侧预告禁令标志。

图 4-42　英国城市交叉口标志

图 4-43　荷兰的桥梁下限高预告标志

九、观测角的计算方法

从上面的介绍可以看到，要理解逆反射效率对交通标志的视认影响，不仅要建立不同车型驾驶眼高有差异的概念，还必须建立观测角和入射角的技术概念。而如何计算观测角，困扰着很多交通工程技术人员。下面，就介绍一套观测角的计算方法。

1. 原理

计算观测角 α。以 x 轴表示车辆前进方向，y 表示道路宽度方向，z 轴表示高度方向。建立图 4-44 和图 4-45 所示的坐标轴。

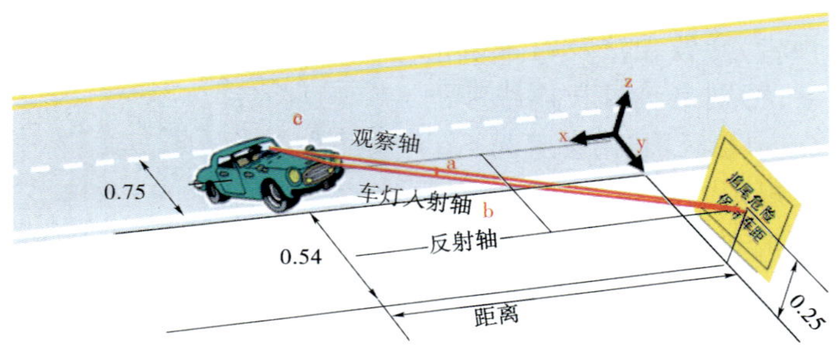

图 4-44　小汽车观测角(以右灯为例)

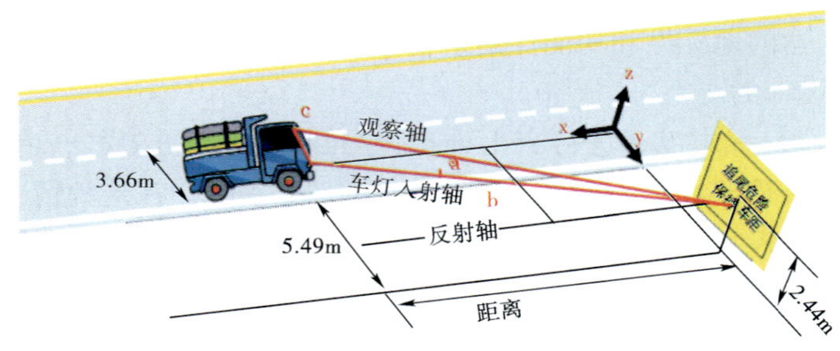

图 4-45　大卡车观测角(以右灯为例)

观测角的计算基于以下几条假设：

(1)假设标志板面与地面和道路的夹角都为 90°(双向垂直)。

(2)假设标志的高度取标志中点的高度。

(3)假设人眼的观测点为一点。

在 x 轴选取两个指标：

x_1 车灯与标志的距离；

x_2 视线到车灯的距离。

在 y 轴选择四个指标：

y_1 路边线到标志的距离；

y_2 车道宽度(通常取 3.75m)；

y_3 视线到路中线距离；

y_4 车灯到路中线距离。

在 z 轴选取 3 个指标：

z_1 车灯高度；

z_2 视线高度；

z_3 标志中点高度。

在图4-44和图4-45的三角形中，相对于左车灯和右车灯，有 b_1, b_2, c_1, c_2。根据余弦定理，$\cos\alpha_1 = \dfrac{a^2+b_1^2-c_1^2}{3ab_1}$，$\cos\alpha_2 = \dfrac{a^2+b_2^2-c_2^2}{3ab_2}$，$\alpha_1\alpha_2$ 分别是左灯和右灯的观测角。则：

$$\alpha_1 = \arccos\frac{a^2+b_1^2-c_1^2}{3ab_1} \tag{4-2}$$

$$\alpha_2 = \arccos\frac{a^2+b_2^2-c_2^2}{3ab_2} \tag{4-3}$$

根据勾股定理：

$$a = \sqrt{(x_1+x_2)^2+(y_1+ny_2/2+y_3)^2+(z_3-z_2)^2} \tag{4-4}$$

$$b_1 = \sqrt{x_1^2+(y_1+ny_2/2+y_4)^2+(z_3-z_1)^2} \tag{4-5}$$

$$b_2 = \sqrt{x_1^2+(y_1+ny/2-y_4)^2+(z_3-z_1)^2} \tag{4-6}$$

$$c_1 = \sqrt{(y_4-y_3)^2+x_2^2+(z_2-z_1)^2} \tag{4-7}$$

$$c_2 = \sqrt{(y_4+y_3)^2+x_2^2+(z_2-z_1)^2} \tag{4-8}$$

2. 算例

假定车道宽度为3.66m，双向4车道道路，选最外侧车道，小汽车距标志120m，车道右侧边缘到标志中心点的距离为5.49m。标志中心点到地面的垂直高度为2.44m。车道宽度3.75m，得到左灯的观测角为0.294°，右灯的观测角为0.443°。

表4-5是不同车型驾驶人位置和车灯位置参数。选取小汽车、中型汽车和大货车三种车型，30至280m，对应的观测角计算结果见表4-6。

不同车型驾驶人/车灯位置（单位：m） 表4-5

	驾驶人视线与车灯 X 轴距离	驾驶人视线与路中线 Y 轴距离	驾驶人视线高度	车灯与路中线 Y 轴距离	车灯高度
小汽车	2.14	0.35	1.11	0.56	0.62
中型汽车	2.08	0.42	1.42	0.65	0.83
大卡车	1.52	0.69	2.33	0.99	0.85

动态距离总用下的观测角（不同车型） 表4-6

距离 D (m)	距离 D (ft)	标准轿车		中型汽车		大货车	
		左前照灯观测角	右前照灯观测角	左前照灯观测角	右前照灯观测角	左前照灯观测角	右前照灯观测角
30.5	100	1.505	1.442	1.627	1.757	2.930	3.746
36.6	120	1.187	1.258	1.297	1.530	2.434	3.188
42.7	140	0.975	1.115	1.074	1.354	2.081	2.773
48.8	160	0.825	1.002	0.915	1.213	1.816	2.453
57.9	190	0.668	0.869	0.747	1.050	1.525	2.090
67.1	220	0.560	0.767	0.631	0.924	1.314	1.820
76.2	250	0.481	0.687	0.545	0.826	1.154	1.612
85.3	280	0.422	0.621	0.480	0.746	1.029	1.446

续上表

距离 D (m)	距离 D (ft)	标准轿车		中型汽车		大货车	
		左前照灯观测角	右前照灯观测角	左前照灯观测角	右前照灯观测角	左前照灯观测角	右前照灯观测角
94.5	310	0.375	0.567	0.428	0.680	0.928	1.311
103.6	340	0.338	0.522	0.387	0.625	0.845	1.200
112.8	370	0.307	0.483	0.353	0.578	0.776	1.105
121.9	400	0.281	0.450	0.324	0.537	0.717	1.025
131.1	430	0.260	0.421	0.300	0.502	0.667	0.955
140.2	460	0.241	0.395	0.279	0.471	0.623	0.894
149.4	490	0.225	0.372	0.260	0.444	0.584	0.841
158.5	520	0.211	0.352	0.244	0.420	0.550	0.793
167.6	550	0.198	0.334	0.230	0.398	0.520	0.751
176.8	580	0.187	0.318	0.218	0.378	0.493	0.713
185.9	610	0.177	0.303	0.206	0.361	0.469	0.678
195.1	640	0.168	0.289	0.196	0.344	0.447	0.647
204.2	670	0.160	0.277	0.187	0.330	0.426	0.618
213.4	700	0.153	0.266	0.178	0.316	0.408	0.592
222.5	730	0.146	0.255	0.171	0.303	0.391	0.568
231.6	760	0.140	0.245	0.164	0.292	0.376	0.546
243.8	800	0.133	0.234	0.155	0.278	0.357	0.519
256.0	840	0.126	0.223	0.148	0.265	0.340	0.495
268.2	880	0.120	0.213	0.141	0.253	0.324	0.473

观测角在0.2°~0.5° 之间观测角在0.5°~1.0°之间 观测角在0.2°~0.5°之间

3. 计算观测角的意义

从表4-6可以看出，以标准轿车为例，以驾驶人和左侧前大灯的观测角，在167.6m处时观测角为0.198°;76.2m为0.481°;42.7m为0.975°。前面介绍的安全视距的研究结论提到，机动车驾驶者看清标志的临界时间，至少需要2.5秒以上，再加上采取措施的时间，需要6~9s左右，以50km/h为例，就是108~161m的距离范围，而其对应的观测角为0.486°和0.339°。考虑到双车灯的情况，会导致车灯照射到路侧标志时，形成了一个长轴平行于路面的椭圆光锥，所以该距离范围内的观测角，基本可以概括为，小汽车50m处的观测角为1.0°,100m处的观测角为0.5°,200m处0.2°。大卡车50m处的观测角为2.0°,100m处的观测角为1.0°,200m处0.5°,见图4-46和图4-47。

也就是说，国内外标准上要求的观测角/入射角为0.2°/-4°条件下的逆反射值(以国际和国内关于逆反射材料光度性能的主要参数列表为基础)，是和标志显著性特征更相关联的光度性能。因为即使是对小轿车，实际上是200m外，才能有这样的观测角，这时的标志表面光度值越高，标志越亮，越有机会被发现，越能为驾驶员提供充分的时间，更早地发现标志并作好阅读标志的准备。

而对于视认内容效果而言，是要看机动车进入200m后，到看清楚标志上内容的那段时间，一般至少需要2.5s～6s的时间（取决于标志内容的信息量和复杂程度），也就是逆反射光度值从0.2°～0.5°再到1.0°观测角下的值，才是在实际驾驶状况下，能够获得的标志视认时的表面亮度值，对这个值而言，反光度在大角度时越高，就越意味着标志亮度会在视认距离里保持相对的稳定，便利于视认。

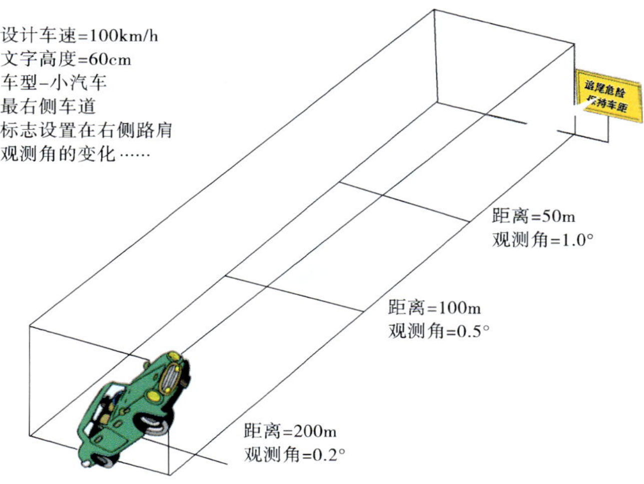

图4-46　小汽车不同距离对应的观测角

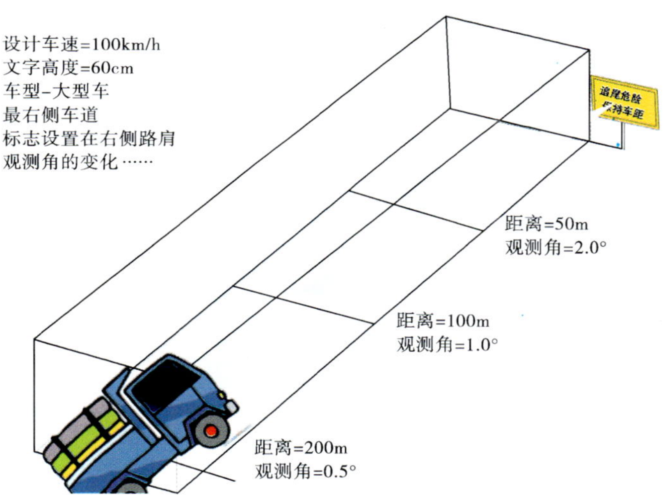

图4-47　大卡车不同距离对应的观测角

也正是出于这一研究结论，现在国际交通工程界更趋向于要求反光膜提高0.5°和1.0°观测角下的逆反射值，以解决有效标志内容识读问题。反光膜的逆反射性能的优劣，目前也是在这个性能上发生了最大的差异。逆反射性能优越的反光膜，即要具有远距离被发现的优势，又要有近距离大观测角度下的反光能力。事实上，从玻璃珠到截角棱镜再到全棱镜反光膜的技术跨越，就是这种视认需求推动的科技进步。

掌握观测角的计算方法，树立观测角差异的概念，对改善安全视距、预防道路交通事故，具有非常重要的意义，是从技术角度提高道路交通安全的重要基础。

从上面的算例可以得知，在进入最常见的需要识读标志的距离(100 多米)时，小轿车驾驶人阅读标志的观测角是 0.2°～0.5°之间。而在这个角度下，即使是逆反射性能最好的全棱镜型白色反光膜的反光度，也只有约 400cd/lx/m^2 绿色全棱镜反光膜此时只有约 40cd/lx/m^2，白字绿底的标志牌的字和底的光度对比度，正好是 10:1。这就是同一级别的绿底白字全棱镜反光标志牌被最普遍地应用在高等级公路上的技术依据。

在实际驾驶过程中，人们所遇到的更多的情况是，发现前方的标志在进入真正的识读区域时亮得不够甚至很多时候希望打开远光灯加强照射，其原因和观测角的变化有很大关系。

在一般情况下，目前最普遍用来衡量反光膜角亮度强弱的第一习惯值，是 0.2°/－4°(观测角和入射角)的光度系数，而在驾驶真实状态里，这个角度，基本上是距离标志很远的地方才能有的一个值，对小轿车至少在 200m 开外，对 SUV 中型车辆在 250m 开外，对大卡车则是超过了 300m 的地方。因此，在检测反光膜性能时，同时考验这两个观测角的度数，特别是 1°观测角的逆反射数值后，能获得更准确的反光膜质量检测结论。

第二节　逆反射材料的相关视认性研究

一、标志视认研究概述

交通标志视认研究，是对交通标志和标线的视认性能以及由此导致的对交通的影响的各类研究的统称。它主要研究的是交通标志对人们的各种交通行为的影响，包括驾驶和行走两个方面，是国际交通安全和管理领域的一项重要的研究内容。其研究目的，是要找到科学调整安全视距的最佳措施，找到道路交通安全管理的最有效语言和其最有效“表达方式”，从而能够提高驾驶人的遵章率。

这类研究，直接关系到安全视距的改善和道路交通安全措施的有效性，直接关系到人们的生命财产安全，是一项非常严肃和富有挑战性的研究工作。但是，由于标志视认研究涉及动态道路交通、车辆性能、道路条件、天气状况、实验人员的个体差异、心理因素、标志材料和制作等很多不固定因素的影响，这就给标志视认研究的实验方法的设计带来了巨大的挑战，要获得一个优秀和合格的研究结论并不容易。因此，在国内外一系列的研究报告里，通过掌握的基本视认研究技巧和思路，在自主分析和判断的基础上，寻找到公正、准确和科学的研究报告，就成了一项十分重要的工作。

总体讲，交通标志视认研究，从其关注点和研究目的等角度，可以分成三个主要的研究阶段：标志视认性研究，标志视认对车辆行驶状态影响的研究，标志视认性对交通安全的影响研究。

1. 标志视认性研究的基本概念

“交通标志的主要功能是利用特定的图形、字符和颜色向道路使用者传递特定的交通信息，以达到交通顺畅、安全、低公害和节约能源的目的”。在设计高速道路上的交通标志时，除了合理地设置交通标志的位置以外，还应保证标志牌在任何情况下都具有良好的视认性，以达到预先提示、保证安全视距的效果。要达到良好的视认性，就要进行相应的理论和实践相结合的应用研究。而这种研究涉及很多领域，从比较基本的字体、字形、字高、图形、颜色、标志信息量等视认内容要素,到比较复杂的标志设置位置、标志设置方式、标志环境、标志亮度、标志影响力等视认条件,都是标志视认研究的范畴。

从总体看,标志视认性(visibility)主要包括两个方面,一是显著性,一是识读性。显著性,是一种可注意性,英文叫 conspicuity,指的是交通标志被人发现的机会,即标志在路上跳出周边环境,抓人眼球的机会和能力。从逆反射材料讲,小观测角下的高亮度性能,就是这种需求的最重要体现。标志的显著性,是一种非常重要的特性。在国内的交通安全管理中,人们经常在抱怨和批评很多驾驶人和行人不遵守交通规则,不看交通标志,事实上这种对交通标志的忽视,和交通标志的显著性是有直接关系的,它受到交通标志本身的制作水平、材料选择、色彩亮度等的影响。

而识读性又是另外一个重要特性,英文叫 legibility,指的是在有效距离内,完成标志内容辨认和读取的能力。标志用逆反射材料的大观测角下的光度性能,主要针对的是这种需求。试想驾驶人和行人已经发现了标志,却由于种种原因无法"有效"读取标志的内容信息,于是,这样的情况将产生如下两个后果:第一,驾驶人、行人将注意力一直集中到标志上,花去更多的时间,直到读取完整标志信息为止,从而错失了获取道路其他重要信息的时机;第二,驾驶人、行人如果看不清标志的大致内容,由于时间紧迫或不重视等原因,则会选择放弃识别,从而失去了标志本身的重要提示作用。这两种后果都将直接给我们的道路交通安全带来威胁。

这两个特性综合作用,就形成了交通标志的信息影响力。两个特性中有一个或者都有问题,就可能出现标志没人看、标志看不到、标志看不清、标志看不懂、标志看不对、标志看了也来不及等一些列问题。在很多发达的国家和地区,人们经常能看到重复设置标志和在路两侧同时设置警告标志或禁令标志的措施,以及图形标志加文字标志的形式,都是要提高标志的影响力。

2. 标志视认性研究的重点

在国际上,标志视认性的研究内容很多,在此前的标志视认性研究过程中,从客观和科学的角度出发,排列出以下几类研究的重点。

(1)标志颜色、形状和位置的研究。标志的颜色、形状和位置的研究是解决标志视认性基本问题的研究。标志的颜色、形状和位置,决定了标志是否可以足够地引起驾驶人和行人的及时注意,这是确保道路交通安全视距的一项最基本条件。而标志的颜色、形状和位置并不是独立存在的,还要结合标志的内容形式、亮度等等条件,进行综合考虑。

(2)标志字体、字高或图形的研究。标志的字体、字高或图形与驾驶人的视认性密切相关。它决定着车辆行驶中的驾驶人能否在合理距离内,及时看清、识读标志内容并正确理解。尽管各国标准对交通标志的字体、字高和图形符号都有明确的规定,但是,由于标志字体、字高或图形传递交通信息内容的重要性,在具体的设计和使用中,要加强针对性的试验或研究。应用原则是:字的大小要保证一般的驾驶人员,在该道路限速范围内,甚至超过限制车速的情况下,仍具备有效的识读效能;保证标志的图形符号在视认距离内清晰可辨,含义理解的唯一性;在没有把握的条件下,视认条件和范围的确定,应该倾向于向视认能力更差的人群寻找底线,以实现安全标准就高不就低的基本原则。

(3)标志的亮度对视认影响的研究。在夜间行车条件下,标志的反光亮度直接影响着驾驶人的知觉反应时间。标志反光亮度的大小,对于驾驶人来说,就是刺激信号的强度大小。根据人机工程学的理论,刺激信号的强度必须达到一定的程度才能使感觉器官形成感觉。能形成感觉的最低限度的刺激物理量称为刺激阈(绝对感觉阈限下限)。在绝对感觉阈限内,刺激强度对反应时间的影响一般遵循"边际递减"规律,即反应时间随刺激强度的增加而缩短,并逐渐趋近一个特定值。也就是说,标志的反光亮度必须达到人的视觉绝对感觉阈限下限以上,才能满足交通标志的基本要求,在此基础上,标志的反光亮度越亮,驾驶人的反应时间就越短,这样就更容易引起驾驶人的注意,使驾驶人有更多的采取防范措施的时间,以确保行车安全。这也就是通常意义所说的标志"越亮越安全"的技术背景,这更多的是从标志显著性上考虑的,也和在视认范围内的标志亮度的稳定性有关。

由于标志视认还和识读性有关,有时,在特定的情况下,过分的亮度也可能导致标志的识读性受到影响。但这方面的问题,由于标志表面的亮度是和车灯接近的距离有关系的,因此在车辆和标志之间的正面距离快速缩短的过程中,车灯、驾驶人和标志形成的入射角和观测角都在快速变大,亮度通常也会快速衰减,因此其导致的问题与标志在适当的距离里无法具备足够的亮度,特别是在人眼视认范围内的适宜亮度相比,对视认的影响不那么敏感,所以在国际上,关于逆反射材料太亮而导致视认隐患的直接研究资料不多。就近15年的研究主流结论而言,目前追求的方向,更确切地描述是:在人眼合理的视认范围内(50~250m),标志的逆反射亮度应该更充分,并在距离和角度变化的过程中,具备更好的稳定性,减少衰减的速度。

在研究标志反光亮度对视认的影响时,还要考虑到白天逆光、顺光,夜间有各种辅助照明、无辅助照明、车灯类型等诸多因素的不同影响;同时,还要考虑标志在色度和光度条件下形成的和周围环境的对比度。

(4)气候条件对标志视认影响的研究。关于气候条件对交通标志视认性的影响,主要是指在多雾、多雨、多雪等地区,对交通标志视认性的特殊要求。雾、雨、雪等恶劣天气对交通标志视认性的影响是客观条件造成的,是无法避免的,也是影响最大的。特别是对高速公路的交通标志的视认性的影响更为严重。目前对气候条件对交通标志视认性影响的研究还很不够,特别是影响程度和解决方案的现场实验研究不够深入和全面。专门针对这些气候条件下的标志视认研究,特别是标志的显著性特征对安全视距的保护研究,改变雾天严重地区的标志设置方法等,都具有重要的研究价值。

(5)逆反射材料对标志视认影响的研究。标志表面使用的逆反射光学材料是影响标志视认性的基本因素。逆反射光学材料是一种依托于自然现象又提炼于自然现象的新物质,使用这种逆反射材料来制作交通标志,已经形成了世界范围内的广泛共识。所以,结合逆反射材料的应用和创新设计,不断来研究和尝试新的道路交通安全需求,不断调整和完善交通标志的设计标准和设置方案,就成了一个非常重要的研究方向。

3. 标志视认对车辆速度影响的研究

"十次事故九次快!"这是道路交通安全管理工作中的一种通俗的说法,也是对交通事故统计结果的一个精辟概括。从更科学的角度讲,这个"快",实际上就是超过了安全视距允许程度的一种"快"。因此,通过安全设施调整安全视距,以使相对的"快"慢下来,就成了交通管理和交通工程技术的一门关键技术。

如何利用道路设施控制交通流的车速呢?多年来,人们研究并采取了多种的措施,有些也是行之有效的。但到目前为止，利用不断提升应用技术水平的道路交通标志和标线来控制车速，有针对性地在目标路段延长安全视距，仍然是一项成本最低、效果最好的基本安全技术。

因此，如何运用路况提示标志、限速标志、路面提示标线和文字、车速反馈仪器的使用效果，设置地点、综合设计方案等，都成了这一领域的主要研究方向。总体来说，标志视认性对车速影响研究的重点主要有以下几个方面。

(1)综合限速措施的有效性研究。对一个地点或路段的车速控制措施不仅仅是标志和标线，还有其他多种措施。综合限速措施的有效性研究就是：通过观测过往限速路段车辆的车速遵守率、车速变化、制动灯亮起的时间和距离、驾驶人的感性认识等，对限速综合设施改变后的显著性、视认性、反光亮度、有效发现距离和控制车速的综合效果等进行评价，最终综合限速措施的有效性结论。例如，在已经有了限速标志牌的情况下，仍然出现频繁超速的事件，为了减少这一现象，通过添加更多的限速措施，如增加双侧限速标志、增加限速原因告知标志、增加各类地面标线、减速带、车速反馈仪、提前预告标志等方法，寻求最佳的车速限制方案，而其有效性，同样需要通过现场观测实验研究的方法进行综合评价。

(2)限速标志发现距离的研究。限速标志的发现距离是检验标志设置位置是否合理及视认性是否达标的重要参数，也是现场不易观测的一项动态数据。该项指标的影响因素有道路的能见度、车辆行驶速度、驾驶人反应时间等。这项研究的关键是现场通过观测区车辆采取减速或制动地点的观测与记录，观测记录方法一般有两种，一种是通过观测过往车辆的车速变化开始时间、特别是制动灯亮起的时间和距离，加上驾驶人的平均反应时间，就可以间接获取驾驶人发现限速标志时间和距离；另外一种研究方法就是利用眼动仪可以直接观测到驾驶人发现限速标志的时间和距离。两种方法都需要对观测到样本数据进行处理和统计分析，方能得到限速标志的各种视认性能。

(3)限速设施升级效果的研究。限速设施升级的效果评价是交通安全设施成本效益分析必不可少的步骤，这种评价属于后评估。首先对原有的限速设施的效果按照一定的方法作出一个评价结果，在限速设施升级之后，再按照相同的方法对升级后的限速设施的效果进行评价，然后将升级前后措施的效果进行比较，就会得出效果显著、有效果和效果不明显等评估结果。限速设施升级的方式有通过升级标志表面亮度，添加标线的全天候反射能力，增加标志白天的视认能力、道路单侧标志改双侧标志、有限速原因提示标志等措施。

(4)各种限速设施效果的比较研究。在给一个限速地点或路段设计限速管理方案时，通常会设计出几个不同的方案，为了选择一个有效而简便的限速方案，就需要对给定的各个限速设计方案进行效果比较研究。这种多设计方案效果比较研究的实验方法、比较指标等应当具有可比性和相似性。各种限速设施效果的比较研究多用于新设计的道路或新改建的道路的限速方案设计上。

在一些实验方法设计的时候，往往容易把结论主要落在依靠参加实验驾驶人的主观结论上，以统计他们的评判来作为实验结论的依据，如果在这个过程中不设法排除人的主观因素，就有可能给措施的真实效果大打折扣。特别是如果这些实验频繁使用相同的一批驾驶人，也不采取措施避免心理暗示因素，比如，一上来就告诉驾驶人这个实验是要考验他们看到限速标志的距离的，这样的实验效果会不可靠。比较理想的方法是，通过观测和统计一段时间内，任意车辆在通过限速措施前后的车速变化得出结论。特别要注意的是，在这类实验研究的过程里，驾驶人是应该处在毫不知情的情况下，以达到最自然的实际驾驶状态。

(5)标志视认对车速影响的研究方法。在限速标志安装路段的前后，分别安排 3 到 5 组观测人员(具体数量取决于标志种类和距离)，每组 3 人，配备摄像设备、测速仪、测距仪和手提电脑、秒表等，以比较隐蔽的方式，如路边停车、工棚等做掩护，以不被驾驶人发现或认为是测速的为前提，尽量避免实验人员的出现导致驾驶人先行减速，然后静静地观察来往通过车辆在发现限速设施后的车速变化；第一组，在限速设施前 1km 以上，以能发现前方车辆制动灯亮光为基本要求，并实际观测和记录车辆通过观测点的时间和速度，第一次制动灯亮起的时间和速度变化；第二组，在限速标志附近，记录该车的车速变化过程；第三组，在限速措施结束后的 300 ~ 600m，观察和记录车速的变化；根据所有的记录结果，对比大车和小车、白天和夜间、道路标志和地面标线、各时段等不同条件下的车速变化情况，可以统计并核验限速措施的有效性。

二、视认性对交通安全的影响研究

事实上，在道路交通安全管理实践中，很多地方的交通管理部门，都曾尝试过一些办法来提高交通安全，减少事故。只不过是由于各种各样的外因变化，如修路、拆迁、车辆管理手段升级或是人事变动等，导致了一些措施无极而终，还没有见到效果或是还有来得及进行分析和统计，就又变了。

从实事求是的角度讲，交通安全措施是一项需要长期实践检验和不断提高调整的工作。急功近利，急躁和毛糙，都很难收到长期稳定的效果。要解决这样的问题，经验整理和数据挖掘工作，就成了一项非常重要的研究工作。

一项安全措施是否有效，要经过长期的跟踪研究。视认性对于交通安全的影响研究也是如此。同车速影响一样，不可能要求通过一两次的实验就能把因车速过快而形成的事故多发点的危险隐患给彻底排除了。我们需要的是由表及里、由浅入深的一系列研究，也许视认性的研究只是第一步。再比如，车辆牌照的反光性能，是不是能对减少车辆的夜间追尾有帮助？要得到这样的答案，也不是做两次实验就可以的。最好的办法，就是数据挖掘、整理并对比 1 年甚至是 5 年里，某一特定地区里，使用反光车牌和不使用反光车牌的车辆的事故率进行对比。通过这种简单的对比，就能找到安全措施的依据。事实上，在美国，之所以几乎全境都在使用反光车牌，而且很多地方都是采用浅颜色底色的反光车牌，就是要尽可能地增加车辆尾部的反光面积，以增加一项安全措施，让后面的来车多一个发现危险的机会。就逆反射材料而言，浅颜色比深颜色的逆反射亮度更高。

如图 4-48、图 4-49 所示，加拿大和美国的车辆牌照的部分样照，基本都是使用反光亮度好的浅色调，这就是一种通过视认研究得到的改善交通安全的有效方法。

三、交通视认性的研究技术

1. 影响视认性的研究技术

在标志视认研究中，研究对象的不同，其研究技术和方法也有较大差别。在国际交通工程领域，标志视认研究是一个比较独立的研究领域，受到业内的普遍重视，很多国家政府的交通标志和安全标准，都受到这类研究的影响，研究的技术水平和实验方法也比较成熟。

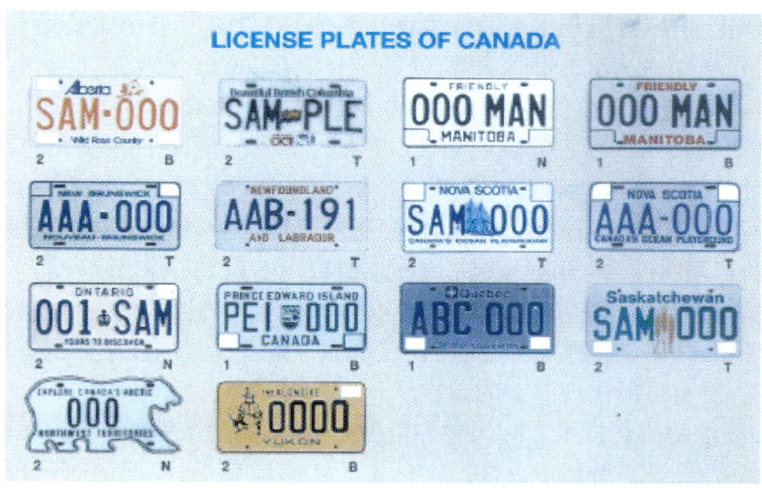

图 4-48 加拿大车辆反光牌照样照

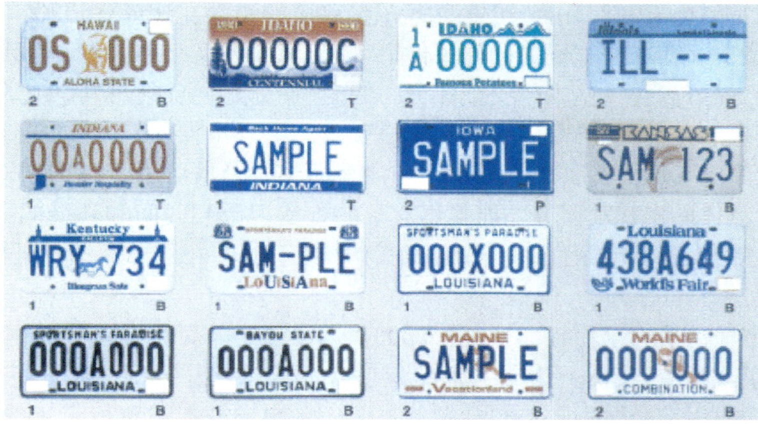

图 4-49 美国车辆反光牌照样照

就研究技术本身，有下列一些研究技术，对不断培养和发展标志视认研究，是有着重要的参考意义的。

(1)关于人的研究技术。由于视认研究离不开人的主观判断，所以，如何指导实验参加人，以使其尽可能地处在自然驾驶状态，不受心理暗示的影响，从而影响实验结论，就成了一个非常重要的原则。比如，在使用眼动仪进行标志视认研究时，如果告知招来的实验驾驶人，这个实验就是要测试交通标志的视认效果，带上眼动仪好观察他们观测标志的眼球运动轨迹，那么驾驶人在一上路时，就会开始寻找交通标志进行观察，如果那样的话，交通标志的显著性特征和识读性能，就都无从得以正确研究了。相反，如果在这样的实验中，是告诉驾驶人，这个研究，是要测试眼动仪的舒适性，上路后，尽管开车自然地跟着道路提示完成数公里的驾驶就行了，那么，这样的研究，得到的结果，显然会更真实一些。

同样的思路，对于要研究交通标志的亮度对视认的影响，如果一上来就告诉驾驶人，这个研究是要测试标志上的反光膜底膜的亮度和字模的亮度的匹配情况，并且使用的标志内容是非常规标志用字和形式，甚至只用一个字，那么，驾驶人一上路，就会刻意盯着“标志”看，其得出的结论,显然无法指导自然状态下的标志视认效能。同样,如果在实验中,选择的驾驶人还都是职业驾驶员,甚至总是使用同一批驾驶员,而没有考虑年龄差异、性别差异、受教育程度等,那么这样的研究结论,需要修正和排除的非正常因素就太多了。

(2)车辆的研究技术。标志的观测角度,在不同车型的情况下有很大的不同。但这并不是在视认研究中考虑车辆因素的唯一原因。实际上,车辆的速度、性能、驾驶视野等,也都会对标志视认产生不同的影响。特别是车辆的行驶速度,可能会不断地挑战人眼的适应力,造成在快速接近标志的有限时间内,驾驶人要完成标志所载内容的视认和解读;如果是在夜间,车灯照射到标志的时间也会因车速变化而发生变化,这就给夜间驾驶人的视认研究,提出了更复杂的研究课题。因此,如果忽视车辆速度,而仅仅依靠一组及少量的观测数据来得出某种具体情况下的视认结论,就有可能出现严重的偏差。

(3)时间和环境的研究技术。时间和环境的研究技术是指研究时间和环境因素对驾驶人视认性影响的实验、测试和分析的方法。在标志的实际应用中,不同的时间段,空气的透明度和视认距离是有很大差别的;再加上地域气候条件、城市道路或乡村公路两侧的视觉干扰因素等,很多看似正常的标志制作标准,可能会存在着致命的错误。比如在道路狭窄、没有干扰光源、车速低、车型单一的小型车辆的标准条件下,标志版面和文字够大时,运用工程级反光膜,其亮度的视距已经可以提供基本的安全保证。但是,在标志逆反射材料的选用和标志的设计中,一般不能按理想条件下的标准设计,从交通安全的要求出发,必须尽可能多地考虑标志所在地点的天气、周围环境等各种影响因素。如何全面综合分析各种干扰因素对标志视认性的影响,需要进行具体的实验和研究才能找出有效的方法。研究时间和环境的分析技术关键是要根据标志设置的实际影响条件,确立一个较高的逆反射材料标准,而不是机械地选用规定的标准。

美国在这方面的研究是比较发达的。2008 年 1 月,美国交通部根据美国国会在 1993 年的一个立法要求,在经过长达十几年的研究积累后,出于安全的考虑,终于得出了“交通标志用反光膜最低逆反射系数”的指导意见,并写入美国的道路交通控制技术标准,废止了美国材料测试标准里指定的低级反光膜(透镜埋入式的“工程级”反光膜)作为一些种类的交通标志用反光膜。

2. 视认性研究的技术装备及其应用

现代的科学研究当然离不开现代的科技装备,特别是对于视认性研究这样要依靠大量数据作为分析基础的实验研究来说,技术装备就显得更为重要。标志材料本身的发展进步也促使了对其测试手段技术水平的不断提高。以往的对于交通标志的测试,都是利用逆反射系数测试仪和亮度计等,针对材料本身物理性质的测试。近年来,出现了眼动议等针对驾驶主体信息接受的测试技术和手段,可以说是视认性研究的又一个进步。

眼动仪是为取得标志的视认范围和视认距离所需要使用的一种实验仪器。这个仪器由主机、控制器、摄像机以及数据分析软件组成。仪器的主要功能是通过记录被测试者的眼球运动信息,结合摄像机拍摄的实际道路景象,得出被测试者的眼睛观察实际环境中的物体的时间和过程。图 4-50 为眼动仪的工作原理框图,而图 4-51 是应用眼动仪进行测试时驾驶人的佩戴示范。新型的眼动仪可以安装在汽车驾驶室内,不再需要带在头上,可以获得更真实的驾驶感受。

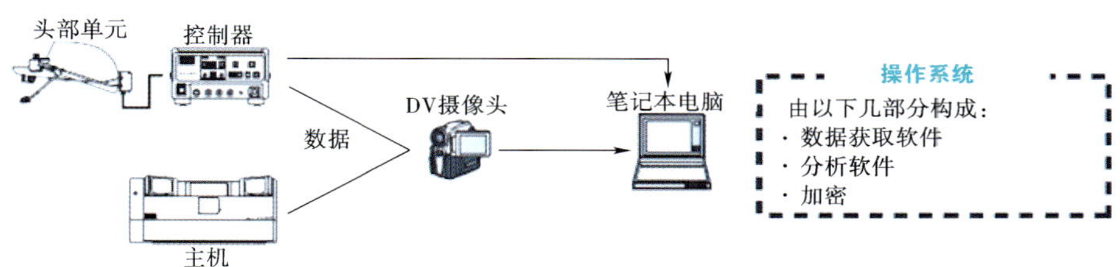

图 4-50　眼动仪的工作原理框图

眼动仪的测试结果是一幅经过了处理的驾驶人视野照片,和一般的照片不同的是,在这张照片上会有许多的点和线画在照片的物体上,这些点代表驾驶人视线停留在物体上的瞬间,点越多代表视线停留的时间越长。而线代表驾驶人的视线从线的一端向另外一端运动的过程。

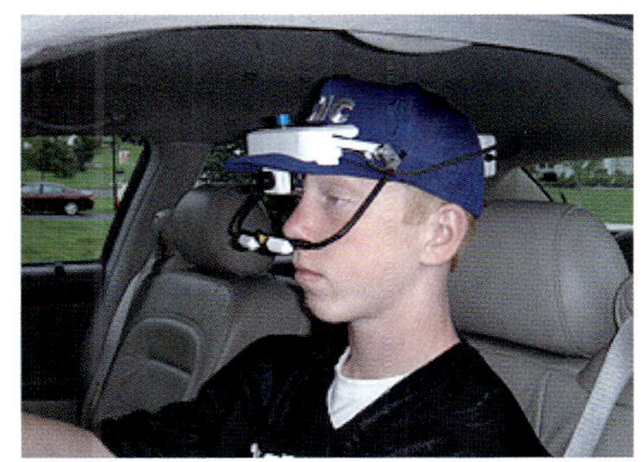

图 4-51　眼动仪的佩戴示范

根据美国的 Paul Carlson 的研究(注:Paul J. Carlson, Evaluation of Clearview Alphabet with Microprismatic Retroreflective Sheetings, Texas Transportation Institute, October 2001),在可以看到标志但不能视认标志信息的距离时,驾驶人会稍微转移视线到标志上一瞬间,但此时仍然是把注意力集中在道路上,这个距离曾经被许多研究认定为视认距离。实际上,在这个距离,驾驶人只能认知到标志牌的存在,甚至还不能确认标志牌的形状和颜色,更不要说可以认读到标志的信息了。Paul Carlson 指出,只有当驾驶人视线停留在标志字符上足够的时间(3~5s),才是驾驶人真正认读标志信息的时间,而这个时间段代表的距离才是真正的驾驶人的视认距离。在近 15 年来,由此类研究得出的结论,普遍指出了一个关于道路交通标志视认的“最后一眼”的距离范围,是 50~150m,也就是说,在大多数情况下,驾驶人完成标志视认的最后距离,是 50~150m 范围内,在此之前的这 3~5s 范围里,标志的视认性应该是最佳状态。

中国也有关于交通标志视认时间和距离的一些研究报告。其中比较著名的,是交通部公路科学院杨久龄和唐琤琤等在 1999 年完成的一个试验,它得出了和美国等方面很接近的结论,并写入当时国家道路标志标准 GB5768 里,作为交通标志设置的一个主要意见。他们得出的结论是,“标志消失”(驾驶员不再看标志)的距离是 43.7m,标志的最短认读时间是 2.6s。这两个数值和英文标志的视认底线时间 2s、视认标志最后一眼的距离 50m,都有一些小差距,也正好显示了中文识读需要多一点时间,也需要多用一点距离的特点。

四、标志视认性的实验研究

为了能更好地帮助大家建立标志视认研究的概念体系,了解一些标志视认研究的基本方法,拓展大家的研究思路,下面是本书推介的一个标志视认实验的基本研究过程。

1. 实验的意义和目的

实验的第一个目的,是验证在用交通标志的产品是否符合技术标准和安全需要。在设计高速道路的交通标志系统时,除了合理地设置交通标志的位置以外,还应保证标志牌的逆反射材料在大多数情况下都具有良好的视认性,要符合《道路交通标志和标线》(GB5768 - 1999)里对包括反光膜级别、汉字高度、字体和间距在内的标志牌版面设计的基本规定。

实验的第二个目的,是通过实验数据和理论提供一个中文标志牌的有效视认范围和视认距离。目前在我国现行的道路交通标志标准中,有些重要的技术参数是总结实际应用的经验和参照国外的技术标准来确定的。考虑到我国的方块文字与国外的字母文字,在形状、结构和理解方式等方面都有较大的差别,因此需要通过更多的实验,来探索"中文标志牌的有效视认范围和视认距离",并根据这一结论,找寻标志的和不同类型车辆的观察条件,包括对逆反射系数有直接影响的观测角,最后根据这些数据来确认不同观测条件下的反光膜的逆反射性能需要,从而指导人们科学、合理和规范的选择制作交通标志的逆反射材料,以满足驾驶人的视认要求。

实验的第三个目的,是研究反光标志的亮度和最合适的亮度对比度,提高标志的视认效果。在这里并不是要发现或者规定一个最高的亮度和亮度对比度,而是要发现一个可以让驾驶人最快获得标志牌信息的亮度和亮度对比度。

上述这些标志视认性实验和结论,对交通标志的制作、应用规划与设计、反光材料的选择等,都会提供有价值的参考信息,最终会对安全驾驶和行车效率起到的重要辅助作用。

2. 实验用仪器

进行标志视认性实验研究主要的观测仪器有眼动仪、亮度仪和汽车行驶记录仪等。有关眼动仪的结构及工作原理在上一节里已经做了简单的介绍,亮度仪是测试标志反光亮度的一种仪器。为取得标志反光亮度的实验数据,必须使用亮度仪,这个仪器已经广泛地被科研单位应用。图 4-52 为亮度仪的外形照片,图 4-53 是亮度仪的工作原理及结构图。亮度仪的作用是记录整个车辆驾驶过程中车灯照射到标志牌上再反射回驾驶人眼睛中的光的强度,这个亮度不受驾驶人状况变化的影响,所以对每一种标志牌和每一种车型只测试一次就可以了。

图 4-52 为亮度仪的外形照片

汽车行驶记录仪主要作用是记录实验过程的速度及其变化过程,汽车行驶记录仪一般要求采用数字式的,这样便于记录数据的读取和处理。

3. 实验场地和时间

实验的场地可以选择在城市的边缘或者城乡结合部的地方。这样在测试时,可以把对正常交通的影响控制到最小。道路的线形应该是直线或者接近于直线(转弯半径大于 800m),这样的道路有利于测量距离。道路的背景光源应该尊重原有的道路环境,不增加也不遮盖的原则,并如实记录。行车环境不应该太复杂,应该取直路的中间一段超过 1km 长的路段。初期的测试路段不应该有出入口、岔道、急弯、上下坡和其他容易突然出现车辆的地方。建议测试的时间分为三个时间段:白天顺光、白天逆光和夜晚。

在实验的第二阶段或后续展开中,还应该测试在能见度不好的天气条件下的视认效果,以及其他道路条件和环境下的视认分析。

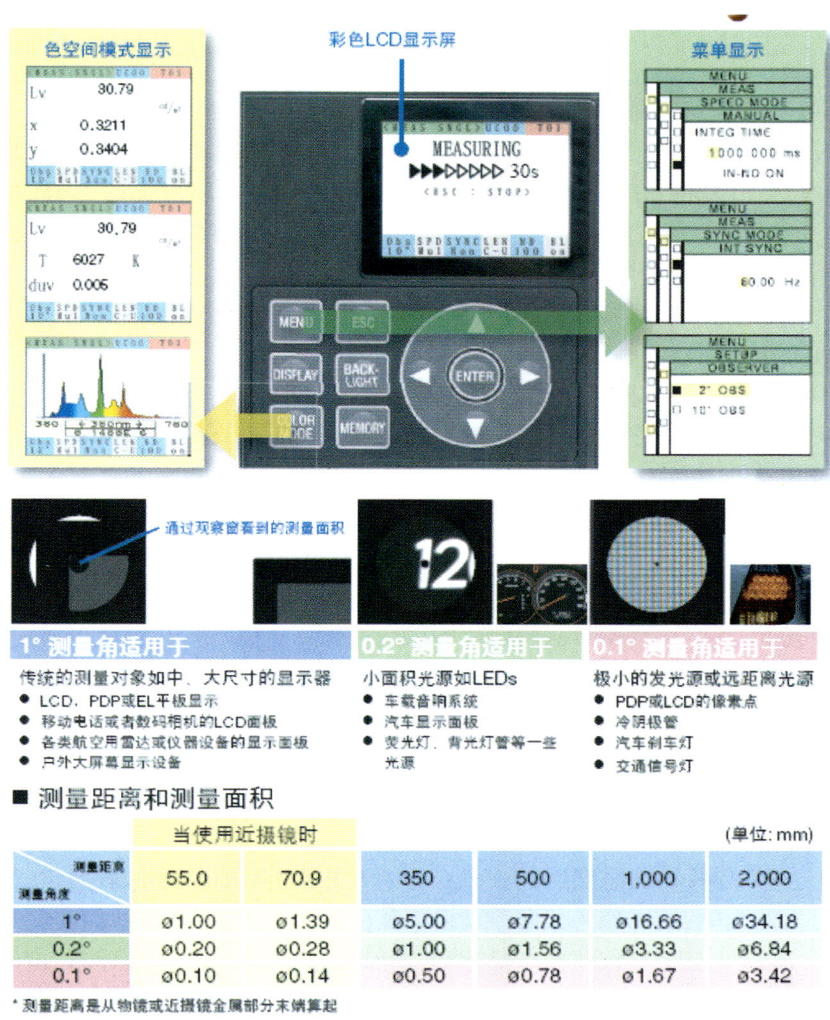

(单位: mm)

测量距离 / 测量角度	当使用近摄镜时 55.0	当使用近摄镜时 70.9	350	500	1,000	2,000
1°	ø1.00	ø1.39	ø5.00	ø7.78	ø16.66	ø34.18
0.2°	ø0.20	ø0.28	ø1.00	ø1.56	ø3.33	ø6.84
0.1°	ø0.10	ø0.14	ø0.50	ø0.78	ø1.67	ø3.42

* 测量距离是从物镜或近摄镜金属部分末端算起

图 4-53　亮度仪的工作原理及结构

4. 实验用标志牌

标志牌的颜色应该使用篮底白字和绿底白字，标志牌的文字应参照 GB5768 的 100 ~ 120 时速的标准为 60 ~ 70cm 的字高，标准黑体字。标志牌的位置应该分别包括在道路的右路肩和龙门架上。标志牌的反光膜分次采用钻石级、超强级、高强级和工程级，以实现比对效果，发现差异。在实验中要注意以下两个问题。

(1) 视认系数的确认。如果实验时间充裕，或者在第二阶段，有必要测试标志的视认系数。实验方法是通过变化字体的高度以获取不同的视认范围，从而计算出视认系数。美国推荐的视认系数是 30ft/in（比率是 360:1，也就是说，一个 10in(25.4cm) 高的英文字母在标志牌上可以在 300ft(91.4m) 的距离处被辨认。

(2) 标志信息量与视认时间。可以变化标志的信息量，以获取标志信息量逐条增加后的不同的视认范围和时间，结合以上得到得最低标志视认距离，可以限制单位面积的标志牌的最大信息量。

5. 实验车辆

(1)实验车辆的选择。根据车辆种类的影响程度,将实验车辆分为小轿车、面包车、大客车和货车四种。小轿车宜选用发动机排量在1.6~2.4L范围内的小客车,例如捷达、帕萨特等车型;面包车宜选用座位数在6~9座的车型;大客车宜选用43座以上的车型,例如宇通牌大客车、金龙牌大客车、奔驰牌大客车等;货车宜选用载重8~40t的几种车型,应包括半挂车,例如解放牌和东风牌大型载重汽车。

(2)实验车辆的准备。在实验前,对实验车辆要作好以下准备工作:

①应将有关实验仪器和装备安装在实验车上。

②对实验仪器设备等进行全面运行调整和测试。

③对实验车辆的驾驶人视线高度、前照灯高度和亮度等进行准确的测量和计算。

6. 实验人员

这里所指的实验人员主要是被测试的驾驶人。驾驶人的年龄应该按照实际的驾驶人年龄分布来选择,根据交通法规的驾驶人年龄规定来设置为:18~26岁30%,27~50岁50%,51岁以上20%。驾驶人的视力要求在1.0以上。驾驶人的性别的数据设为男占75%,女占25%。对驾驶人的驾驶年龄没有规定,但驾驶人在过去一年中每月必须至少驾驶4次汽车,每次不少于15min。

实验驾驶人的选择,应该根据研究项目的要求和有关数据,组织尽量多的成分组,按照职业驾驶员和非职业驾驶员划分,货车组可以只测试职业驾驶员组。在实验的后续进展中,可以和交通安全管理部门合作,对不同人群组,进行更细的划分。在实验第一阶段,不用这样做。

在实验中,我们要特别注意实验驾驶人心理因素的影响。标志视认研究,在很大程度上是要发现标志对人的影响,所以如果面向邀请参加实验的驾驶员,都告诉他们实验是要测试标志的识读性或可发现性,就会导致驾驶人刻意和主动地去寻找和凝视交通标志,这样得出的标志显著性研究结论和视认研究结论,都很难说是真实的或可靠的。因此,在这种实验中,不要告诉驾驶人实验的真实目的,即使使用眼动仪时,也不应该告诉实际试验目的,比如,可以告诉他们,这是在测试眼动仪的质量或者工作稳定性舒适性,避免暗示或明示驾驶人去寻找标志这一要素。

在视认研究中,如果忽视了驾驶员的心理因素,可以说是致命的试验疏忽。因为驾驶行为本身就有很大的人的因素,标志视认性实验受测试者如果在主观上受到的影响很大,当他们参加测试时,就会无法避免地主动去注意、寻找和关注标志目标,这样的实验结果是不客观的,与一般情况下会存在重大偏差。

7. 基本实验步骤与方法简述

(1)现场测试。首先需要确定视认距离实验的时间、地点、车型和标志牌,之后让被实验者佩戴好眼动仪,再开始发动汽车,驶向标志牌。记录员在副驾驶座位上记录相关驾驶数据。当车辆达到预定的车速(假定50km/h和100km/h)并保持该速度一定时间后(3s),记录员启动眼动仪。当车辆保持速度行驶经过标志位置到达结束点时,记录员关闭眼动仪。驾驶人停车并报告自己认读的标志信息,记录员记录被实验者报告的信息。

在和视认距离实验基本相同的时间、地点、车型和标志牌条件下，在车辆驾驶座上驾驶人眼睛的位置安装亮度仪，从车辆的开始点开始到标志牌前 30m 的位置为止，每 10m（或者 30m）分别测量和记录车灯（或者日光）在标志底膜和字符上的反光亮度。

（2）眼动仪图像识别与分析。眼动仪的测试结果是一段车辆行驶时驾驶人视野的录像，录像上有许多的点和线，如图 4-54 所示，点代表驾驶人视线停留的地方，线代表驾驶人眼球运动的轨迹。通过眼动仪配置的软件可以首先把画面分割成等分的小方块，然后把通过不同的颜色来填充不同的视线停留长度，最后把这些颜色方块和实际的照片中的物体（标志牌）对应起来就得到了驾驶人对标志牌的视认范围，参见图 4-55。

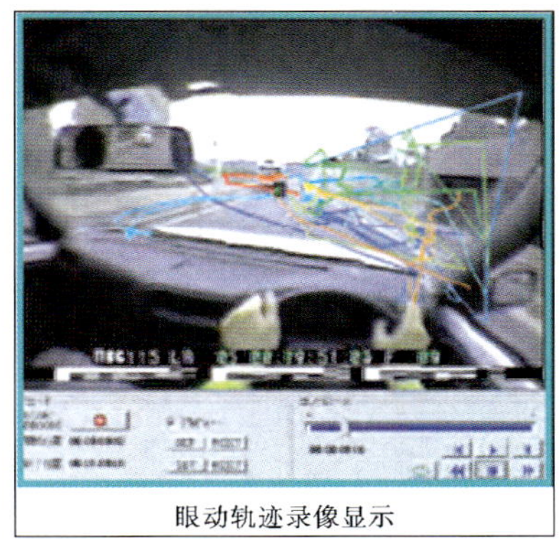
眼动轨迹录像显示

图 4-54　眼动仪得到的眼动轨迹录像显示

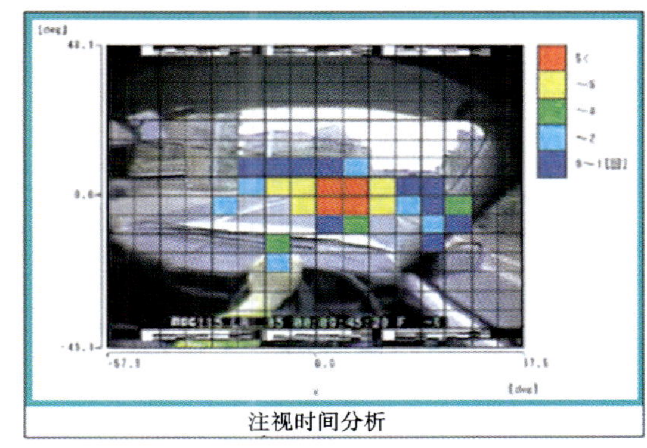
注视时间分析

图 4-55　利用色块处理的眼动仪录像

根据预先在眼动仪上设置的参照点（标志牌立柱），提取出驾驶人视线停留在标志牌上的时间段的开始和结束点，然后根据车速换算成视认范围，而时间段的开始点到标志牌的距离就是视认距离。

（3）现场测试数据记录与处理。对每一个实验样本的观测结果都要作好记录，将观测数据填写到现场观测记录表中，现场记录表如表 4-7。现场实验结束后，对实验现场记录表的数据进行整理，写入表 4-8，得出实验不同反光膜的 85% 视认范围和距离。

标志视认实验现场记录表　　表 4-7

测试日期：	实验车型：	实验人员：	天气：
观测样本编号	视线停留标志上的开始时刻	视线停留标志上的结束时刻	平均车速
1			
2			
3			
4			
5			
6			
7			
…			
n			

实验数据处理表　　表 4-8

车辆类型/时速	小轿车/80km		
标志编号	反光膜级别	85% 视认范围	85% 视认距离
1	高强级/高强级		
2	超强级/超强级		
3	钻石级/钻石级		
…	…		

(4)亮度仪测试数据分析。亮度仪的测试结果是车辆在和标志牌的不同距离时的亮度曲线,根据以上实验中眼动仪测算出来的最长的视认距离,找出这个视认距离对应的标志牌,然后对这个标志牌的底膜和字模做逆反射系数测试得出逆反射系数比。这个比率目前最流行的计算公式是:(LT-LB)/LB, 在这里 LT 是标志牌上目标字符的亮度,LB 是背景的亮度(紧包着目标字符的背景亮度,不是蓝天白云的亮度)。也就是说,这个比率就是最高的逆反射系数比。图 4-56 就是这种数据分析后的一种数据表现形式,表示了反光亮度和距离的关系。

还可以进一步确认眼动仪实验中最短的视认范围,这个最短的视认范围对应的标志牌就是最快被视认的标志牌,这个标志牌的逆反射系数比就是最快获得信息的逆反射系数比等。

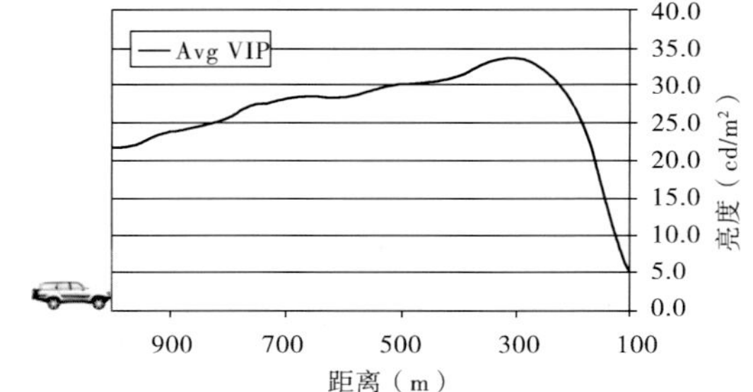

图 4-56　反光亮度和距离的关系

目前,国际普遍公认的对比度视认需求,在 1∶10 是最合适的对比度需求范围,1∶5 到 1∶20 是基本可接受的最大范围,再超过这个差异,视认就很困难了。国际上的主要逆反射材料厂商,也是根据这个数值范围,在生产同系列的底膜和字模,以白色钻石级膜和蓝色钻石级膜的正面亮度逆反射系数比,基本上维持在 600∶60 的范围,就是这个道理。

8. 不同条件下的对比实验分析

(1)不同光线条件和标志牌的视认距离对比分析。在对比了不同标志牌的视认距离以后,还可以进行不同时间段、车型、速度、驾驶人年龄、标志牌位置、标志信息量的视认距离的对比。最后得出综合了所有影响因素以后的道路标志牌视认距离。

在对比实验方案中,选择顺光、逆光和夜间等不同的光线条件,针对指路标志、注意行人标志和限速标志等不同标志牌的视认性研究设计实验方案,可以得出不同光线条件和标志牌的视认距离对比实验结果。

图 4-57 所示的对比观测拟合曲线(注:潘晓东,逆光条件下交通标志的可视距离研究),说明了在不同光线条件下,对指路标志、注意行人标志和限速标志等不同标志牌的视认距离与车辆行驶速度的关系。

由图 4-57 的 a)、b)和 c)的三组曲线中可以看出,在顺光、逆光和夜间等不同光线下,车速对视认距离的影响是一致的,即随着车速的增加视认距离呈显著下降,而且不同光线下的下降速率相差不大;在对不同的标志实验中,这种变化趋势也是一致的,但是从视认距离范围上可以看出,注意行人标志的起点视认距离明显低于指路标志和限速标志,这种显著差异不一定是

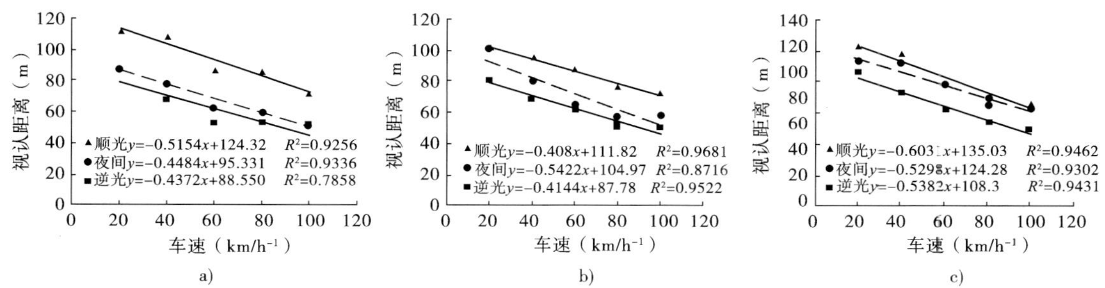

图 4-57　实验不同光线条件和标志牌下的视认距离

a)指路标志；b)注意行人标志；c)限速标志

标志本身的原因，也可能与实验人员驾驶注意的主动性不同有关，只得进一步实验研究。

(2)不同年龄组的视认性对比实验。图 4-58 是在 1997 年所做的一个标志视认研究中的部分内容，它解释的是不同年龄组驾驶人视认性对比实验的观测数据(注：唐铮铮，贾梅，公路反光标志夜间可视性研究，公路交通科技，1997.3)。

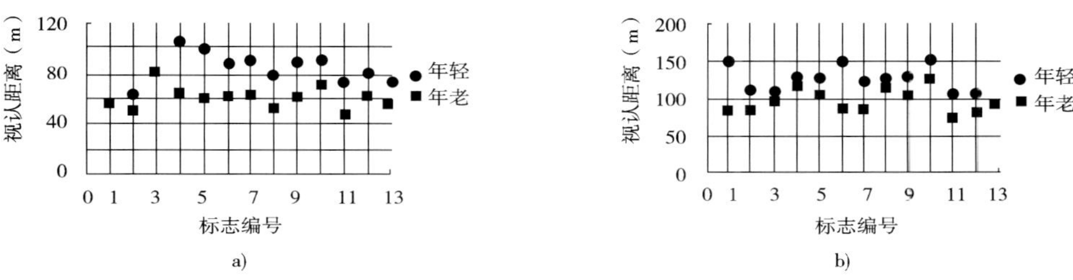

图 4-58　实验不同年龄的驾驶人的视认距离

a)240×120cm 标志牌；b)336×168cm 标志牌

实验将驾驶人分为年轻组(18～30 岁)、年老组(50～65 岁)两个对照组，从两次实验结果来看，在对各种标志的视认中，年轻组的视认距离都显著地要比年老组要远。由此可见，驾驶人的视认距离会随着年龄的增长而下降，当年龄增长到 50 岁以上是会出现明显下降的趋势，为了确保道路交通安全，本着安全标准从高从严的原则出发，建议交通标志视认距离的标准应该按照 50～65 岁年龄组的视认距离来设定。

(3)不同字体的视认效果实验研究。在实验中，可以利用眼动仪做不同字体的视认效果研究。这项实验研究的目的并不是为了寻找最美观的字体，而是为了测试视认时间最短的字体。最后根据这个字体规范标志字符的尺寸、笔画粗细和字符间隔，使整个标志上的字符字体视认效果最优。

如图 4-59，在这三张照片的圆圈代表视线停留在物体上的时间，圆圈的大小代表时间的长度，圆心代表眼睛的焦点，圆心的连线代表视线的转移。从以上三幅图中，我们可以看出对于“7”这个字体，标准的笔画粗细一致的字体较容易集中驾驶人的注意力！

9. 标志视认性实验研究结论和方向

(1)实验研究的主要结论。交通标志的视认性实验结果，会揭示和证实一些主要的标志视认特征，也会证实影响交通标志的视认距离的因素很多。根据实验的设计，可以把这些影响

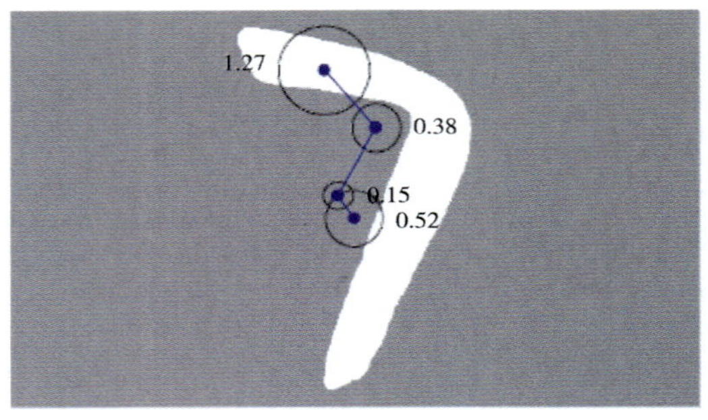

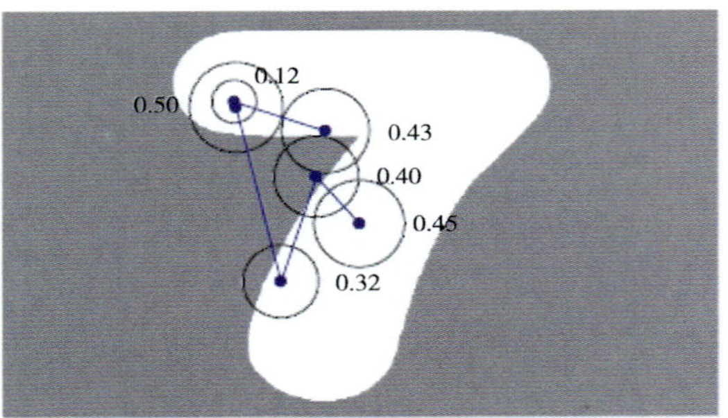

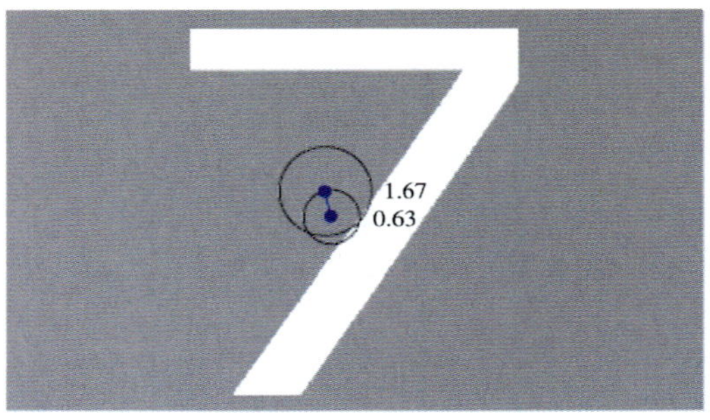

图 4-59 不同字体“7”的视认时间长度对比示意图

因素，分成人、车、路和标志牌的因素，而改变标志牌的逆反射系数是最简单和有效的提高标志牌视认性的方法。在实验中，老年驾驶人的视认数据，将可以为交通标志需要更高的反光亮度、大卡车驾驶人需要大观测角的反光膜等技术潮流提供佐证，在有条件的地区，甚至可以把这样的结论，作为交通标志视认效能要求的底线从而更好地保障安全。

交通标志的亮度实验也将表明，驾驶人在最短时间内完成视认标志信息的标志牌就是在视认距离内反光亮度最高的标志牌。或者说，标志牌并不是永远“越亮越安全”而是在需要的时候“越亮越安全”。

(2)今后实验研究的可能方向。由于现在有很多争论都是针对国外的相关研究是建立在英文标志基础上的，所以很多国外已经有的研究结果在国内受到置疑。为此，还有一个有效的实验方法，是进行一个针对中文标志视认和英文标志视认时间比对的实验，以测定是中文标志需要的时间长，还是英文标志需要的时间长。如果中文标志需要更长的时间，则可以说明，国外关于标志视认范围所做的研究和得出的时间要求底线对中文来说，是相对宽松的要求，中文标志的视认，应该有更严格的亮度要求和更大的识认范围。这样，很多国外的研究和标准，对我们的安全标准工作可能就更有借鉴意义，至少是可以作为中国的标志标准的下限方向加以考虑。

五、标志视认性研究项目实例

1.警告标志改善视认性能的效果研究实验

这是一个来自美国华盛顿特区交通研究理事会的实验报告。这个实验就是一个比较具有典型特征的关于交通标志视认性的研究报告。它是通过比较交通标志的亮度变化和其对交通标志显著性的影响效果，来研究交通标志视认性提升的具体作用的，是一种进一步的深入研究，而不是停留在标志的表面文字形式和颜色等的第一层面。

该实验由美国北卡罗来纳州大学交通土木工程系的教授 Joseph E. Hummer, Ph. D., P. E. 和 BMI 交通工程公司交通工程师 Kimberly A. Eccles 等机构在 20 世纪末的数年里陆续进行，以采集长期数据和对交通的实际影响。研究项目的名称是《荧光黄警示标志在日光下对危险路段的安全影响》(SAFETY EFFECTS OF FLUORESCENT YELLOW WARNING SIGNS AT HAZARDOUS SITES IN DAYLIGHT)。

本实验是围绕着黄色警告标志的技术升级后的影响力变化展开的。实验人员认为，黄色警告标志，对安全驾驶，有着非常重要的影响力，因此，针对这些黄色标志进行表面反光材料的技术升级，是一种低成本而行之有效的安全改善方法。为此，实验人员首先收集整理了一批国际上的研究资料，综合了一批结论性的研究报告，其中一些内容包括：

(1)荧光因子是可以通过转变短波太阳能为长波太阳能，使其变成可见光，从而加强材料表面亮度和色度的一种材料；新的技术手段把这种非常容易衰减的不稳定元素，已经变成了稳定元素并和棱镜型反光材料相结合，为交通安全提供了新的技术解决途径。

(2)荧光黄钻石级反光膜是一种低成本的标志视认改善措施，可以改善交通安全状况。

(3)有研究显示，使用荧光黄钻石级的测试结论是，与普通黄色标志相比，驾驶人在白天有 53m 的发现标志距离提前量；夜间有 31m 的提前量。

(4)荧光黄反光膜制作的标志表面亮度，确实比非荧光的标志表面亮度要高。

(5)设置警告标志，可以改善危险路段的安全隐患，减少事故发生。

在上述一系列实验指导理论准备完成后，实验小组根据事故类型的不司和其他相关条件，选择了 7 个地点。这 7 个地点，不是随便选取的，它们分别具有一定的安全隐患，包括跨越行车道、超速、无视停车警告提示等，都导致了一些事故，并有详细记录，见表 4-9。

实验数据中有效性测量元素和样本量列表 表 4-9

实验地点	有效性比对元素	标志改动前		标志改动后	
		数据采集时间长度(h)	样本量	数据采集时间长度(h)	样本量
A	中心标线和边线跨越	3	144 辆车	4	202 辆车
B	停车提示标志的发现	6	123 辆车	7	143 辆车
	刹车灯亮起的距离		150 辆车		175 辆车
D1	冲突	10.5	12 个	11	8 个
	事件		14 起		6 起
D2	车速	4	135 辆车	5	123 辆车
F	中心标线和边线跨越	4	86 辆车	3	88 辆车
	车速	4	111 辆车	3.5	115 辆车
H	车速	3	83 辆车	3	83 辆车
I(EB)	车速	1.5	60 辆车	1.5	60 辆车
I(WB)	车速	1.5	63 辆车	1.5	63 辆车

随后，根据这 7 个地点的主要事故特征，实验人员分别设计了具体的标志更换计划，同时，谨慎而认真地制作了具体的视认研究的有效性衡量标准，英文叫 MOE，Measures Of Effectiveness，以确定用什么来作为措施有效性的测量标准。

实验小组在报告里特别提到了这个有效性测量（MOE）的思路，提出："对于一种针对性措施的最终极的有效性衡量方法，比如象黄色警告标志，是统计它到底避免了多少碰撞事故。但是就实验而言，研究荧光黄标志能减少多少事故还只是个很好的主意而已，而这个实验的目的，就是要在尽量短的时间里，在资源有限的情况下，快速找到其有效性的答案。所以，在本实验中，我们使用的是非直接性衡量法，或者叫碰撞替代研究法。"

实验小组指出：一个单一的 MOE（Measurement of Effectiveness，有效性测量）方法，并不能适用于所有的实验地点。在不同的地点，根据本地点独有的危险情况，不同的警告标志，向驾驶人要传递不同的信息。有效性测量方法的选择，必须要和本地点的信息和危险情况相对应。因此，有效性测量方法的选择，是建立在这些地点的历史事故数据上的，要和此地的交通控制设施有关，要和人员及实验设备的资源有关，要考虑到观测地点的限制条件。

（1）关于对跨越车道的影响研究。在主要因为机动车冲出本车道导致事故的路段（路段 A 和 F）和驾驶人无法获得理想的观测前方路段情况的地方，研究人员选择了以中心标线和道路标线的跨越次数为有效性测量（MOE）的方法，直接统计平面弯道路段在实施标志改进措施前后的越线情况。当一个车轮轧上或者轧过边线或中间隔离标线，即为越线一次。

车辆行驶状况，被分为五类：在行车道内，轻微轧边线，严重跨越边线，轻微轧中间黄线，严重跨越中间黄线。如果车轮一部分轧到线让为轻微，如果车轮全部上线甚至完全轧过标线，为严重。

（2）关于对停车标志的效果研究。研究人员测量对停车警告标志的观察效果时（B 路段），用的方法是统计制动灯亮起时，车辆距离停车警告标志的距离。在 B 路段的前方，唯一的警告提示，就是一个"前方停车"的警告提示标志，在这里发生的多起碰撞事故，都是由于在这个路口驾驶人没有看到这个警告标志。如果在到达路口前，驾驶人无法有效看到这个警告标志，而是直到看到停车的禁令标志时，才采取措施，那就大大减少了采取制动减速的时间和距离，提高了发生碰撞的机会。

为了统计制动灯亮起的距离，实验观察员要在停车预告标志前的 120m 外守侯。测量距离的方法，是使用一种插在地上以标致地下物体的那种很小的黄旗子做参照，分别按四个类型记录制动灯亮起的时间，它们是：在小于 90m、90 ~ 115m、115m 以上，不确定。不确定的情况，是指观察员由于受到阳光或灰尘的干扰，或者车辆制动灯破损等无法观测到。实验数据里，要去除连串车队的情况，因为一连串的车辆接近警告标志时，前车的制动灯会影响后车，警告标志的作用会被前车的制动扩大。

（3）针对交通冲突改善措施。在路段 D1，是一个急弯道后的有信号灯交叉路口，碰撞事故多是由于视距不足，闯信号灯造成的。根据碰撞事故的特点，研究人员选择的有效性测量（MOE），是交通冲突数量和其他的非常规事件统计变化法，所谓非常规，这里主要是指的闯红灯和紧急制动现象。实验内容是，在路口前方安装一个前方有信号灯的警告标志，然后观察交通状态的变化，进行流量数据统计，然后做对比分析。交通冲突事件，是指一方来车或人，采取规避动作，躲开另一方向的来车或人的情况。交通冲突数据统计法本身，是一种快速评估交叉口危险性的技术手段。

(4)针对车速影响措施。在其余路段 D2、H 和 I,研究人员所选择的 MOE,都是采用进入危险路段时的车速变化进行的分析。这些路段,先安装上弯道提示警告标志,然后观察来车的速度变化,以判断措施的有效性。

在这个实验的设计阶段和实施初期,研究人员原本准备在路段 I 使用交通冲突数据变化作为 MOE,但是发现这个无信号灯控制路口的交通流量太低,要完成实验数据采集耗时太巨大,所以就改为统计速度变化的数据作为有效性测量标准。在这个实验里,这个方法是比较有效的,因为这里的碰撞事故类型主要是追尾。

车速采集的方式,是针对无跟随车辆进行的(避免跟车影响数据真实性),车速统计是在一个固定的地点,以测速雷达完成。每小时采集数据前,校准一次。

根据国际研究显示,车辆碰撞事故,和平均车速与差量(dispersion)车速都有关系,所以研究人员分析了平均车速和该平均车速的标准背离值。

在制订了上述 MOE 原则和实验统计方法后,实验小组继续制订了标志改造计划,使用了荧光黄钻石级反光膜,制作新的警告标志,详见表 4-10。

设置标志白天亮度、色度和逆反射系数的统计表　　表 4-10

地点	标志	现有黄色标志						新荧光黄绿标志				白天亮度比例关系
		标志用材料	安装时间	逆反射系数(cd/lx/m²)	白天亮度(cd/m²)	色度		逆反射系数(cd/lx/m²)	白天亮度(cd/m²)	色度		荧光黄/黄
						x	y			x	y	
A	前方弯道提示	工程级	98	63	1027	0.462	0.426	278	1353	0.536	0.443	1.3
	限速提示	工程级	98	60	939	0.476	0.438	白膜				1.4
B	前方停车提示	工程级	无记录	55	621	0.45	0.441	278	1078	0.52	0.462	1.7
D1	前方信号灯提示	工程级	97	49	11000	0.481	0.451	278	超仪器荷载			
D2	前方信号灯提示	工程级	48	48	1399	0.454	0.422	278	2235	0.514	0.432	1.6
F	前方弯道提示	工程级	95.1	70	5969	0.464	0.453	278	9806	0.532	0.453	1.6
	限速提示	工程级	95.1	60	6344	0.503	0.463	白膜				1.5
H	弯道诱导标	高强级	98	245	2619	0.523	0.457	278	7992	0.535	0.459	3.1
I(EB)	前方弯道提示	工程级	95.1	60	6510	0.493	0.46	278	9524	0.529	0.453	1.5
I(WB)	前方观察后通行提示	工程级	95.1	45	811	0.508	0.442	278	1323	0.54	0.436	1.6

在这个设置标志的环节里,也有一个很有意思的实验技巧,就是如何判定新调整标志的亮度和旧标志的亮度差别。英文叫:Spectrometry Measurements of Existing Signs。

为了能判断现有旧标志的质量,实验人员检测了一个样板标志的亮度和色度。白天的亮度和色度测量，是在现场用校准过的分光光谱辐射亮度仪完成的。逆反射系数，也是用一个手持逆反射测量仪做的。

在现场检测时，还要考虑环境周围的光线影响。因此，当测量现有标志时，研究人员带了一小块荧光黄标志材料，以进行数据对比测试。在现场测量时，研究人员先测现有标志的亮度和色度，然后把那一小块材料放在标志板上，测取它的亮度和色度，以获得同等光线条件下的新材料数据。

在实施完上述工作后，经过实验，实验人员得出了进一步的结论，详见表4-11～表4-13。

试验结果（一） 表4-11

位置	事故类型	类型	前		后	
			数量	百分比	数量	百分比
A	越线	车道内	90	63.8	134	66.3
		小部分黄色	4	2.8	8	4
		大部分黄色	0	0	0	0
		小部分白色	42	29.8	54	26.7
		大部分白色	5	3.5	6	3
		总和	141	100	202	100
B	停车标志的观察	主动停车	78	63.4	92	64.3
		停车	30	24.4	46	32.2
		不停车	15	12.2	5	3.5
		总和	123	100	143	100
	制动灯亮距离	大于150米	65	43.3	92	52.6
		90～115米	60	40	65	37.1
		小于90米	25	16.7	18	10.3
		总和	150	100	175	100
D1	冲突	是	12	0.3	8	0.2
		否	4035	99.7	4525	99.8
		总和	4047	100	4533	100
	事故	闯红灯	10	0.2	5	0.1
		迅速减速	4	0.11	1	0
		无	4033	99.7	4527	99.9
		总和	4047	100	4533	100
F	越线	车道内	64	57.7	78	67.8
		小部分黄色	9	8.1	1	0.9
		大部分黄色	1	0.9	0	0
		小部分白色	35	31.5	34	29.6
		大部分白色	2	1.8	2	1.7
		总和	111	100	115	100

试验结果(二)　　表 4-12

位　置	参　数	前(km/h)	后(km/h)
D2	平均值	68.6	66.3
	标准差	7.7	8.9
	50%位车速	69.2	67.6
	85%位车速	75.6	74
F	平均值	58.9	55.7
	标准差	6.4	7.1
	50%位车速	57.9	54.7
	85%位车速	66	62.8
H	平均值	79.2	78.7
	标准差	6.4	6.3
	50%位车速	78.9	78.9
	85%位车速	85.3	85.3
I(EB)	平均值	76.6	73.4
	标准差	8.9	7.1
	50%位车速	77.2	72.4
	85%位车速	85.3	80.5
I(WB)	平均值	74.5	73.7
	标准差	7.2	6.6
	50%位车速	74	74
	85%位车速	82.1	80.5

试验结果(三)　　表 4-13

位置	事故类型	前后差值	显著性	安全性的增加
A	路中线、路边线事故	已有车道 2.5%增加	90%不	否
		白边线 3.6%减少	90%不	
B	停止标志	主动停车增加 0.9%	90%不	是
		不停车减少了 8.7%	99%是	
	停车距离	最远处开始停车的增加了 9.3%	95%是	
		最近处开始停车的减少了 6.4%	95%是	
D1	冲突事故	12 个冲突减少到 8 个	90%不	也许是
		14 起减少到 6 起	95%是	
D2	进入交叉口速度	平均速度 2.3km/h	95%是	否
		85%和 50%位车速降低了 1.6km/h	90%是	
		标准差增加了 1.1km/h	90%是	
F	路中线路边线事故	遵守车道的车辆增加了 10.1%	90%是	是
		超出白色边线减少了 5.1%	90%不	
		压黄色中心线的减少了 12.2%	99%是	

续上表

位置	事故类型	前后差值	显著性	安全性的增加
F	进入弯道的车速	85%和50%位车速降低了3.2km/h	99%是	是
		标准差增加了0.6km/h	90%不	
H	进入弯道的车速	平均速度0.5km/h	90%不	否
		标准差增加了0.2km/h	90%不	
I	进入交叉口EB速度	平均速度3.2km/h	95%是	也许是
		50%位车速降低了5km/h	99%是	
		85%位车速降低了5km/h	99%是	
		标准差增加了1.8km/h	95%是	
	进入交叉口WB速度	平均速度0.8km/h	90%不	否
		85%位车速降低了1.6km/h	90%不	
		标准差增加了1.6km/h	90%不	

根据这三个列表的结论,可以发现,标志使用荧光钻石级反光膜升级后,在7个地点的所有的有效性测量(MOE)中,只有两个地点出现一些不明确改善(A1路口的防止跨越标线影响力不明显,H路段接近弯道时的限速减少速度不明显),其他的都是明确的正面结论。特别是在停车预告标志和刹车距离提前方面,新措施效果非常明显。荧光反光膜在那些警告信息无法有效传达的地段,能大大提升标志的影响力。

实验人员根据上述结论,给交通安全设施进行了一些改进建议,其中主要结论是:使用荧光黄反光膜做交通标志表面,是一种比较有效的、最低成本的改进安全措施,比在标志上增加闪灯的措施,要在安装和维护成本上都还便宜。

本章对这个实验进行提炼和描述,其目的就是向读者展示一个完整的标志视认研究的基本环节和过程。

2. 标志反光膜亮度升级后的效果评价研究

这是一次横跨北美大陆,关于交通标志等级提高是否对交通安全有影响的研究,经过跟踪和分析长达6年的交通标志亮度升级前后的安全改善情况,得出了一个对很多国家和政府的交通安全管理部门都起了重大影响的技术结论,那就是提高交通标志的视认性和亮度可以降低事故率。

图4-60是实验进行的地点分布地图。

2003年,明尼苏达州针对郊区交叉口由于“不停车”导致的事故,在没有发生事故的交叉口和“不停车”事故频发的交叉口设置了ASTM Type IX级(大角度钻石级)反光膜标志,即尺寸更大、反射性能更好的、更亮的“停”牌。研究发现,总事故数和右转事故数明显减少。在一个没有设置“前方停车”标志的交叉口,与其他设置了这个标志的交叉口进行对比发现,在有事故记录的交叉口,设置更大、更亮的标志降低了“不停车事故”的事故率。这项研究侧重于郊区交叉口某一种类型的事故,但是其结论有更广的应用,亮度更高的交通标志提高了能见度,增加了遵守交通规则的比例进而提高道路的安全性。

爱荷华州苏城于1995年和1996年在一个人口为85 000的社区进行了大范围的交通标志

图 4-60　实验地点分布

升级试验。将工程级交通标志全部升级为钻石级(ASTM Type IX)。图 4-61 列举了交通标志升级前后的事故数的变化,从 1993～1998 年,事故数减少了 700 多起。到 2001 年,事故数减少了约 30%。图 4-61 还可以看出,到目前有资料记载为止,白天/夜间事故率呈下降趋势。

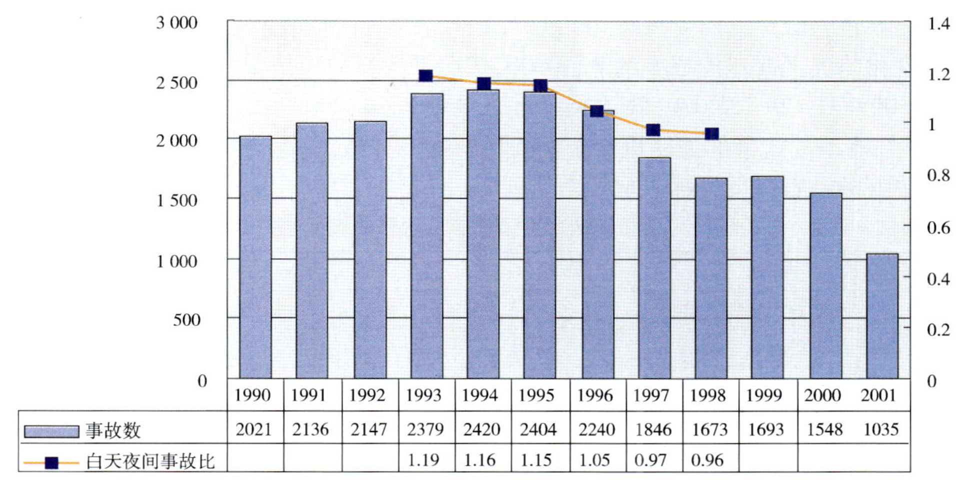

	1990	1991	1992	1993	1994	1995	1996	1997	1998	1999	2000	2001
事故数	2021	2136	2147	2379	2420	2404	2240	1846	1673	1693	1548	1035
白天夜间事故比				1.19	1.16	1.15	1.05	0.97	0.96			

图 4-61　事故数和白天夜间事故比的变化

与此同时,苏城还对交通标线进行了升级,采用耐久性和反光性更好得的标线。从几条交通走廊开始,逐年增加。安全性的提高很难说全是交通标志标线的升级的功劳,但有一点很确定,那就是标志标线的升级导致了城市道路安全性的提高。

1996 年,在加拿大温哥华,不列颠哥伦比亚保险公司(ICBC)开展了一项计划,帮助支付不列颠哥伦比亚省交通标志反光膜由工程级升级为钻石级(ASTM Type IX)的费用。这些交通标志仅包括与交通安全相关的,如警告标志和交通规则提示标志,交通信息标志和引导标志不在此列。除此之外,还铺设了高反射性能的标线。汉密尔顿咨询有限公司进行了该项目的安全效益评估,在假设某一事故由于交通标志升级而避免发生的前提下,认为反射性高的交通标志标线的设置提高了交通标志的可见度,标志的易读性,缩短了驾驶人阅读时间,对减少夜间事故有潜在影响。表4-14是该研究的成果。回顾整个道路改造项目,Sayed等人完成了一份研究报告,利用索赔预测模型得出结论,认为效益成本比高。

安全效益成本比(逆反射系数高的交通标志)　　表4-14

冲突类型	直接经济损失	交通标志升级追加成本		成本效益比	
		1个标志	4个标志	1个标志	4个标志
财产损失事故	$ 3 400			>10:1	>10:1
受伤事故	$ 35 000	$ 31.25	$ 125.00	>10:1	>10:1
死亡事故	$ 226 000			>10:1	>10:1

注:1. 平均直接经济损失来自不列颠哥伦比亚保险公司;
2. 交通标志升级追加成本的计算,由75cm工程级"停"标志升级为75cm钻石级;
3. 假设某一事故由于交通标志升级而避免发生。

20世纪90年代,门多西诺郡交通部开展了一项主干路和次干路的交通标志、标线升级计划,升级县道交通标志,对全部11 000块中的2 400块进行了位置的修正、新建或旧标志的更换。采用反射效率高的交通标志取代了1993以前的工程级。以3年为周期,收集了改造前后6年的事故数据,同时,为了更好的评价实施效果,此项目选取了两个对照组进行了对比分析。取一些存在安全隐患的道路,如标志位置设置不合理的,危险路段标志设置不合理,或者标志不一致的路段进行改造并对实施效果进行评估。表4-15列举了两个对照组合和改造道路的事故数的变化情况。改造的成本约$ 79 000,按照平均事故经济损失计算,减少的事故大约节省了$ 12 500 000~23 700 000,效益成本比为1:159 ~1:299。由于升级交通标志的效果如此好,1996年在有事故记录的道路进行了该项目的推广并且延续至今,2000年,这些标志逐渐被反射性能更好的钻石级反光标志取代。

门多西诺郡交通标志升级事故数变化　　表4-15

组　别	6年的交通事故数变化量
实施改造的道路	-42%
对照组1,未改造	26%
对照组2,未改造	-3%

普特南公路委员会,位于纽约的北部都市区,1993年开始了交通标志升级计划,更换了2 000多块标志牌,从工程级升级到高强级和钻石级。高强级的交通标志用于推荐速度为30mph及以上道路的指令和警告标志,钻石级的交通标志用于推荐速度为25mph级以下道路的箭头、导向标志和警告标志。研究期间,标志升级效果显著,事故数减少了26%,受伤人数减少了23%,夜间事故数减少了50%。普特南将这一项目一直延续下来,现已经用钻石级的反光膜代替了原来的高强级。表4-16列出了事故数。

普特南事故数的变化　　表4-16

年　份	1992	1995	变化量
Fair 街	42	21	-50%
Croton Falls 街	39	29	0%
Stoneleigh 大道	31	23	-35%
总计	112起	83起	-25%

Croton Falls 事故数没有变化。但是,夜间事故减少了 53%,其中潮湿路面引发的事故数为 21 起。标志升级对某种类型事故的改善效果显著。改善的标志牌包括警告标志和波纹标志,与此相关的事故数有更大程度的减少,见表 4-17。

交通事故影响因素 1992 年与 1995 年　　表 4-17

影响因素	1992 年	1995 年	减少量
不让行	16	2	88%
超速	23	2	91%
路面湿滑	22	4	82%
未保持安全车距	8	1	88%
违章和穿越车道	4	2	50%
注意力分散	1	2	-100%
其他	24	2	92%

交通标志升级项目在有事故记录的地点进行,普特南投资了 $160 000 用于反光膜、铝板、设备和安装,按照平均一起事故直接经济损失 $6 400 计算,项目实施第一年共节约成本 $185 000。此外,这一项目总结如下:“项目收到了惊人的效益,普特南公路部门为机动车和行人营造了一个安全的交通环境,随着平均日交通量的不断增加,让行人受益的效果还将继续增加。”

关于交通标志视认性的研究,世界上很多国家,特别是发达国家已经进行了非常多的实验,并且也得出了很多结论,这其中,有一些是和地域文化无法分割的,比如文字的大小、高度、表述方式和标志组合形式等,在国外的一些结论的具体内容,未必适合我国的国情。但从总体上说,很多国外的标志视认性研究的结论,对我国的标志视认研究与技术应用还是有很多借鉴意义的。特别是当交通标志的表现形式以图形形式出现,或者交通标志的结论是一些总体的概括性意见时,其参考价值还是非常明显的。比如,美国政府交通部门通过研究得出的结论,老年驾驶者驾驶反应慢,需要更长的安全视距,所以需要更大的交通标志、更亮的交通标志,以完成在有效距离里的视认。类似这样的结论和研究方向,对世界各国的交通安全管理技术应用来说,都有非常大的参考价值的。

还有一个重要的现象,就是国内在借鉴国外交通标志视认研究中,关于文字差异导致识读效果不同的问题。由于国外的标志大多是字母文字,所以在借鉴使用这些标志标准时,人们经常提到中文的识读习惯有差异。事实上,对于中文的识读而言,比字母文字的视认,比如英文,是要慢的,考虑到中文字体的复杂性,其结构也更难辨识,因此,就交通标志视认而言,中文标志的视读时间会更长,也就要求中文交通标志应该有更好的大观测角下的反光效果,特别是在识读距离里,亮度要保持相对的稳定和明亮。鉴于此,中国国家的交通标志视认元素标准,应该高于英语国家的标志标准限制,才可能达到相同的视认效果,而如果比英文标志的尺寸还小、字高还低、视认距离内的亮度衰减还快,那应该是有更多的视认困难的。对于中文标志而言,近距离观察能力,特别是 50~200m 内的标志视认效果(要考虑是在动态前进中进行视认,从 200m 要读到 50m 是比较普遍的需求范围),是一个更关键的视认距离,大角度情况下逆反射性能好的标志,才是更应该使用的手段。

介绍交通标志视认的研究方法中的技术重点,以帮助读者在进行标志视认研究设计时,能够更全面地考虑技术方法和程序，提高实验技术水平，切实为道路交通安全的改善，寻找到更合理有效的技术措施。

思考题

1. 影响标志视认效率的主要因素有哪些方面？
2. 为什么大型车辆更需要大角度反光性能好的反光材料制作交通标志？
3. 为什么大角度反光性能优越的反光材料对道路交通安全更有帮助？
5. 为什么在做道路安全工程检查时，也需要在晚上进行检查，并乘坐大型车辆进行？
4. 什么是交通标志的视认性？其主要因素是什么？
5. 道路交通标志位置不当时，主要容易有哪些问题？如何解决？
6. 标志视认研究分哪几个主要类别？
7. 标志视认研究中，主要要考虑哪些因素？
8. 什么是 MOE？在实验过程中，什么时候应该设计 MOE？
9. 简单设计一个交通标志对车速影响的实验过程。

第五章　应用逆反射材料改善道路交通安全的方法

第一节　概　　述

一、应用逆反射技术改善道路交通安全的意义

预防和治理道路交通安全事故，是一项非常复杂和具有挑战的工作。而且很多预防和治理措施，都牵涉到巨额的投资。在我国的高速公路两侧，普遍使用的那种波形钢护栏，就是典型的巨额安全设施，波形钢护栏只是一种减少事故损失和二次伤害的被动型安全设施，而不是真正意义的主动事故预防型安全设施。

事实上，直至今天，无论是发达国家还是发展中国家，都还没有找到能够彻底根治道路交通事故的良方。但是，这并不等于我们有理由放弃对道路交通事故的预防和治理工作。事实表明，正是由于人们长期坚持不懈地对道路交通事故采取预防和治理措施，尽管汽车保有量在不断增加，道路交通事故还是得到了有效的控制。这一点在世界许多发达国家的道路交通死亡事故和伤害事故数据都得到了证实。例如在瑞典，进入21世纪以来，已经提出了道路交通事故"0"死亡率的努力目标；美国的道路交通事故年死亡约4万人，死亡事故数据紧追中国的道路交通事故死亡量，世界排名第二；但美国有2.2亿辆机动车的拥有量，按万车死亡率计算，交通事故死亡率只有1.82人/万车。而在我国的机动车拥有量，在2007年，约有1.6亿辆，道路交通事故万车死亡率为5.1人/万车。这说明我国与世界发达国家相比，在道路交通安全管理方面在采取预防和治理道路交通事故方面还有很多工作可做。

通过道路交通死亡事故和伤害事故统计数据比较分析，发达国家的道路交通安全状况要明显地好于发展中国家。根据世界卫生组织的统计，全球每年致残致死道路交通事故里，有85%的死亡事故和90%的伤残事故，是发生在发展中国家。究其原因，除了交通参与者和车辆的因素以外，其中道路及其周围环境的安全条件改善是一个不可忽视的重要因素，发达国家的道路交通标志、标线的利用率和有效率远远高于发展中国家，更重要的是发达国家的道路交通标志、标线大部分都采用先进逆反射技术制成，并且设置科学，选用合理，这样就大大提高了标志、标线在道路交通事故预防中的有效性和可靠性。

根据我国道路交通事故情况，在利用道路交通标志、标线等许多低成本的预防道路交通事故措施方面存在很大的空间，一是存在广大的山区公路和农村公路上尚未普遍使用的问题；另一方面在已采用的道路上也存在着不尽科学、有效的问题。因此，可以说在我国应用逆反射技术低成本改善道路交通安全的措施不仅具有重大意义，而且还有十分广阔的前景。

二、应用逆反射技术改善道路交通安全的措施

在道路交通安全的改善措施中，较常见的分类方法是根据事故发生的前后，分主动安全措

施和被动安全措施。主动安全措施,是指预防事故发生的那些措施,比如施画和安装各类道路交通标志、标线、红绿灯、闪烁信号、道钉、车身灯具和车身反光标识等,目的是为了能减少事故的发生,属于主动安全措施。被动安全措施,是指事故发生后,能够减少损失和伤害程度的安全措施,比如设置道路护栏、隔离带等,目的是为了在事故发生时,尽量减少碰撞强度、减少死亡等重大伤害事故的措施,防范的是"事故恶化"。

对于道路安全措施的分类,在英语国家中还有一种比较流行的叫法,"软安全"(soft safety)和"硬安全"(hard safety)。软安全,就是更多的和预防事故有关的各种措施,比如道路设计、标线、标志等;而"硬安全",指的就是事故发生后的减少损失和伤害程度的措施,包括汽车上的安全带、车身结构缓冲装置、路侧护栏等。

还有一点值得关注的是,由于道路安全措施是应运于交通需求的增长而成长的,所以推动道路安全措施的建设和使用的力量,和国际工业界的贡献是密不可分的。几乎所有的道路交通安全措施的技术和产品的发明和推动,都是国际工业界的杰作,而无法单独依靠政府。比如汽车上的安全带,就是国际汽车制造业巨头的一个伟大的安全行动;同样,道路交通标志标线的逆反射技术的创新和生产,也大都来自于国际制造业在技术上的不断创新和进步。从这一点上,也为各国政府的安全管理机构,提出了一个非常大的挑战,就是如何珍惜、重视、并建立和评价这些安全措施的作用与法律地位,如何能够更好地利用这种科技创新的价值和动力,来减少道路交通安全伤害,提高人类的生活质量。

本章的重点,就是介绍一系列在北美和欧洲一些地区总结出来的,包括一些已经在中国开始出现的,利用逆反射技术与其他针对事故预防型的安全措施相结合,提高交通标志标线的视认能力,从而提高安全视距,减少事故的发生的解决方案。这些方案的一个共同特点,就是都是没有触碰道路基础工程的措施,是属于添加和补救型措施,在美欧等国家的交通工程里,被概括地称为"低成本道路安全改善措施"(Low cost traffic safety improvement solution)。在美国,政府甚至通过资助和法律的形式,来强行推动这些措施的普及。

第二节　控制车速的方法

一、车速控制方法概述

车速"过快",是导致很多道路交通事故的主要原因,这已经是一个不争的共识。通过大量的道路交通事故统计分析,人们逐渐认识到车速与道路交通安全密切相关,很多道路交通事故本来通过一般的制动、避让等措施可以避免,但是由于"超速"行驶,造成"非安全区"过大,使事故无法避免,就是通常说的"十次事故九次快"。所谓"超速",超的就是"合理速度",而合理速度的关键,其实就是看车速和安全视距是否匹配,如果不匹配,就会导致"采取措施不及时",引发事故——也就是说,单纯的车速高并不是主要问题,关键是车速高得与路况或道路提供的信息不相匹配了,才是问题的所在。而如何判断是车速和路况不匹配了呢?

常规的方法是在分析道路交通事故类型及事故原因的基础上,发现和总结那些"采取措施不及时"、超速驾驶等引发的交通事故数据,然后有针对性地设计解决方案;但是,在很多时候,也会遇到缺少历史数据的情况,比如新开通道路,如何考虑限速问题,又如何解决进行速度限制呢？因此，控制车速是一个非常有意义的“未事故”安全措施；而实现车速的有效控制，首先要考虑的就是提示路况，通过驾驶人已有的安全知识和安全驾驶经验，自觉地降低或提前控制车速。实践证明，这种车速控制方法是很有效的。而在什么地方降低车速？在什么地方要严格控制车速？什么样的措施控制车速最有效果？这些问题，都是和这个措施有关系的思考角度。

控制车速，从交通工程的角度讲，有很多理论和技术，比如弯道的内径、道路路面的斜度等，都会导致车辆的侧倾，控制车速是常规的技术需要；但是当道路施工已经完成，随着道路其他应用条件的变化，再要控制车速时，就要考虑措施的成本了——低成本的安全改善措施，可以在道路建设工程已经无法进行大的改动，或者是道路周边环境已经出现新安全需要的时，对道路沿线设施进行的一系列投资小、见效快的安全改进措施；限速标志和标线等，就是这样一种措施。

二、低成本控制车速方案设计

所谓低成本控制车速方法是指在各种车速控制措施或方案中，以成本效益比为评价指标，选择其中费用较少、效益较高的车速控制措施或方案。在低成本控制车速方法中，其主要措施是利用具有逆反射技术的标志标线。但是如何使用标志标线，并且确实能使车速下降，这就要看车速控制方案设计的是否科学与合理了，车速控制方案的设计除了正确选用标志、标线的种类之外，更重要的是要掌握控制路段的车速分布特性、道路线形特点和周围环境等影响因素。在综合考虑以上前提条件下，适当选择标志、标线的种类；正确确定设置位置和排列顺序；合理确定提示限速值及变化速率。这项工作的整个过程称为车速控制方案设计。以下介绍方案设计的主要内容和步骤。

1. 道路交通环境调查

道路交通环境调查是车速控制方案设计的第一步，方案总体设计必须要明确车速控制路段的道路等级、路段线形、路段性质、路段两侧的影响因素及程度等情况。道路技术等级是指高速公路、一级公路、二级公路、三级和四级公路，在我国公路工程技术标准和道路标志和标线的标准中，对各等级公路的标志和标线设置有基本要求和规定，因此，原则上方案设计应符合国家标准的要求；路段线形中的直线段、平曲线、纵曲线以及平纵曲线的组合情况决定着标志种类的选择和位置设置，也影响着限速值及变化速率的确定，驾驶人对车辆行驶速度控制的主要影响因素是道路线形的变化；路段性质是指道路的使用功能及特殊需求，设计前要明确控制路段所在的道路是交通干道还是具有集散功能的支路，路段中是否有学校、医院和重要部门的特殊安全需求等，这些因素决定着最高限速值的选择；路段两侧的环境往往是车速的突发影响因素，对安全影响极大，因此，在通过速度分布特性确定了限速值以后，还需要综合考虑路段两侧环境的影响程度，路段交通事故情况进行综合分析确定。

2. 控制路段的速度分布特性调查

在车速控制方案总体设计之前，要对设计路段车流速度的空间分布特性进行观测，首先在设计路段上根据线形和路侧情况选择数个地点速度观测点，然后根据路段交通量情况确定抽样调查的样本数，可以采用测速仪和人工的方式进行地点速度测定，对观测数据进行数理统计分析，并作出速度值分布频率和累计分布频率的分布曲线。

3. 路段交通事故情况调查

路段交通事故情况是从最终结果上反映了路段的安全性,进行路段交通事故情况调查目的是为了了解交通事故的发生与该路段行驶速度的关系。因此,要到公安机关交通管理部门,通过查阅近 3 年设计路段发生的全部交通事故档案或记录,了解交通事故类型、发生位置、发生时间、主要原因、车辆发生事故时的速度、损害后果等情况。通过分析找出行驶速度与交通事故的关系,为限速值及速度变化速率的确定以及方案的成本效益比分析提供科学依据。

4. 限速值及变化速率的确定

根据交通工程设计原理,某一地点的行驶速度限制值取决于该地点速度的 85% 份位和 15% 份位的速度值,一般将 85% 份位速度值作为该点的最高行驶速度的限制值,而将 15% 份位的速度值作为该点的最低行驶速度的限制值。选择 85% 和 15% 位速度值作为限制值可以满足绝大多数的车辆行驶需求,而且可以将速度控制在平均速度范围内,速度的离散度也比较小,这样是有利于安全行车的。

但是,限速值的最终确定不能仅仅依据择 85% 和 15% 份位的速度值,还要综合考虑道路线形及其组合、路段两侧环境和交通事故的严重程度等因素。

5. 标志、标线种类的选择及成本分析

标志、标线种类的选择主要根据需要设置的路段及其长度,道路等级、路段线形和性质等因素。比如路段线形变化突然,要考虑信息预告标志和分级逐渐降速控制的设置;又如限速是因路段内有学校、医院和重要部门等特殊安全需求,在设置限速标志的同时应考虑设置前方有学校、医院等提示标志;道路等级决定了标志、标线种类的基本选择。

标志、标线等措施的成本分析是车速控制方案设计的十分重要的关键环节。首先要正确理解“低成本”的概念,这里所说的低成本是指针对具体路段设计方案,在效果相同条件下的最低成本,也就是说考虑措施效益条件下的成本。

6. 车速控制设计方案有效性的综合分析

控制车速,从交通工程的角度讲,有很多理论和技术。这里主要介绍几个思考和有关措施的要点。

第一,首先要注意,在道路上乱设限速标志,并不是控制车速的理想办法;有时甚至是浪费和适得其反的,因为无理的限速标志的出现,可能给驾驶员造成的是视觉疲劳和错误判断,觉得这样的标志本身就是乱放置的,结果导致应该注意车速时,反倒没有注意,就好像“狼来了”的故事,天天喊狼来,但狼没有出现,等该提高警惕时,已经疲塌了。

第二,排查一切可能干扰正常驾驶的因素,比较典型的有:

(1)道路环境突然发生变化,从行驶车辆稀少路段进入车辆密度大或人机非混行路段。

(2)有支路进入主路情况出现,并入车辆车速同向不同速的路段。

(3)有家禽或动物无秩序突然出没的路段。

(4)由于坡道或弯道导致的前方视距不足的路段。

(5)有主路车辆要从支路离开,驾驶者可能突然减速的路段。

(6)能见度经常不良的路段。

(7)山区公路上可能出现落石等干扰路段。

(8)桥梁、涵洞等道路线形发生变化,需要谨慎驾驶的路段。

(9)传统事故多发路段。

(10)各类交叉路口和有行人出没路段。

(11)瓶颈(车道减少)路段。

(12)突然出现环境照明条件从暗变明或从明变暗,导致驾驶人眼适应时间延长的路段。

(13)在特殊天气条件下或有其他因素会导致路面摩擦系数改变的路段。

图5-1是警示驾驶人,前方6英里范围内有动物出没,使得驾驶者不会因突然状况而感到慌乱。图5-2是英国的学校警告标志,前后放置了两块,提高了尾随车辆发现标志的机会,并使用荧光黄绿标志材料来提高标志的显著性,同时使用的标志图形和文字,来提高劝服力。

图5-1　英国的动物出没警告标志

图5-2　英国学校警告标志

第三,不仅仅要针对上述路段设置限速标志,而且一定要在这样的路段前方设置路况提示标志,在必要的地方,组合使用地面标线技术,综合提示,提高车速管理力度。在设置时,要充分考虑提前量和告知力度,告知力度其实就是可视性和显著性元素,特别要注意24h全天候的提醒力度,以及针对不同车型、后续跟随车辆的发现标志标线的机会等。它们关系到了标志的有效性和贯彻力度。

这里,包括了标志的位置、内容和表面材料和形式所能达到的告知强度和距离。通常,前方出现特别路况的提示,应该在安全视距之外,就开始逐级设置,并配置限速标志;具体设置密度和提前量,应该根据当地道路的一般通行速度,进行适当的调整;在各国的高速公路标志设施标准里,有提前1～10km就开始设置提示标志的规则,都和这种提前量的需求有关。在大部分路段,要根据当地的速度条件,然后考虑提示标志视认的时间,加上对应的安全视距所需要的反应时间和机动车在这段时间里所会行驶的距离,最终确定提示标志的提前距离。

而且,考虑到白天的一些特殊视认环境和夜间交通安全的需要,表面材料的亮度也非常重要,以能尽量地吸引驾驶人的注意。总之,提前量和显著性的充分考虑,和标志内容与形式的多品种组合,是导致车速下降的的关键技术。

美国MUTCD中警告标志的一些种类,都是用来提示驾驶人谨慎驾驶的,提示了各种路况,有些还直接将道路变化情况和要求的限速条件,放置在了一起,更值得关注的是,为了增加路口信号灯的提示效果,在路口信号灯出现前,就设置信号灯提示标志,来增加安全视距,见图5-3。

BUMP
DIP
PAVEMENT ENDS
SOFT SHOULDER
LOW SHOULDER
SHOULDER DROP-OFF
UNEVEN LANES
SPEED HUMP

a)

EXIT 25 M.P.H.
OR
METRIC
EXIT 40 km/h
RAMP 35 M.P.H.
OR
METRIC
RAMP 60 km/h
CURVE 25 M.P.H.
OR
METRIC
CURVE 40 km/h
35 M. P. H.
OR
METRIC
60 km/h

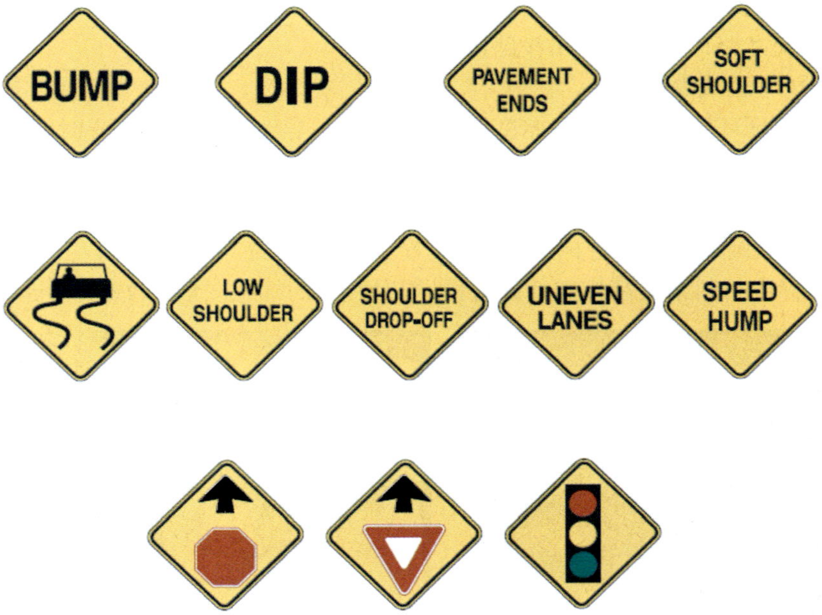

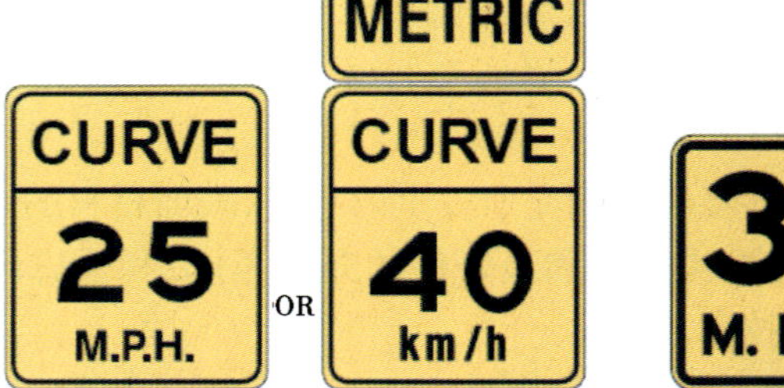

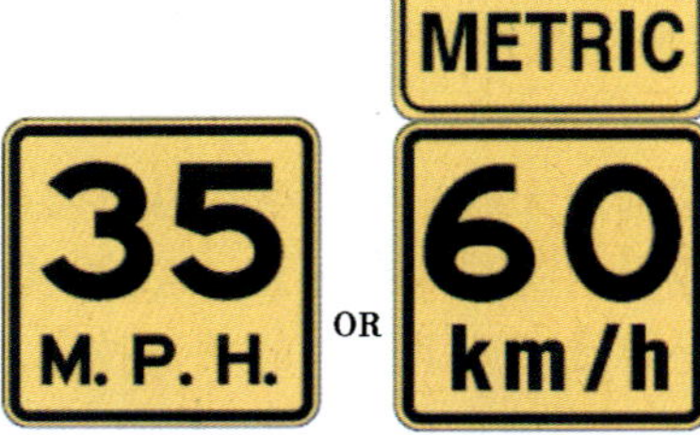

b)

图 5-3

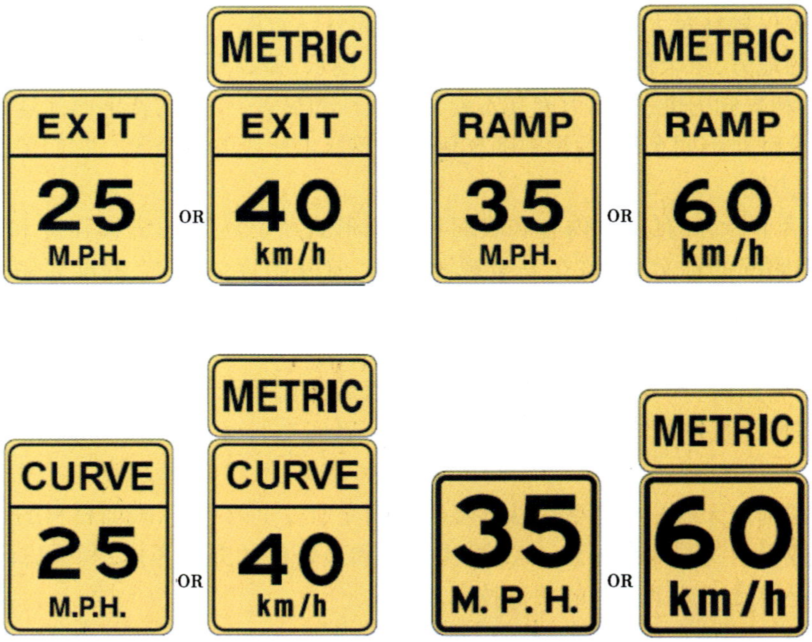

c)

图 5-3　MUTCD 的警告标志形式

从美国交通标志的特点不难发现，警告类标识种类繁多，对自行车、农用机械等，都有关注，对于一个汽车工业发展了将近 200 年的国度而言，它确实经历了汽车化社会的全部过程。标志的提示作用和安全贡献，是人们需要认真去思考和研究的。上述警告类标志，都是提示驾驶人谨慎驾驶的第一步，它们的直接目的，就是告诉驾驶人："前方在进入道路安全敏感区域，可能会出现安全隐患，应该小心"了。当这种标志出现时，很多驾驶人就会开始提高精神，控制车速了。

第四，有关设置在警告标志后面的直接限速措施——限速标志，典型的主要有三类：限速标志、路面提示标线、车速反馈仪。具体方法例举如下：

（1）使用闪烁灯光配合使用全棱镜级反光材料的限速标志，并在限逗区域设立全棱镜级反光材料的提示牌，告知限速原因，见图 5-4。

在美国得克萨斯州，当地交通部门在学校校区，将校区提示和限速标志并用，来提醒驾驶员控制测速的同时，在限速标志上配置了闪烁信号灯，以更多地吸引驾驶员的注意，同时，为了避免驾驶员出现在限速区内视野疲劳的情况，在限速标志结束的提示标志上，也设立了闪烁信号灯；根据统计，这种措施在限速区的结束位置，增加提示牌和闪烁灯光的手段，可以减少超速现象 15% ~35%。

使用全棱镜级的反光材料做标志表面，主要是为了能够实现标志和周边环境色彩亮度的

图 5-4　限速标志与限速原因组合标志

最大对比度，以显著提高标志的发现几率和视认距离。尤其是这种和安全关系大的交通标志表面材料，应该在条件允许的情况下，用最好的反光材料，其造价和交通标志的基础本身比，成本并不高，而安全效果的提升，却会非常显著。

（2）使用车速反馈仪和驾驶人的互动提示装置，见图 5-5。

美国得克萨斯州 DEL RIO 市研究显示，安装移动车速显示仪后，超速穿过校区的车辆，从原来的 81% 降到了 18%，减低了 78%；休斯敦的经验发现，90% 的驾驶人在限速 20mph 的校区超速，使用固定车速显示仪后，降到了 15%，有 83% 的改进；美国加利福尼亚州圣地亚哥市的警察局发现，使用移动显示仪，使限速 20mph 的校区内，超速现象从 77% 减少到了 20%，有 74% 的改进。

图 5-5　美国伊利诺伊州威顿市的街头移动车速提示装置

八达岭高速公路进京方向，潭峪沟隧道出口后的弯道和山羊洼隧道的入口处，安装了两台车速反馈仪。这种反馈仪使用了荧光黄绿钻石级（全棱镜结构）的反光膜做面板，内部动态数字部分也使用了粘贴有荧光黄绿钻石级反光材料的磁翻板技术，以改善白天和恶劣天气下的标识的显著性和夜间标志发现性，提高安全视距，内带流量和车速记录仪，见图 5-6。图 5-7 ~ 图 5-9 揭示了安装这种车速反馈仪后，途经车辆车速变化情况。由此可以发现，降速效果非常明显（照片提供：3M 公司交通安全系统部）。

（3）在路面施画标线和文字，提示驾驶人，特别是大车驾驶人，路况有变化，要减速驾驶。为了能使这种措施全天候有效，应该使用全天候雨夜反光材料来制作这些标线和文字，以大幅度提高雨天和夜间的车速控制效果。在经济条件非常不好的地区，也可以考虑部分使用全天候反光标线或标线带，来提高恶劣天气和夜间的行车安全。

图 5-6　北京八达岭车速反馈仪记录数据

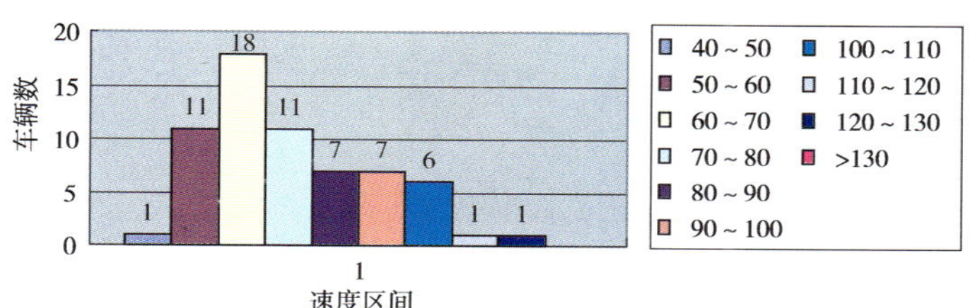

数据采集时间2007 年4月10日 12：29 ~ 12：44

路段限速60km/h，次时间段驶过车辆65辆，超速车51辆，超速率81%超速50%以上（90km/h）的车15辆，占24%

图 5-7　安装第一天

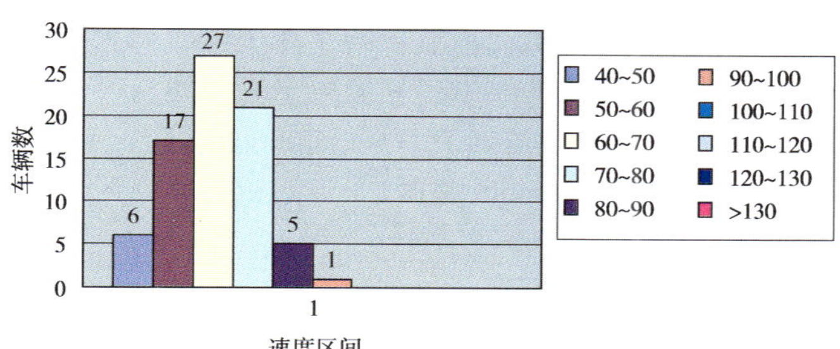

谭峪沟隧道2007 年4月25日 12：33 ~12：48

限速60km 经过车辆77辆 超速54 辆 超速率70%

超速50%以上（90km/h）的车1辆，占1%

图 5-8　安装半月后

图 5-10 是美国威斯康星 85 号公路的一个分流路口，在安装 V 形标线 20 个月后，使这里的通行车速从 69mph 降到了 53mph 下降了 24%；同期，事故减少了 43%，重型车辆减少了 86%，从 7 起减到 1 起。

图 5-11 显示的是美国明尼苏达州 EAGAN 市的一个居民区路口，1997 年使用 V 形标线后，限速 30mph 的道路上，车速最初从 41mph 降到了 35mph。

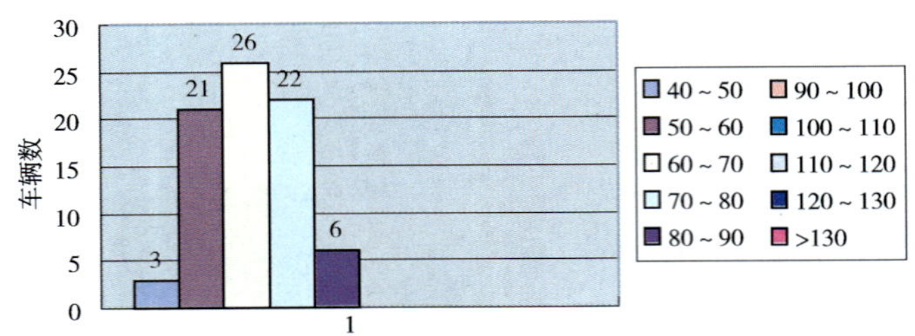

谭峪沟隧道2007年5月16日12：33～12：48

限速60km 经过车辆78辆超速54辆超速率 69 %

超速50 %以上（90km/h）的车0 辆，占0 %

图 5-9　安装一月后

图 5-10　安装 V 形标线的公路路口

图 5-11　安装 V 形标线的居民区路口

图 5-12 是 1998 年，美国交通系统官员在对欧洲的技术考察中发现，欧洲比美国更广泛地使用这种在路面弯道上提前施画地面提示信息的技术。美国得克萨斯州交通署介绍，在乡村的一个限速 55mph 标牌后 400ft 的地方，施画地面弯道提示和减速信息，使进入弯道的车速下降了 3%，从平均车速时 61mph 降到了 59mph。另一项研究是在城市 4 车道上，限速 55mph，施画前后的差异达到了 17%，过去只依靠标志牌时，违章率 94%，平均车速为 66mph，施画后，通过的违章车速降低到了 59mph。

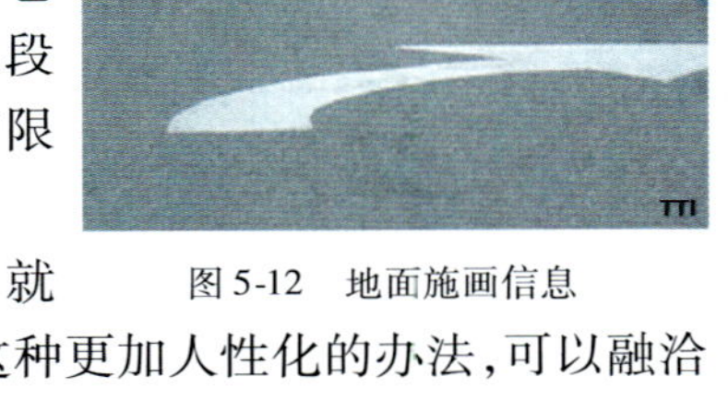

图 5-12　地面施画信息

上述三种方法，并不是相互排斥的关系，在现实应用中，它们往往是综合利用的关系。通常情况下，在限速标志后的一段距离里，开始施画路面限速标线和文字，就是一种非常常见的限速措施。在设计和应用时，要综合考虑，安全第一。

其实，在限速标志前增加提示标志，告知限速理由本身，就是一个很好的考量限速要求是否合理的重要思维过程，通过这种更加人性化的办法，可以融洽管理和被管理者之间的关系，实现更好的交通标志规劝的能力。

第三节　减少弯道事故的方法

弯道事故的出现，在很多情况下，都和机动车快速遭遇道路线形变化有关。由于弯道的存在,驾驶人的视距被严重阻挡或者缩短了,加之车辆本身在速度的作用下,会出现离心状态,给控制车辆带来困难。还有,在有些情况下,在道路周边环境或者地形的作用下,驾驶人甚至无法判断出自己所驾驶的道路正在进入弯道状态,所以,除了直接的设立标志,控制进入弯道的车速以外,提前预告弯道的出现,在标志和标线上描绘弯道的出现并勾勒形状,让驾驶人意识到风险并降低车速,按照轮廓指示行驶,就是减少弯道事故最直接、最低成本的安全工程方案。

图 5-13 英国的公路弯道警告标志,并配合文字告知驾驶人“现在减速”;地面有标线文字“慢”配合。根据美国联邦公路管理署的数据统计,美国 2006 年死于道路交通事故的人数里,有 25% 的死亡发生在平面弯道的车祸中。在所有的致命车祸中,有 75% 发生在郊区和乡村公路,有 70% 发生在双向双车道公路上,其中大部分是本地公路。而其中发生在平面弯道的事故数量,是发生在其他路段的 3 倍。有 76% 的弯道死亡事故,是发生于单车事故,或冲出路面,撞击树木、路边设施立柱、岩石或其他固定障碍物。另有 11% 是发生于迎面相撞,多是由于车辆跨越到了对面车道,导致和对面来车相撞。由此,美国政府将平面弯道的改良工程,制订为美国联邦公路管理署 2007 年的 3 项重点工作之一,其他两项分别是交叉路口和行人安全。

图 5-13　弯道处地面减速标志

一、设立弯道警告标志

利用全棱镜反光材料制作弯道诱导标,设立弯道警告标志,预告道路线形。美国联邦公路管理署向全国推荐这种措施时的信息是,轮廓桩可以减少致命事故 15%,减少致伤事故 6%,脱离道路事故 25% ~58%,V 形提示牌可以减少综合事故 33% ~49%。美国堪萨斯州(KANSAS)州的研究显示,弯道诱导标(V 形提示牌)能减少致命事故 87%,综合事故 32%,蒙大拿州(MONTANA 州)的研究显示,弯道诱导标(V 形提示牌)可以减少综合事故 25%,夜间冲出路面事故 35%。

如果使用的是全棱镜级的反光标志材料,不仅能提高车辆在远距离的发现距离,还能在车辆驶近标志时,提供车灯大角度照射下的理想亮度,从而解放驾驶人的视线,提高驾驶安全性。图 5-14 是美国乡村公路上的简易弯道诱导标志。图 5-15 是大连城市内粘贴在桥梁弯道内侧

a)

b)

图 5-14　美国乡村公路上的简易弯道诱导标志

水泥防护栏上的铝背基全棱镜弯道诱导反光标志，地面上是起隔离缓冲作用的弯道诱导渠划反光标线。

图 5-15 弯道诱导标志与地面渠化

图 5-16 是形形色色的弯道诱导标志和安全提示措施。图 5-17 是美国得克萨斯交通研究所提供的弯道诱导标设立指导规则，并给出了车速和弯道诱导标志之间的距离关系。表 5-1 是美国推荐的弯道诱导标间距值。

a)

b)

c)

图 5-16 形形色色的弯道诱导标志和安全提示措施

a）加利福尼亚的诱导标；b）警告标志配合黄闪灯；c）减速标志

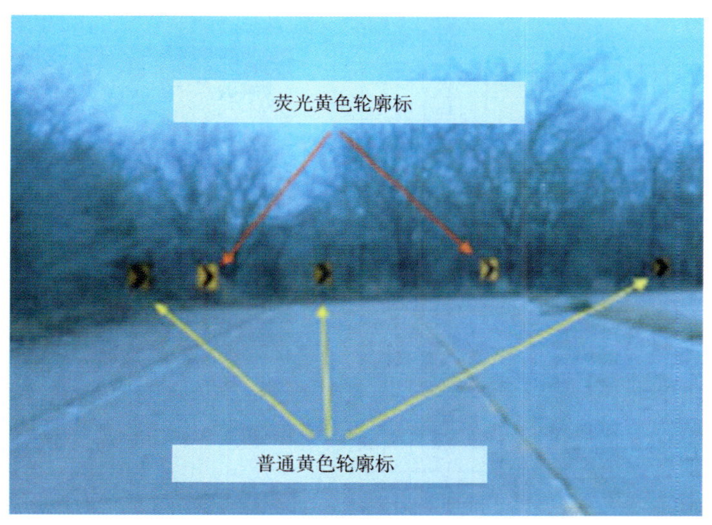

图 5-17　弯道诱导标设立指导规则

美国推荐的弯道诱导标间距值　　表 5-1

建议限速值(mph)	弯道诱导标间距(ft)	建议限速值(mph)	弯道诱导标间距(ft)
15	40	45	160
20	80	50	160
25	80	55	160
30	80	60	200
35	120	65	200
40	120		
上述弯道诱导标间距指的是弯道处的间距,出入口的诱导标间距是该值的 2 倍			

二、进入弯道前设置路面提示信息

进入弯道前的路面提示信息,特别是改善大型车辆驾驶员的视线,如图 5-18 所示。

除了使用弯道诱导标进行弯道引导,使用弯道警告标志进行弯道预告外,还有一种有效的技术手段,就是使用地面标线。由于大型车辆的驾驶人的驾驶眼高往往超过小型车辆驾驶眼高 1～2m,所以大车驾驶人对道路的观测能力和小车驾驶人的是很不同的。在路面施画的信息,更容易使大车驾驶人以居高临下的角度发现并引起重视;图 5-18 就是美国联邦公路管理署给出的关于在弯道前施画路面提示信息的方法,这种信息,也是和弯道控制车速的需求有关系,不同的车速路段,施画位置不同。

图 5-19 是在英国的一条公路上,为了在视距不良的弯道上降低车速和减少跨线行驶,特意在弯道区域施画了彩色路面和双标线进行行车道隔离。机动车进入这样的路段,会自动降下车速,谨慎循线驾驶的。图 5-20 是英国的弯道提示标志,还增加了弯道的距离位置和显著性色彩,以提高劝服力。

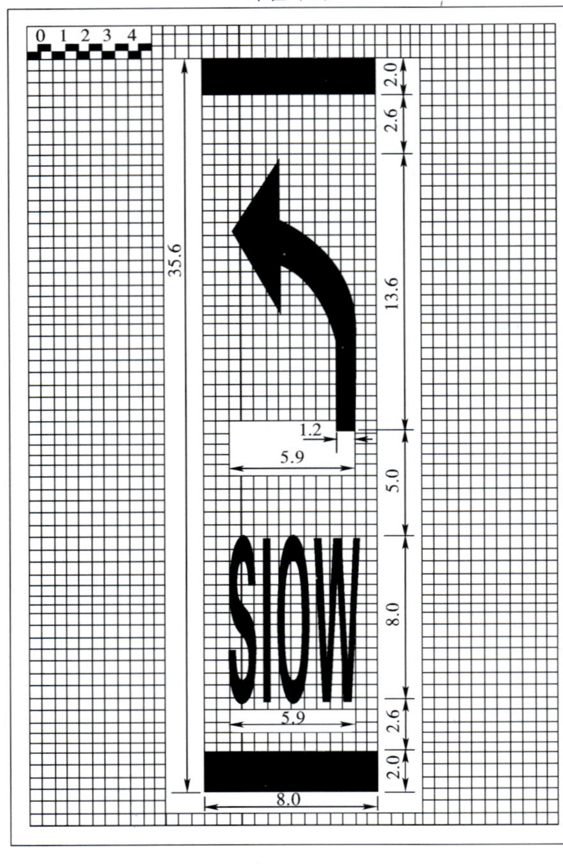

b)

a)

限速	警告车速			
	10	20	30	40
	X（m）			
20	15			
25	20	10		
30	30	20		
35	40	30	15	
40	50	40	25	
45	65	55	40	20
50	80	70	55	30
55	100	90	70	50
60	115	105	90	70

L值依据MUTCD2C~3页表1取值

p.c
x
SLOW
L
W1-2

c)

图 5-18　进入弯道前的路面提示信息

a）弯道前的路面信息；b）弯道前的路面信息设置；c）根据速度设置的弯道路面信息

图 5-19　弯道彩色分隔带

图 5-20　弯道警告标志与弯道距离

图 5-21 是北京密云山区大城子山区公路的弯道诱导标（2008 年 9 月 14 日拍摄），使用了高亮度的新型截角式棱镜型反光材料，提供良好的弯道安全提示功能。图 5-22 是急弯前的警

告标志。在遇到急弯前，提前预告急弯距离来车的距离，也是一个非常重要的安全考虑，可以通过增加参考信息，提高驾驶人的判断力，优化标志的劝服力。

图 5-21　弯道诱导标

图 5-22　弯道警告标志与辅助标志配合，可以加强驾驶人的心理准备

第四节　在复杂照明环境下提高安全视距的方法

现代城市的建设，已经使城市夜景发生了巨大的变化；很多非生活用灯，日益普遍，各种形式的路灯、霓虹灯和夜景照明设施的使用，在点亮了城市夜空的同时，也带来了一个直接的道路交通安全隐患。非标志照射用光源的出现，导致交通标志和周边环境的对比度大幅度下降，使驾驶人在自己车灯的照射范围之外，又发现了道路周边的很多亮点。这些亮点，在车辆行驶的过程中，有的和道路上的标志形成了特殊组合，干扰了对道路标志的视认效率，有的和道路上的行人和车辆形成视觉组合，干扰了驾驶人对道路路况的判断效率，还有的灯光，索性被空气中的悬浮颗粒无秩序地散射到路面，全面破坏了白天可以看到的那些白色的标线和其他安全设施。这些光源的干扰，直接导致了行车安全视距的减少，已经被很多国家的交通部门发现，并着力开始解决。

在这方面，英国是最早启动并非常有针对性地对交通标志的设置提出整改意见和新的技术指导标准的国家之一。在其2005年的最新版国家标准中，就建议在道路标志周边有街灯照射的情况下，应该注意提高警告类标志的亮度，其亮度值应该达到其他指路类标志的3倍。

现在，在很多发达国家，在城市道路上大规模升级标志的反光能力，力求在短距离和大角度观测角的情况下，能使交通标志变得更醒目，使标志能脱离背景环境光的干扰，让驾驶人尽早完成标志视认。

同样，高亮度的地面标线，也能在夜间提供更好的路面提示效果，并和路上穿梭的行人等，形成更大的亮度对比，从而使驾驶人更容易发现目标，提高安全视距。

因此，在对城市里易发生交通事故的路段进行原因排查时，一定要考虑环境光源的干扰因素，需要关注的重点有：

(1)周围是否有比较强烈的光源在某一特定角度下，可以处在驾驶人的观测角度里，导致干扰驾驶人对距离和其他低亮度物体的判断。

(2)在该路段的路灯照明的光线和其他城市照明设施，是否会在路面上，经过可悬浮颗粒的散射，形成相互干扰的漫反射，降低了路面上所有物体的对比度和分辨率；这种分辨率的降低，如果已经影响到了对路面标线的判断效率，影响了标志的显著性和视认性特征，要特别引起关注。

(3)在该路段出现的车辆和其他交通元素，在环境光源的包围下，是显得更清晰了，还是更模糊、更不容易被发现了？

(4)尤其要检查在安全视距范围里的警告类标志和禁止类标志，是否会在驾驶人的前进方向上，被背景光源所干扰，影响驾驶人发现它们的机会和效率。

根据上述排查，在发现问题的地方，要设法通过提高标志亮度，调整标志的设置位置，或者增加预告标志的数量，使用亮度更好、色彩更明亮的反光膜制作标志，来克服这类问题，提高视认效率，增加安全因素。

如图5-23，美国城市街头交通标志的夜间亮度远远高于周围环境。如图5-24，北京东四环路上，使用不同材质的反光膜制作的交通标志在夜间的实际反射效果。拍摄距离大约70m（照片提供：3M交通安全系统部）。不同标志材料的视认效率和对驾驶人眼球的锁定时间，已经不言而喻。如果此时周边有干扰光源，驾驶人将很容易忽视暗的区域。

图5-23　美国城市街头交通标志

图5-24　不同材质的反光膜制作的交通标志在夜间的实际反射效果

第五节 改善交叉路口交通安全条件的方法

交叉路口的交通安全条件的改善，是一个很普遍的道路交通设施调整案例。在很多国家，都有很多资料可以查询。比如2005年和2006年，北京街头的很多隔离护栏，被从原来的1.5m高降低到了1m以下，就是考虑到了它们在路口会干扰小车驾驶人的视线，观测不到对面车道的行人是否在穿越马路。这也是一个典型的安全视距改善措施。

在众多的交叉路口安全改善措施里，利用交通标志预告提示路口，通过增加标志尺寸和表面材料的亮度来改进标志提示效率，节省驾驶人在路口寻找标志和观察标志的时间，提高驾驶人预知路口的时间和距离，提前控制车速，并且提高驾驶人在路口发现情况的几率，是相对来说成本很低的一类方法。

如图5-25，美国密歇根州GRAND RAPIDS市的交通事故点改造项目的照片，分别是路口改造前和改造后的，不难发现，这里最重要的改动，就是增加了标志的尺寸，调整了信号灯的位置，在路面施画了道路分线行驶和预告转弯的提示标线，整体思路都是围绕着改善驾驶人的观测效率来完成的。

a)

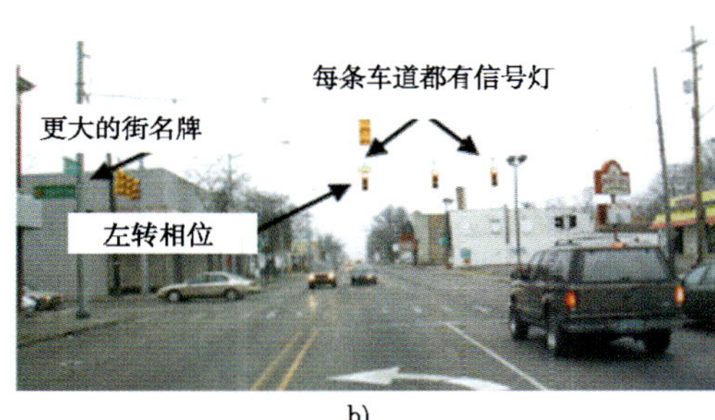

b)

图5-25 美国密歇根州GRAND RAPIDS市的交通事故点改造项目

a）改造前；b）改造后

在检查并设法提高交叉口安全通行的措施时，特别是在容易出现事故的交叉口进行检查时，要考虑如下几个重点：

（1）通过交叉口前的安全视距有多远？一般情况下，在该道路最高设计时速下，按照安全视距的要求，车辆在14.5s的时间里完成察觉和应变的总时间（见安全视距一节）里，所能行驶的距离，就是这个路口通过前的最低安全视距；如果路口的安全视距不够，就要在路口之前，设立前方有路口的的警告标志，并开始利用限速标志限制车辆速度；比如，60km时速时，车辆以17m/s的速度前进，它基本上需要在246m前就觉察到前方有路口或者危险，才能完成安全避让；在很多农村公路上，由于树木的遮挡，是很难在246m外就发现前方有路口的，因此，在很多时速能达到60km的农村公路上，提前约300m设置全天候都有警示作用的前方有路口的警告标志，是最需要的一类安全措施了。如图5-26的三张照片，都是拍摄的同一个路口，地点在河北兴隆山区开往北京的一条山区公路上。中间的图就是一条进入主路的乡村道路，这里没有任何路口提示标志，当错开路口10多米后，已经无法发现这里有岔路进入主路，在夜间，更会大大增加事故发生的几率（2008年9月14日拍摄，官阳）。

图 5-26　没有任何提示标志的路口

(2)设置在路口提前方向上的警告标志和禁令标志,要考虑随车观测的问题,即前车对后车的视距遮挡问题,所以在路口前方的安全类标志,如果有随车的危险,要尽量在道路两旁同时设置;

(3)路口提示标志设置的提前量是否充足?在上面已经谈到了安全视距和设置提前量的问题,这个问题很重要。如果设置的提前量不够,可能会因为超速引起恶性事故;特别是在高速公路和一些快速城市道路上,有些路口提示标志不醒目,提前量不够,就可能导致过往的驾驶人没有能及时识读完标志再完成应变动作,结果导致"开过了",这种情况下,要么是紧急制动,要么是违章倒车,都会形成新的事故隐患。

(4)路口的提示设施,是否考虑了不同驾驶眼高的需要?前文已经多次提到了不同车型对道路观测的角度差异问题。在很多道路的路口设施里,小轿车的观测角度,往往更多地被关注,但是大卡车和大型客车的观测能力,就容易被忽视。使用大尺寸标志,能够大角度反光的标志,和配合使用地面施画的标线和文字,给予大车更多的提前量,都是关注大车安全的有效措施。

(5)人行横道是否安装了警告标志和使用了全天候反光标线带或反光道钉?提前让驾驶人发现前方路口有行人通过也是很重要的措施。如果使用了反光标线带或者是反光道钉,就可能增加人行道里的行人被驾驶人提前发现的机会,因为行人会切断一些反光材料的反射途径,形成远距离下能发现的光线反差,使驾驶人提早做出反应。

(6)在有些非常宽阔的交叉路口,人行道要设立安全岛装置。这类装置,未必一定要非常结实的预制结构,但一定要具备全天候的反光效果,能够让驾驶人很远就能发现它们。最好的方案,就是在使用全棱镜荧光黄绿逆反射材料的同时,再增添黄闪灯,提示驾驶人避让。

上述措施和重点的存在,都不是矛盾的。在有条件的地区,要尽量同时使用,才能更好地保障安全。关于路口预告标志和指路标志,最好是进行逐级设置,以提供更多的视觉提示,增加劝服力。对于警告类标志,配合闪烁信号灯等,都能收到一些安全效果。也有的城市路口,出于节省的考虑,只在人行道沿线,垂直于来车方向,粘贴反光道钉或用反光标线带制作的平面道钉,或者直接使用反光标线带,剪成小块制作人行道平面道钉,增加道路的逆反射面积,并且加大行人和路面的逆反射亮度的对比度,以更早地提示驾驶人,路面有行人、减速行驶。这类措施,尤其在夜间人员和车辆减少、车速变快后,能有明确的警示类作用。

图 5-27　傍晚交叉口人行横道标线

如图 5-27,长春城市内人行道穿越机动车道交叉口前，地面隔离带接近交叉口的位置，用反光道钉警示驾驶员正在接近道口。该图是傍晚标线效果（施工场景照片：3M 公司提供）。

如图 5-28，美国统一交通标志规则里推荐的交叉路口指示标志的设置方式，其密度和预告标志的位置与内容，都有非常充分的考虑，其主要目的之一就是要减少驾驶人在路口判断道路的时间。图 5-29 是英国的过街人行道，向所有过路者提示，“向右观察”，这是告诉行人注意车来的方向。对很多地方来说，这样的小细节，可以避免行人错误地观察路口方向，盲目过街。

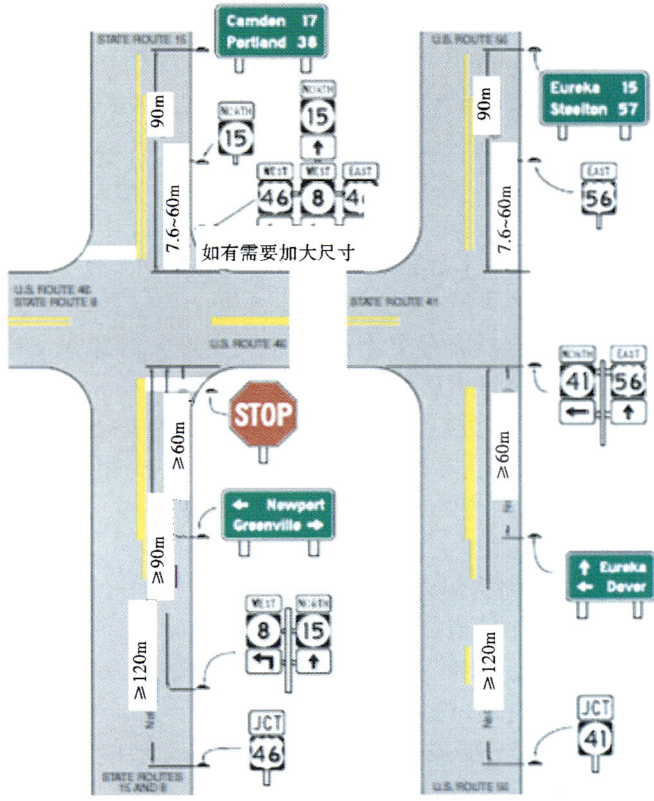

图 5-28　MUTCD 推荐的交叉口指示标志

图 5-29　英国人行横道的“向左观察”标线

第六节 避免跨越车道事故的方法

一般情况下，无论是逆向跨越车道还是同向跨越车道，都是对正常道路交通秩序的一种干扰。所以，在路面增加一些简单设施，能够减少跨越车道的发生总量，就能减少一些因跨越车道引起的交通事故。

在使用一些措施，减少跨越车道引发的事故的同时，也还减少了一些无序交通的问题。特别是在大城市的宽阔道路上，当交通量饱和时，减少无须跨越车道，有着很重要的排堵保畅的意义。例如，如果一辆车每跨越一次车道会干扰另一车道的正常流量5s，如果是后面有100辆车受到这样的干扰传递，就是500s、超过8min的交通流延迟了。

要减少跨越车道的事情发生，首先要排查道路上的设施情况，是不是能让驾驶人有意识地各行其道，主要的思路如下：

（1）道路指示标志是否清晰，提前量是否充分，能让驾驶人清楚并及时地调整自己的行驶线路；避免错误和临时改线，是这一措施的关键点。

（2）行车道的标线设置，是否做到了高显著性特征，特别是是否做到了全天候可视？道路标线，具备很强的行车方向指引和诱导作用，让驾驶人随时能够循线前行，是标线的一个重要的安全价值，如果由于天气或人亮度的原因，让驾驶人对标线失去了观察条件，就会直接导致驾驶人判断路况的延误。

（3）很多道路标线，特别是路中隔离带两侧的标线和路外侧标线的外侧，是否设置了反光道钉或者全天候标线带制作的平面道钉。这些反光材料的反光提示，将可以大大改善夜间驾驶人对路线的判断能力，也能在一定程度上抗拒尘埃对标线视认效果的破坏，这种作用，在夜间尤其重要，因为白天的标线要更好视认一些。

（4）在瓶颈路段和出入口等需要提前变线的路段，标线引导和车道隔离区，是否做到了充分提前和全天候高可视提示；利用提示标志和全天候反光标线技术，在这些重要路段实施行车线路变化的强化引导，是减少事故、提高效率的一个有效的措施。

下面，介绍几个具体的方法。它们都是通过改善车道标线的易察觉性，从而提示驾驶人，减少这样的跨越行为。事实上，对于高速行驶的机动车来说，很多情况下，其跨越车道的原因，经常是由于无法准确判断车道分界线所致。

一、提升标线高度

使用突起道钉，提升标线高度，能直接减少跨线相撞事故。突起路边标识见图5-30。根据美国国家公路交通安全管理署统计，有90%的交通死亡事故发生在双车道公路上。20世纪70年代末，美国佐治亚州交通局在662个平面弯道中心线上安装了突起路标，和白天事故相比，夜间交通事故减少了22%。同期，俄亥俄州在187个事故多发路段（平面弯道、窄桥、叉

图5-30 突起路边标识（道钉）

路口和停车后准行区域)使用突起路标,针对这些地区安装前后发生的3320起事故分析,总事故率下降了9%,伤害级事故下降了15%。20世纪90年代末,纽约州交通署在没有照明和乡村公路的事故高发路段使用突起路标,根据20处地点的研究,总事故减少7%,夜间交通事故减少了26%,雨夜事故减少了33%;另外,因引导缺陷(侧滑、冲出路面、迎头相撞等)导致的事故,减少了23%,夜间同类事故减少了39%。

价格并不昂贵的反光道钉本身,只属于长效安全措施,但并不属于固定资产,所以,有路面材料、气候、工程作业和交通量等不确定因素导致其在路面上出现损坏和脱落,都是无法避免的,这也是道路养护工作的一个重点。那种希望这种低成本的安全措施也一劳永逸的想法,和现实技术与道路投资总成本等都是不相符合的。而其安全价值,往往是减少一次交通事故,就能收回若干年的投资的。所谓的安全工作长抓不懈,其实就包括了对这类小型安全措施的巡检和维护补救工作。

二、使用振动标线

使用振动标线,并且增加标线的全天候逆反射功能,能同向减少跨线事故。

在地面上铣刨路面,人为制造出振动带,并在上面涂布全天候逆反射标线材料,是一个经济而快捷的安全措施,可以大幅度地减少跨越标线和冲出路面的事故。

美国密歇根州在对振动标线技术跟踪1年后得出结论,这种全天候标线可以提高标线和振动带的可视性6~20倍。密西西比州交通署在LARMAR县的双车道边线上安装了振动带(见图5-31),事故下降了25%。德克萨斯州交通研究院正在进行一项针对振动标线的研究,已经公布的结论,包括这种标线和同类型非振动标线相比,可以增加25ft的视认距离,其主要原因是振动标线的结构可以让水更快流走。德克萨斯州交通署结论还包括,这种技术的安全投资效益比例根据边线的宽度不同,有2:1~221:1的效果。

a)

b)

图5-31　振动标线

a)白天;b)夜间

三、使用全天候雨夜标线

使用全天候雨夜标线,提高线路分道界限的可视性。广东中山一桥原来是高事故路段,通车后半年里死伤多人,主要原因是因为雨天道路分道标线“消失”,摩托车和汽车串道现象频发,导致事故。使用全天候雨夜标线后的半年时间里,只发生了1起事故,零死亡。全天候雨夜标线见图5-32(照片提供:3M公司交通安全系统部)。长春市区内道路隔离带上使用突起道钉结合标线后的隔离效果如图 5-33(照片提供:3M 公司交通安全系统部)。

图 5-32 全天候雨夜标线

a)

b)

图 5-33 中央分隔带设置道钉效果

a)白天;b)夜间

四、加宽道路标线

加宽道路纵向标线(分道线)的做法起于欧洲。目前,欧洲的道路标线的宽度,普遍在 8in 以上,一些地方的标线宽度达 12in。

1999 年,美国有 24% 的交通事故源于单车行驶时脱离主路造成的。美国 MUTCD 国家标准里规定道路标线的宽度是 4 ~6in,该标准是从 1971 年开始施行的。在 1998 年,美国联邦公路管理署的考察团从欧洲学到了这项技术,并开始在美国推广。到 2004 年,美国共有 29 个州使用了宽标线。美国推广宽标线的范围见图 5-34。

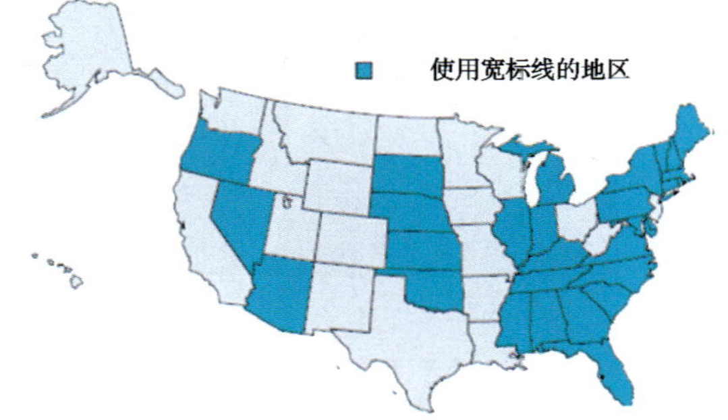

图 5-34 美国宽标线的推广(蓝色部分已推广宽标线)

美国新泽西 MORRIS 县 1981 年开始使用 8in 标线,对比 1980 年事故情况,致命和致伤事故下降了 10%,而其他没有使用宽标线的,只下降了 2%。其他交通事故下降了 33%,而其他地区,下降了 22%。美国联邦公路管理署研究显示,每年,只要在每 1 000 英里道路上减少 8 起边线事故,就可以收回 1 000 英里道路加宽标线的投资。阿拉巴马州交通署推荐,在日均流量2 000 ~5 000 辆车的24in 宽双向路面上,特别是经常下雨的地区,使用 8 英寸宽标线,可以明显降低交通事故。

第七节　减少撞击道路桥梁结构事故的方法

桥梁遭受撞击的最普遍问题，主要就是撞击桥梁支撑结构，或者超高车辆强行通过桥下导致桥体遭受碰撞。这种撞击，夜间比白天更容易发生，雨雪雾等视距不佳天气比视距好的天气更容易发生。所以，除了需要在很多公路跨越型桥梁前安装防撞栏杆以外，使用能在恶劣气候条件下提高视认距离的反光材料和标志材料，比如荧光黄绿和荧光黄钻石级反光材料，提高桥体结构的轮廓勾勒，在桥梁区的前方提前设置逐级警告标志，在路面施画预告警示文字和提示标志，都是一些非常有效和重要的保护手段。

大连街头桥墩水泥柱体上直接粘贴的带有铝背基的截角型棱镜反光材料，解决了白天和夜间远距离提示的问题。白天，它可以提高桥墩与周围环境的色彩对比度，轻易引起驾驶人的视觉注意；夜晚，车灯照射的方向里，会出现高亮度的逆反射提示效果，及时提示驾驶人，节省驾驶人观测路况的时间，见图5-35和图5-36。事实上，道路上使用好的逆反射材料后，夜间的驾

a)

b)

图5-35　桥柱粘贴反光材料效果

a）白天；b）夜间

a)

b)

图5-36　桥墩基础粘贴铝背基反光材料效果

a）白天施工场景；b）夜间

驶安全性，在很多情况下会比白天单纯依靠色彩对比度要更好（照片提供：3M公司交通安全系统部）。

在传统限高标志上增加荧光黄绿钻石级反光材料，以提高标志的显著性和规劝能力，同时，在桥区前的逐级设置提示和路面提示文字的示意图，如图5-37所示。

图5-37　桥区前逐级设置荧光黄绿钻石级限高标志（拍摄地：荷兰，提供：3M交通安全系统部）

第八节　改善山区公路交通安全条件的方法

在山区公路上的交通安全事故预防措施，最主要的莫过于提高安全视距，改善驾驶视距，让驾驶人能提前控制车速，有更多的时间进行操作。

要实现这样的目标，首先要排查重点路段和路况，以做到有的放矢地进行整改。基本的做法是，首先要熟悉并掌握整条道路的基本情况，包括：

（1）研究道路长度、线形、坡道，重点关注陡坡、急弯道、有落石、隧道出入口等路段，在图纸上作明确记录，为设置警示和预告标志提供基础数据。

（2）研究影响安全行车的地理环境、气候条件、白天和夜间的视距特点、重点关注会影响视距的条件。

（3）调查道路周边地区的生活环境，包括沿路建筑物和设施的功能和特点、当地居民的生活规律和交通需求、过往车辆的特点和主要类别、家禽和野生动物出没的情况等、逐一记录，以设计有针对性的警示标志。

（4）分析以往的事故记录和事故分析报告，对重点路段，排查事故诱因并进行警示。

根据上述调研得出的具体情况，把下一步工作重点放在逐一排查有可能干扰驾驶视距或者出现突发情况的因素和地点，并根据这些总结归纳出来的情况，周密地增加道路线形提示标志、路口预告标志、车速提醒和控制标志、弯道诱导标志、动物出没标志、桥梁和道路限重、限宽标志、荧光黄绿全棱镜抗恶劣气候条件标志等，以及配合施画路面上的分道标线，制作路面文字提示、预告前方道路变化情况；利用反光道钉，提升道路分道标线的高度和逆反射区域，尤其是在无法发现对面来车的弯道会车点之前，要预告视线死角并提示车道和危险，强化行车道分割线，以减少车辆跨线超车、特别是在视线盲区进行超车等；利用铝背基反光材料，直接在一些山路岩石、建筑物和道边设施、里程碑上，粘贴立面提示标志，增加夜间行车的反光参照物，通过丰富驾驶人对道路线形和路况的判断资源，增强驾驶人的判断能力。进行这些设置时，要考虑当地路段的行车速度，设置提前量，留出充分的安全视距。对于上述这些措施所针对的恶性事故而言，这些措施的实施，成本都很低。

主要的限速措施、弯道诱导措施和相关的预告措施、路面提示等，本书前面章节都已经有了介绍，就不一一赘述了。这里主要介绍两种新材料的应用方法，来实现低成本的安全提示效果。

一、在山路山体上粘贴反光材料

使用带有铝背基底材的棱镜结构的反光材料，直接粘贴在山路内侧山体上的一些岩石或水泥护坡上，可以在节省标志基础投资的同时，起到弯道诱导和道路轮廓提示的作用；同时，在山道外侧的水泥或者石材、钢结构等拦挡设施上，也直接粘贴铝背基反光膜，替代红白色油漆等，以提高警示效果，延长使用寿命。由于高质量反光膜的耐候性优越，一般有 7～10 年的高亮度生命周期，所以其造价和能够节省的人工养护费用、其他形式材料费用，以及能拯救的交通事故损失相比，是远远比使用红白油漆涂抹护栏更经济实用的。

这里强调棱镜结构的反光材料，主要是考虑路侧岩石上需要大角度反射功能的同时，还要考虑岩石环境对反光材料的质量有更高的要求，优质的棱镜结构反光膜，更厚实和坚硬，而且由于膜结构本身没有金属涂层，不容易和岩石上的矿物质发生化学反应，影响逆反射效果。

在山区公路的里程碑和很多没有照明条件的公路上，在里程碑上粘贴反光材料，为驾驶人提供道路线形的提示，是一个非常有效的低成本改善安全行车条件的措施，见图 5-38。

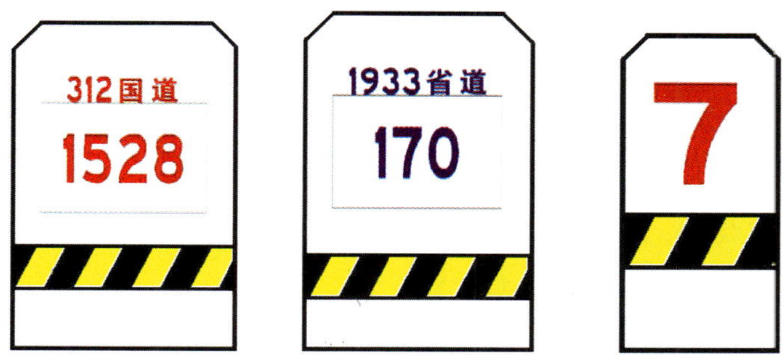

图 5-38　在里程碑上粘贴反光材料

二、在岩石上喷涂标线材料

直接使用全天候雨夜标线涂料，喷涂在山路道边的岩石上，借助岩石的走势，勾勒路况形状，也可以 24h 全天候为驾驶人提供一种辅助参考坐标，减少事故的发生。

第九节　改善学校周边地区道路交通安全条件的方法

在学校地区，以学生和家长为主体的人群，穿越马路、随时停车的情况都比较普遍。考虑到这一人群的通行状态相对地随意和容易放松警惕，应付突发性的交通需求，使驾驶人全神贯注和控制车速,就成了最重要的安全需求。

因此,在学校地区最典型的安全措施,就是综合应用限速手段,使车辆在这个区域前,就彻底降到安全视距所能接受的速度之内,也就是说,要让驾驶人能够充分及时地发现路面情况,能迅速将车控制住。世界上很多发达国家,在这方面是全力以赴的。坚决限制车速的措施,比如增加校区提示标志,在所有有行人经过的路段增加交通标志预告,提示驾驶人集中精力的措施,人行横道标线和人行横道提前预告标志,甚至在路口和人行道之前的路面减速设施等,都需要尽量使用。

如图 5-39 是美国 MUTCD 交通标志标准手册上一个关于校区的典型标志设置规划图,从中可以发现,标志设置,是不厌其烦地周密。其核心精神,就是要在校区的多级道路外围的所有入口和出口的各个方向,都要周密布设交通标志,包括警告标志、让行标志、主动停车标志、限速标志、行人标志、学校位置标志、人行道标线、路口信号灯等,避免任何一个路口的遗漏。图 5-40 是 MUTCD 校区的典型标志。

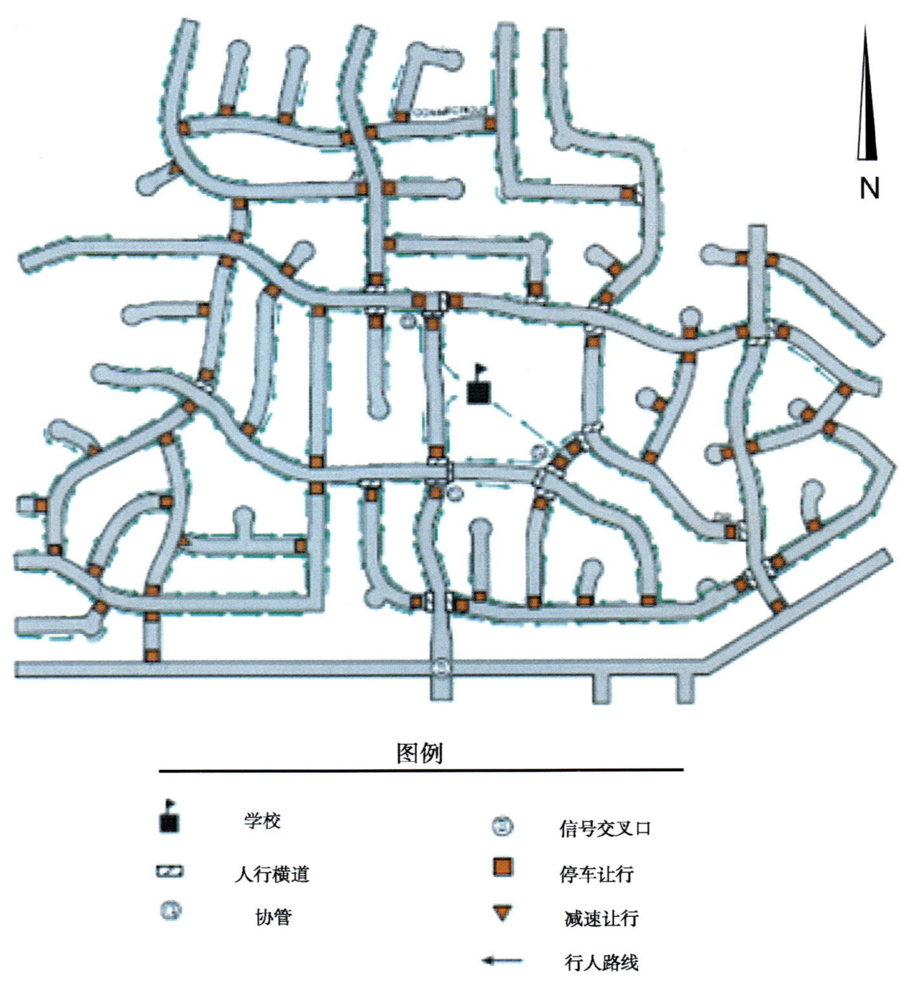

图 5-39 MUTCD 校区典型标志设置规划图

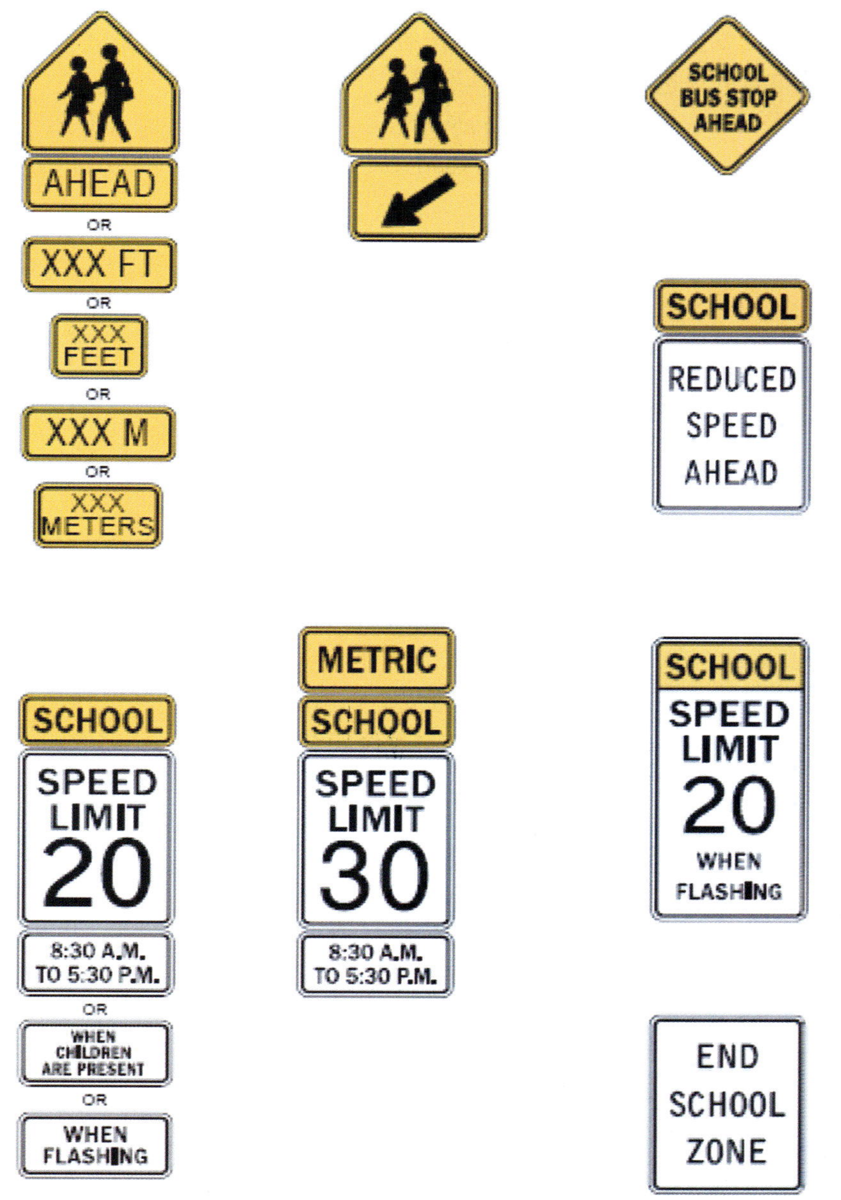

图 5-40　MUTCD 校区的典型标志

在校区的警告和禁令标志的设置,要注意如下几个重点:

(1)充分考虑标志信息的传达效率和力度,要避免尾随车辆可能无法有效观测标志问题,所以要用设立多层次和道路双侧标志的方式给予加强。

(2)充分考虑黄昏、黎明、雨、雪、雾、霾等不良视认条件的环境里的管控信息送达问题,利用荧光全棱镜反光材料,提高标志的显著性,强化执行指令意图的传达。

(3)充分考虑不同车型的驾驶眼高问题，不仅要使用反光广角性能最好的反光材料制作校区标志，还要使用反光道钉和全天候反光标线带制作人行道和地面提示标线，配合标志设置，以优化管控信息的传达。

(4)校区的警示标志设置要有始有终，从带有距离提前量预告的警示标志，一直到带有距离预告的校区结束告知标志，都应该设立，达到交通控制意图的充分传达，优化劝服力。

第十节　改善农村公路交通安全条件的方法

农村公路里程长，养护少，缺少各种防护设施和环境照明条件，又要穿越各种地域气候条件下的农田、村庄、山峦、丘陵、河流、集市、厂矿，什么环境和经济条件的地区都有，所以道路设施的管护条件非常复杂。在农村公路上，各种车辆、农用机械、非机动车、畜力车、行人、牲畜、家禽等混杂通行，道路上晾晒的农作物、道路两侧竖立的各种招牌、村头墙壁涂抹的形形色色的告示，都形成了对农村公路上驾驶观测的各种干扰，是对道路交通安全的极大挑战。所以，对于农村公路来说，一方面，要树立正确的安全观，不能因为是低等级公路，就使用低等级的安全措施，很多时候，恰恰因为是农村地区，其他设施条件差，医疗和救护措施少，就更要提高道路安全通行的条件，减少事故伤害；另一方面，要具有创新精神，在农村公路上，因地制宜地实施低成本安全措施。

如图5-41、图5-42所示，在这些缺少交通安全设施的路口路段，往往伴随着事故的高发。正确的设置交通标志标线，可以大大提升农村公路的交通安全。综合前面的技术介绍，可以说，因地制宜，甚至利用“非标准化”交通标志标线类设施来提高安全视距，给驾驶人和行人更多的警示提示，是处在发展中的中国农村解决农村公路交通安全的一个重要途径。在中国的很多地方，在村庄内的道路两侧，在花池子边上喷涂红白两色的油漆，甚至把大块石头放置房屋和道路边线之间，都是一些经常见到的简单的交通安全措施。这些措施，尽管并不专业，也在很多情况下不起作用，但是也恰恰是这些措施，在没有任何其他防护措施的地方，拯救了一些生命，挽救了一些损失。

图5-41　没有标志、标线、信号控制的“三无”农村公路交叉路口(照片来源：段里仁)

图5-42　一个总出事故的弯道边，当地百姓插香“敬鬼”(照片来源：段里仁)

事实上，针对这类提示设施和防护设施，可以采用一些简单易行的方法，因陋就简地根据道路沿线条件展开设置，并稍微增加一些技术含量，就能起到更大和更好的安全作用。

这里围绕前面没有叙述到的几个重点道路交通事故预防区域介绍一些方法。

一、农村占路集市周边路段的道路交通事故预防

在农村集市占用公路的路段周边路口和在集市区域前50~500m(第一级的集市人员活动范围预告标志,要根据当地的习俗和生活活动半径来决定具体的放置距离)的道路两侧,设置集市活动区域的提示标志和限速标志;标志色彩要醒目,并有足够的和周边环境的对比度差距——最好使用荧光黄绿全棱镜反光材料做提示标志;标志的设施,为了节约基础构造部分的投资,并且防止设施被偷盗,可以利用道路两侧的一些建筑物,比如路侧迎着来车方向的水泥墙面,或者在道路两侧明显位置利用石头或水泥灰砖垒制方形立柱,并在上面使用带有铝背基的反光标志直接粘贴,这样经过3级距离和警示预告,大多数驾驶人会主动收到提示而降低车速;同时,有条件的地区,应该考虑在第一级提示标志出现后的50m后,在地面施画减速提示文字,或者是利用反光道钉,粘贴一些减速带,或者是路面警告信息标识,提示驾驶人要谨慎驾驶。

这种使用铝背基反光膜制作的反光标志,与传统工艺制作完成的交通标志相比,最大的优势就是能节省大部分的标志基础结构部分的投资——通常,一个钢筋水泥混凝土加钢柱的单柱标志结构上的投资,要超过1000元;而如果利用路边建筑和水泥砖石构造的立柱,这部分投资就会大幅度减少。

这样的标志内容,主要应该包括集市活动区域的提示标志、让行标志、停止标志、减速标志、限速标志、减速带和减速带预告标志、集市路段结束标志等。这些标志在农村集市地区的使用,可以有效地减少因大型车辆高速冲入人群,导致群死群伤事故的发生机会,如图5-43所示(照片来源:3M公司交通安全系统部提供)。

a)

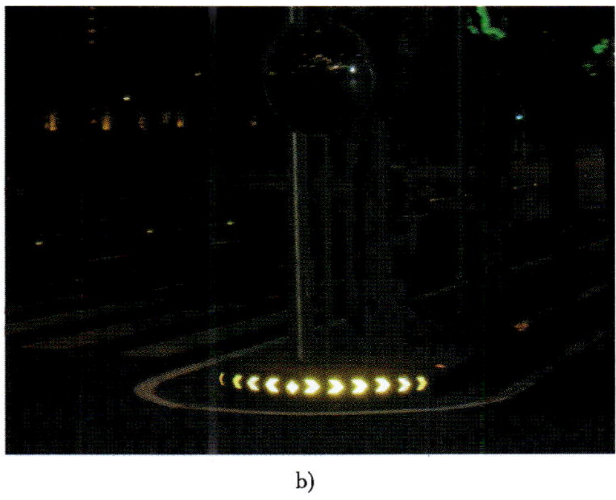
b)

图5-43 施工人员正在水泥路牙上直接粘贴带有铝背基的反光材料
a)白天施工现场;b)夜间

二、农村村庄村口周边道路和村庄穿越道路上的交通事故预防

道路环境的突然改变和交通元素的突然复杂化,会导致途经车辆出现采取措施不及时的风险,所以要在农村村口的周边道路上实施预告措施,以人为提高安全视距;这种措施本身,也会导致穿越村庄过程中的车辆降低车速,从而减少事故。

对于这一角度的安全措施，特别要注意的是，往往在黄昏、黎明和夜间等视线不良时间段，事故多发；因为这些时间段，要么夜间道路上行人稀少，车速过高，要么是农民在上工或收工的路上，处于比较容易放松警惕的精神状态下。这时，如果路况环境提前预告不足，道路线形缺少勾勒，就很容易引起事故，甚至有冲出车道撞入人群或路边住宅的危险。

针对这种危险，使用前文介绍的各种低成本标志设置方法，并结合荧光黄绿的棱镜级反光材料，可以有效地提高道路引导，减少事故。

如图 5-44 所示为一种振动标线带和反光标线材料混用的技术方法。

a)

b)

c)

图 5-44 振动标线带和反光标线材料混用

在没有条件大量使用反光道钉强化道路标线视觉的路段，如果是沥青路面或者水泥路面，可以在隔离标线带下（边线外侧），制作振动区，或者使用石子、方格等成格子状处理，这样能通过轮胎的振动感，提醒驾驶人道路线形。

根据美国全国交通安全服务协会提供的资料，1999 年，美国的交通事故里有 24% 和冲出路面有关，而其中 84% 发生在乡村公路上。密西西比州交通署在 LARMAR 县的双车道边线上安装了振动带，事故下降了 25%。在对 619 位驾驶人的调查中，88% 的人认为应该使用这样的技术。华盛顿州 KITSAP 县使用这种技术在乡村公路上保护自行车，收到良好效果。将这种振动标线带和全天候反光标线结合使用，就能更好地提高夜间的驾驶安全。

三、农村地区村庄内道路交通事故的预防

在中国的农村地区，村庄住宅普遍建设在道路两侧，而且和道路距离很近，房屋与房屋之间的小路口直接交叉在村内的主干道上，人、畜、禽、车都可能在驾驶人的视线死角里突然出现，所以驾驶环境非常复杂，有很多突发事件会导致驾驶人突然制动或回避风险，导致撞毁路边房屋的事故。因此，使用提示标志、警告标志、道钉减速带等控制车辆在村庄内的车速，使用简易标志预告村庄内的岔路口，够宽的地方利用标线和反光道钉进行车道分配，在道路两侧有房屋的路段之前预告狭窄路段，甚至在这些近道路房屋的外墙上粘贴铝背基反光材料制作的提示标志或轮廓标识，都能有效地控制和诱导车辆行驶状态，减少交通事故的发生，尤其能减少夜间大型车辆造成的重大破坏。

图 5-45 是新疆地区安装在小区内道路上的反光道钉减速带和缘石的反光道钉，这些措施都有提升安全视距的作用。图 5-46 所示为河北兴隆山区通往北京的公路上的一个道口，在一条进入主路的支线路口两侧，利用了涂有红白油漆的水泥桩提示路口的存在，如果这里使用上粘贴有反光材料的路桩，安全效果就可以更好了（2008 年 9 月 14 日拍摄）。

a)

b)

图 5-45　安装在小区道路和缘石上的反光道钉

a）缘石上；b）道路上

图 5-46　红白油漆的水泥桩提示路口

第十一节　改善复杂车况道路的交通安全状况的方法

道路上车辆种类复杂，直接导致了车速差异。驾驶人观察路况的视距差异，对危险和情况的判断效率的不一致性，夜间多种车灯照射路面，尾灯示宽效果混杂，驾驶人成分复杂，对问题的处理和反应方式不同，对路况提示的反应能力不同等都是道路事故的安全隐患；所以，如何能尽量减少这些差异导致的视觉混乱，尽量节省驾驶人寻找道路路况提示信息、位置信息、目的地信息的时间，以便使驾驶人能够有更多的精力放在发现道路上的移动物体上，争取更多的做出反应的时间，就成了一个非常重要的提高交通安全的手段。事实上，道路交通参与成分复杂，车辆状态高度混杂，是中国道路安全的一个主要的威胁因素。

21 世纪伊始，美国政府曾经出台了一项道路交通安全措施指导意见，重点关注驾驶人老龄化问题，提出了由于高龄驾驶人群体的增加，导致道路交通事故隐患增加，老年人的视野会逐渐变窄，反应时间会延长，动作会迟缓起来，动态视力也会下降。因此，美国政府建议将交通标志的幅面增大，字符增大，使用更好更亮的标志面材，在施工区域要使用荧光棱镜级的反光材料做提示标志。这些努力，实际上都是为了应对复杂路况上的差异因素的。

同样的道理，这种方法也能适用于复杂车况的道路。为了能改善大车驾驶人的安全视距，赋予文化水平低的驾驶人以更多的辨识道路提示信息的时间，都要使用更好、更大的道路交通标志，以最大程度地减少他们目光停留在标志牌上的时间。

表 5-2 是英国国家交通标志标准（BS：8408-2005）里提到的一个经过科研实验的结论，它揭示了英国公众对交通标志信息的识读时间，也就是交通标志锁住驾驶人眼球的那段关键时间。这个时间是和交通标志的很多标准相关的，其中一条很重要的，也很容易被一些交通管理部门忽视的，就是标志的信息量，因为在行进中，对标志的的阅读效率，安全视距是伴随着信息量的增减而反比变化的。

英国交通标志标准提到交通标志信息的识读时间　　表 5-2

车速（mph）	车速（km/h）	典型字符高度（mm）	识读或视认距离（m）	距 离 分 级
70	112	300	200 ~ 50	长距离（D1）
60 ~ 70	95 ~ 112	250	200 ~ 50	长距离（D1）
50 ~ 60	80 ~ 95	200	120 ~ 40	中距离（D2）
40 ~ 50	64 ~ 80	150	90 ~ 30	短距离（D3）
30 ~ 40	48 ~ 64	125	90 ~ 30	短距离（D3）
20 ~ 30	32 ~ 48	100	90 ~ 30	短距离（D3）
20 ~ 30	32 ~ 48	75	50 ~ 20	近距离（D4）

在图 5-47 的标志中，一共有 5 条信息，应用公式（4-1），得到：2 + 5/3 = 3.67s，即一辆时速 80km 的车辆，3.67s 已经前进了约 85m，也就是说，如果驾驶人是在 150m 开始进入识别文字的距离的，那么当他完成视认时，就只剩下 65m 的距离了，80km 时速的汽车，在 65m 内需要完成相应的措施。

图 5-48 是 2007 年广州街头道路上的一个交通标志，中文和图形的信息条数总量达到了 20 条之多，这样形式的标志，在中国的很多城市都不难发现，而且可以说比较普遍。我们即使使用英国的标准做测算，要读完这个标志也需要约 9s，也就是说，80km 时速的车辆需要约 207m 的距离，才能让驾驶人读完这个标志——尽管通常情况下，英文的识读速度要高于中文

图 5-47　英国的交通标志

图 5-48　信息量过载的龙门架

的速度，在这里可以暂不考虑。在行驶条件下，驾驶人是无法将眼球这么长的时间移开路面扫视标志的，所以，这样的交通标志设置，就直接产生了视认效率、效果和安全需求之间的矛盾。同样，在车辆接近这样的标志，并使驾驶人真正进入识读标志内容的距离时，车灯能够打到标志上的亮度已经很有限了。大量信息在同一个地方出现，所导致的视觉困难，实际上也是很多快速城市路上，在出口前的预备区容易出现拥堵的一个主要原因。

所以，根据上述的这个推断，我们不难得出如下解决道路车况混杂路段的最基本也是最低成本的手段：

(1)减少单一位置上的标志信息量。

(2)设法提高标志信息的组合方式，尽量通过色彩的差异和丰富，来提高视认效率。

(3)加大标志牌尺寸和文字、图形尺寸，以提高视认效率。

(4)使用大角度反光材料，使驾驶人在近距离和短时间内就能完成标志识读，解放驾驶人的视线。

(5)加大标志牌信息提供区域的纵深幅度，让驾驶人逐步获取信息，以达到及时、有效、有序地调整行驶状态。

第十二节　减少恶劣视认天气条件下的道路交通事故的方法

恶劣视认天气条件，主要指的是由于雨雪雾霾的影响或者黄昏和黎明时分阳光变化，导致大气透明度下降，道路上的行人、车辆、标志信息等与周围物体的色彩对比度下降，驾驶人视认效率下降，从而影响并从主观状态下缩短了安全视距，引起道路交通事故的发生。

近年来，在恶劣气候条件下提高安全视距的最主要低成本措施，就是利用材料科技的新突破所创新出的荧光逆反射标志材料和全天候雨夜反光标线，增加道路交通标志和标线的视认效率，增强道路状况描述能力。

一、使用荧光色制作警告标志

使用荧光黄绿和荧光黄棱镜级反光材料制作警告类标志，改善非灯光照射时间段的交通标志视认效率，增加安全视距。

由于荧光材料本身能够吸收并储蓄太阳阳光中的紫外线能量，并将其转化为可见光，所以能够使荧光反光膜的表面，加强原有色彩的鲜艳程度，从而扩大它和周边环境的对比度。

提到这种在白天也能改善标志视认效果，并且在恶劣气候条件下能改善安全视距的荧光棱镜级反光材料，如果了解了它的问世背景，就能更多地知道这种材料的价值。

使用荧光棱镜级反光材料制作交通标志的努力，始于1963年。那一年，美国联邦公路管理署发表了在红、篮、绿、棕、橙、黑和白以外的四种新的“标准颜色”，它们是紫、淡蓝、珊瑚色(类似橙红和粉红色)和浓黄绿色，以改善“标准颜色”交通标志在一些条件下，和周边环境色彩对比度不强的问题。这些颜色以前从没有用作高速公路标志牌。

1991年，美国联邦公路管理署邀请3M公司的交通产品部一起开发一个关于行人、学校区域和自行车过马路的安全方案。3M公司交通系统部因此而提供了一个荧光材料和浓黄绿色的解决方案。1992年，在华盛顿地区，美国国家公路管理部门和Martin Parker顾问公司一起做了一个关于荧光黄绿反光膜的试验。在 5 个有行人和自行车横跨马路的地点做的试验表明,荧光黄绿对机动车驾驶人有正面的影响。之后更多的试验被提上议程。

1993 年,美国联邦公路管理署开始在全美国测试荧光黄绿的性能以使用于行人、学校和自行车横跨马路的提示。国家和地方政府的交通主管部门被要求在各地试验荧光黄绿和记录试验前后的交通状况。随后,针对公众关于荧光黄绿的意见和反馈的调查也在全国范围内展开了。在 57 个获得批准展开试验的地点,有 24 个地点的最后报告推荐使用荧光黄绿来提高交通安全。政府决定再次展开更多的测试。在 1996 年的 6 月 7 日, 美国联邦公路管理署发表了一个关于制订新法规的申请,(FHWA Docket No. 96 -9)申请把荧光黄绿作为一种备选非机动车横跨马路的交通标准颜色。“荧光”这个词也第一次正式加入美国联邦公路管理署的标准。同时标准里还有“荧光”的详细解释。而没有荧光成分的浓黄绿颜色被禁止使用。这个申请着重于驾驶人的表现、性价比、公众的反映和工程师的数据对荧光黄绿产品的支持。

荧光黄绿在 MUTCD 里开始申请取代浓黄绿是在 1997 年 12 月份(FHWA Docket 97 3032.),从 1998 年 6 月 19 日开始,荧光黄绿在 MUTCD 里正式取代浓黄绿。

图 5-49 中,蓝色为发现的距离 红色为认清楚的距离, Y 轴为百分数,X 轴为距离。图中数据可以看出,荧光黄绿色的标志比普通黄色发现距离远了将近 1 倍,在不同距离认清标志的百分数也是荧光黄绿远远高出, 如 120m 处有 80% 左右可以认清荧光黄绿标志,而只有不到 10% 的人能够认清荧光黄色。这个距离发现荧光黄色的比例都不如认清荧光黄绿的比例高。

这样的研究数据表明荧光色特别是荧光黄绿色对于安全的提升作用非常明显,越早发现以及越早认清标志,就有充足的时间作出应变,事故发生的几率也就越小。

图 5-50 是美国联邦公路管理署关于华盛顿特区非机动车穿行事故率报告。事故率在使用荧光黄绿色后比使用前平均下降了 40% 左右, 对安全起到的作用非常明显。图 5-51 ~ 图 5-55是国内外应用的一些案例。

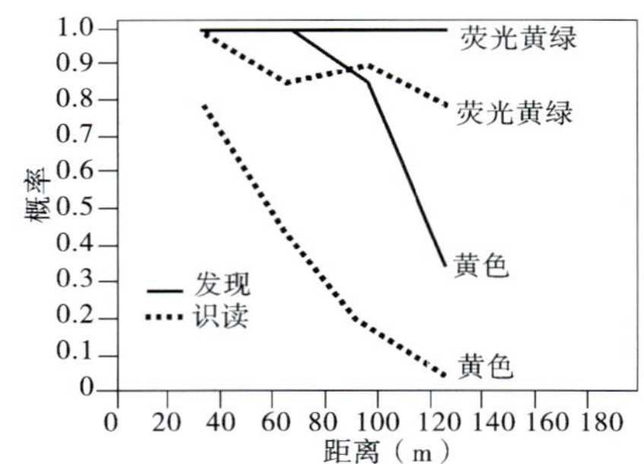

图 5-49 发表于《色彩研究和应用》的《标志用耐久荧光材料的视认性》的研究数据

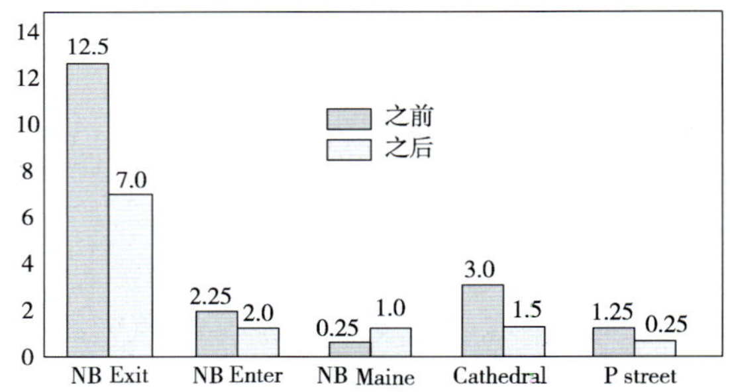

图 5-50 美国联邦公路管理署关于华盛顿特区非机动车穿行事故率报告

二、使用全天候雨夜标线勾勒道路线形

使用全天候雨夜标线勾勒道路线形,分清车道,并配合突起道钉,制作轮廓标志点,以增强道路标线的显著性。

道路标线被水淹没,导致反光效果消失,或者在白天时段,道路标线被雨水浸没后,使道路线形消失,是很多跨越车道事故的主要原因之一。所以,设法减少道路标线“消失”的机会,就能减少一些道路交通事故，已经是一个公认的解决之道。下面以国内实例加以介绍。

图　5-51

图　5-52

图 5-51、52　荧火橙色用作临时施工标志

a)

b)

图 5-53　荧光黄绿色用作警告标志和线形诱导标

a）人行横道警告标志；b）线形诱导标

a)

b)

图 5-54　荧光黄绿色警告标志

a）白天；b）夜间

广州中山一桥上，一个非机动车道和机动车道毗邻的路口是一个事故黑点路段，在雨天时，由于标线被水遮蔽，无法分辨行车道性质，经常发生交通事故。为此，广州交警在这里粘贴了全天候雨夜反光标线带，解决了这个问题。在安装标线带以后的 1 年多时间里，这里再也没有发生过死亡事故，碰撞事故也大幅度减少了。

图 5-55 广州街头的荧光黄绿色警告标志

第十三节 减少大型车辆和恶性道路交通事故的方法

大型车辆的道路交通事故是非常容易引起关注的话题,因为其破坏力大,容易导致群死群伤和环境恶性破坏。但是,大型车辆的道路交通安全条件,却又是一个很容易被忽视的问题。在驾驶安全意识培养中,有 3 个很容易被忽视的技术要素,非常值得我们去关注。因为这些要素,构成了引发交通事故的客观要件。而且,解决这三个问题的手段,可以利用反光材料,成本并不高,但效果却已经得到明确的证实。

分析这 3 个技术要素,要从大型车辆的共同特点开始:

(1)大车的驾驶眼高,往往在 2.5m 以上,驾驶人的观测角度,比小轿车(驾驶眼高 1.2m 左右)大很多;也就是说,支持驾驶人的安全视距要素,和小轿车的需求相比,有很大差别;所以,如果我们赖以指导驾驶的道路标志标线的设计不考虑这种差别,就可能导致大车驾驶人的视距被缩短和破坏。

(2)车身长且大,车身后部依靠车辆尾灯、示宽灯、倒车灯等提示车身宽度,警示后面来车;车身侧面,有的有主动光源,有的没有,也有的虽然配备了一些,但是无法完整勾勒车身轮廓,转弯时,容易形成警示盲区,这给能见度不好时的视认,或者故障车辆的发现,造成了很大的困难。

(3)在我国运输市场,车辆身份特殊,需要专用准运证,以便进行更加严格的安全管理;而准运证的技术和安全信息承载能力,直接关系到路检效率,也就直接关系到了“不合格”车辆上路运营的打击效率问题。如果能提供简便、安全、低成本和高效的车辆身份鉴别技术,在不停车的状态下,轻松确定大车的运营资质和身份,就能有效遏制不合格车辆的肇事。

有了上述大型车事故成因的一些分析,就能有针对性地采取一些改进措施。而这些措施,和逆反射材料的应用,有很大的关系。

一、使用反光性能好的反光材料制作交通标志标线

使用大角度反光性能好的反光材料制作标志,在道路上使用全天候反光标线材料施画路面文字和标线,特别是在有“大车”频繁出现的地区,大量增加适合大车驾驶人观察的道路标志标线;比如使用全棱镜型反光材料制作标志,提高警告、提示类标志的大角度观测效果(白

天的亮度也更好)，建立路况多级预告标志牌，限制车速，警告风险等；同时，考虑环境和气候等因素，使用荧光黄绿和荧光黄色的全棱镜反光材料制作警告标志，增加警示效果和有效视距，强化对大车驾驶人的风险提示作用，并节省驾驶人的路况判断时间；在路面上施画适合从高向下观察的路面提示文字信息，并使用带有全天候逆反射效果的反光标线制作，以全天候地关照大车驾驶人的识读效率。

二、在大型车辆的车身侧面和尾部增加反光标识

在大型车辆的车身侧面和尾部增加反光标识，勾勒车身轮廓，提升大型车辆夜间被发现的距离，减少追撞事故。在中国，公安部在“GA406-2002”的车身反光标志标准里，对大型货车的车身识别问题，有一定的技术安全规定，要求车身长度超过 3.5m 的车辆，必须粘贴反光标志。2008 年 9 月，以公安部为主，联合其他相关部门，颁布了国家机动车安全运行条件技术标准(GB7258)第 3 号修改单，要求所有货运机动车，必须按规定粘贴反光标识。这种做法，是一种非常有效和值得推广的办法。针对大车的安全，这种手段，高度有效。目前该标准里，还暂时没有针对不同的气候环境下的视认问题采取的措施。

在大车事故里，除了驾驶人操作不及时导致的自翻车事故外，被追撞的事故比例也是很高的，这和目前大型车辆的技术规范有关系。

目前，按照国家的汽车制造技术标准，车辆长度和宽度的视认，是靠安装在车身的“示宽灯”完成的。但是，由于“示宽灯”使用的是“塑料反射片”加“主动光源”，这就在日常运行中出现了三个致命的问题：其一，电力丧失或灯泡损毁，示宽功能丧失；其二，“塑料反射片”一旦破损或在能见度不好的白天，都无法实现有效提示；其三，由于车辆构造，示宽灯往往无法大面积安装，导致发光区域窄小和大型车辆的暴露面积比例失衡，在其他光源或障碍物干扰时，无法被发现，甚至由于车身结构问题，本身也不能被安置在车身的外轮廓线上，很多车辆的车身很长，一些追撞事故是发生在车辆转弯的瞬间，这和车身侧面没有能够大角度地长期稳定提示来车的警示标志有很大关系。

车身自带的灯光够安全吗？效果实景如图 5-56。图 5-57 左图贴有安全标志，右图没有安全标志，对比效果明显。

针对上述问题美国和欧盟等，都早已出台了完善的解决措施和法令。

美国交通部的实验，持续 23 个月追踪一组贴有反光标识的货车和一组未贴标识的货车，在全美范围内行驶了 1.6 亿 km，结果显示，贴有反光标识的货车被其他车辆碰撞的次数比未贴反光标识的少 22%。

德国 Darmstadt 大学的研究，将一组货车贴上车身标识，选另一组未贴车身标识的货车作为对比，然后在两年时间里进行跟踪，表 5-3 是这两组车辆的安全情况统计。

德国 Darmstadt 大学车身贴研究结果 表 5-3

分类 \ 数量 \ 指标	车辆数(辆)		事故数(起)	
	1990 年	1991 年	1990 年	1991 年
标识车辆	825	1 040	0	1
未标识车辆	800	1 037	15	15

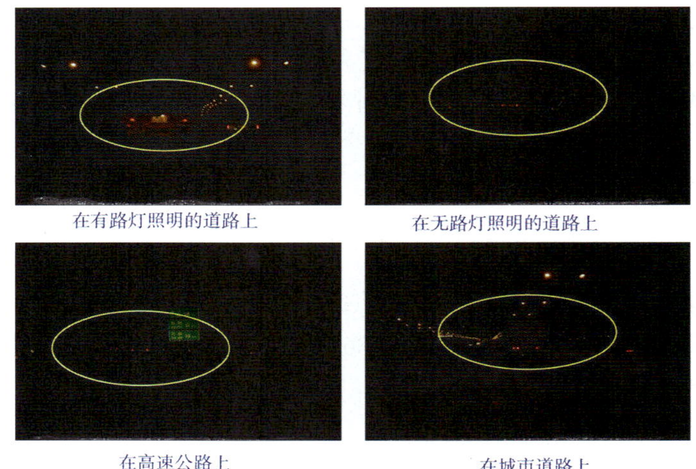

图 5-56　车身自带的灯光效果

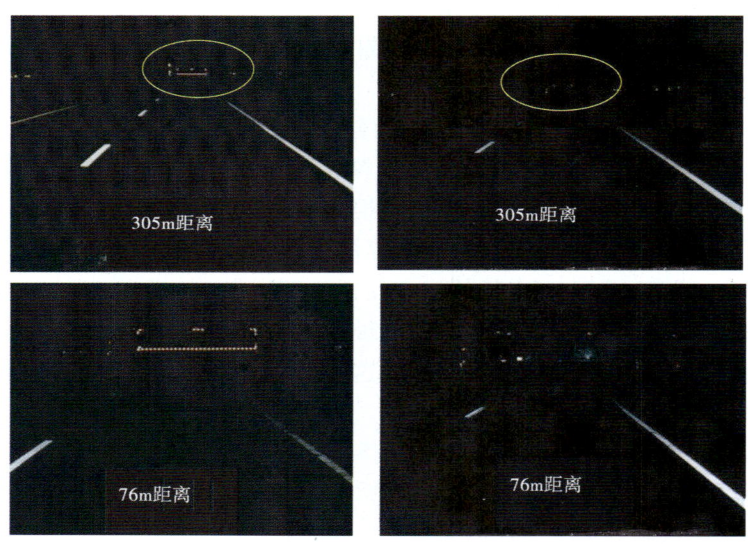

图 5-57　左图贴有安全标志,右图没有安全标志,对比效果

美国国家公路交通安全管理局在 1993 年作出规定,在全美范围内,所有在公路上行驶的拖车必须使用反光车身轮廓标识。1997 年,该标准又扩展到所有在公路上行驶的卡车和拖拉机。早在 20 世纪 60 年代,欧共体就开始对货运卡车、重型卡车的车身反光标识作出相应的规定。至今,这一规定的最新版本中,要求反光标识材料必须要勾勒出车身的轮廓;车身长度和宽度的 80% 必须以反光材料勾勒。欧洲的研究表明,不粘贴车身反光标识的机动车的事故率,是粘贴反光标识的机动车事故率的 30 倍,如图 5-58 所示。

在中国,自《机动车车身安全标识》标准执行以来,很多地区已经收到了明显的效果,事故量有明显降低。但这项工作,除了应该通过交通管理机关督促执行外,还应该在车主教育环节、车辆生产和设计环节、运输系统安全管理建设环节、驾驶人安全意识培养环节、日常维护和保养环节进行广泛的宣传贯彻执行工作;并且,在标准上不断完善和提升,以提高检查和监督的力度,最终建立有效和长期的核验机制，减少假冒伪劣和不合格安全反光标识对这个领域的侵害。

目前，中国拥有世界上数量最多的反光膜生产企业，产品质量参差。考虑到这样的情况，目前颁布的国家机动车身反光标识标准里制订了一级和二级品的区别，而二级品的技术年代，跨越了大约40年。所以品种繁多，给监管机关的路检和日常使用单位的安全检查都带来了不少的困难。考虑到逆反射材料在这一领域应用的安全性和重要性，从产品质量上给予更高的要求，加以更加严格的规范和法律支持，是未来的一个重要任务。图5-59是使用棱镜型反光标识的货车的夜间效果。

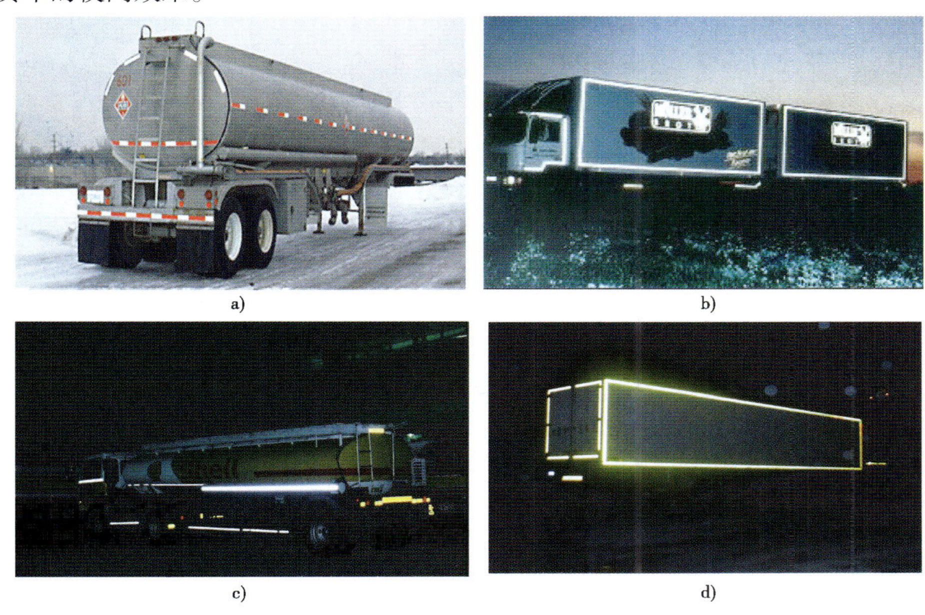

图5-58　车身贴白天和夜间效果

三、用逆反射材料制作车辆身份凭证

利用逆反射材料制作车辆身份凭证，通过提高道路检查效率来改善大型车辆的运营资格管理。大型车辆一般是运营性质的车辆，在这方面，我国的交通安全管理机关和相关市场规范机关，已经建立一定的运营和安全监管机制，按照要求，只有取得安全资质和运营许可的车辆，才能上路行驶。而客观事实是，在肇事大车中，非法运营的车辆仍占了很大的比例。特别是由于大车比小车相对高昂的养路费和运营许可费用，取得运营资质时的检查和监控门槛也比较高，导致套牌车辆和不年检车辆肆虐，不仅给国家造成了损失，更给路上的行人带来了危险，也导致法律的公正性遭到了破坏。

图5-59　山东的夜间路上的货车（3M公司交通安全系统部提供）

要解决这个问题，首先应树立起“效率”观，也就是“大车”资格登记服务效率、身份“证件”信息承载效率、车辆身份证件的路检效率。只要合理利用科技手段，就能有效解决“大车”的资格保护和检查工作，提高监管力度。如果一些管理办法本身无法解决“效率”问题，面对巨大的工作量需求，就会导致措施最终无法落实，只得“网开一面”从而“放弃”执行。比如“路检”关，是检查车辆合格身份的一个关键环节，但是经常由于没有简单快捷的“路检”手段，也没有准确和方便的准运证件的鉴别技术，仅仅依靠挂一漏万的简单停车检查办法，自然有很多违法犯罪分子铤而走险，靠“概率”的机会，违法上路了。

要解决这种问题，在国际上，已经有了很多很成熟和成本低廉的方案。

如图5-60，是克罗地亚使用的一种粘贴在车窗上的车窗贴，业内习惯称之为“第3块”号牌。它最大的特点是使用计算机打印完成信息登载和号牌制作，具备逆反射反光功能，可以通过车灯和手电等工具进行路面鉴定，试图移动这种号牌时，其特殊内部结构将完全破坏这种标志。由于使用了粘贴技术，该车的号牌是无法被“借给”其他车辆使用的。而且，如果该号牌和车辆本身的主号牌一致，那么，其车主想换个号牌上路，也是不可能的了。在号牌上增加一系列的可以快捷准确鉴别的防伪技术，将使套牌难度大大增加的。

图5-60 克罗地亚车窗贴，俗称“第3块”号牌

图5-61，是斯洛文尼亚号牌打印前和打印后的情况。号牌打印后，可以在露天情况下使用4年以上，这种号牌证件，具备逆反射能力，通过车灯和手电，就能远距离检查车辆登记资质（图片来源：3M公司交通安全系统部）。

a) b)

图5-61 斯洛文尼亚号牌打印前和打印后的情况

a）打印前；b）打印后

上述这种方式，在很多国家都有应用。在中国，如果使用防伪反光材料制作这种号牌，并将“大车”本身的号牌信息和车辆部分信息都加载在上面，就将以低成本的方式，大幅度提高路检效率，做到运输和交警部门执法力量的不停车有效检验，从而大大提高“大车”合法上路的比例。

在上述这种材料技术的背后，还有很多安全防伪措施和管理理念，都对“大车”的安全控制有很好的辅助作用。比如，在材料本身的制作过程中，就加载可以从远处目测完成真假识别的防伪鉴别技术，在制作和发放单车号牌时，建立条形码系统，同时打印在车辆档案和“第3块”号牌上，以方便检查和建立档案跟踪；根据年度变化，改变“准运证”（“第3块”

号牌的概念）的颜色，做到每年在路上只有一种颜色，以方便路检，提高打击无资格车上路的效率。

美国警察夜间检查车辆登记证明的方法之一，就是通过手电筒的灯光形成的逆反射效果，查验车辆登记信息，如图 5-62 所示。

图 5-62　美国警察通过手电筒的灯光形成的逆反射效果，查验车辆登记信息

依照这个思路，避免不法运输企业为了逃避车辆管理费用的支出，给多车使用同一个牌照号，就可以使用反光材料制作放大号并配合加载了防伪信息的技术的反光车窗贴，来完成车辆身份的保护，这就能在提高车体反光性能，减少事故的同时，给伪造车辆身份增加难度，减少套牌大车上路的数量。

事实上，解决车辆套牌现象和假准运证件的流行的主要对策，在于不断提高号牌制作技术、号牌管理手段。从车辆登记号牌的材质与工艺流程选择，到准运证件的信息含量，再到整个管理流程的构建和发展，在世界范围内，已经有很多成本低廉、效益优秀的方法值得我们去研究和借鉴，并一定能为中国的“大车”上路资格维护与监督找到一条适合中国国情的、低成本、高科技的改良之路。

第十四节　减少危险化学品运输车辆交通事故的方法

危险化学品运输车辆发生交通事故时的危害是巨大的，带来的生命伤害、环境损失和财产破坏是无法弥补的。因此，对于危险化学品的运输车辆的防护问题，很多国家和地方都有严格的规定。通过粘贴反光标志，增加车辆自身的被发现机会和发现效率，以及时提醒其他车辆注意安全，防止撞击事故的发生，是最主要也是最有效的措施之一。

危险化学品运输车辆普遍是大型货车和拖车，如下介绍一些国内外在危险化学品车身上使用反光标志的案例，来体现一下这种措施的应用方法。

图 5-63 所示使用全棱镜反光材料制作的危险品车辆的提示性文字和粘贴位置，是按照公

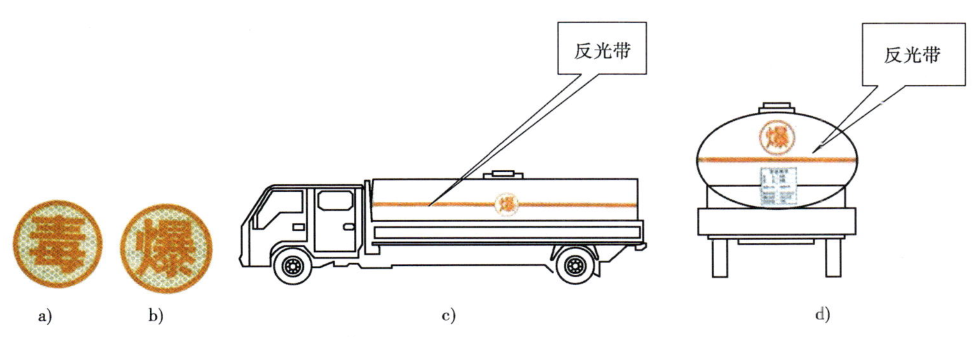

图 5-63　危险品车辆的车身贴
a）有毒危险品；b）易爆危险品；c）侧面；d）背面

安部颁布的《危险化学品运输车辆车身标志》的规定制作的。需要说明的是,车身粘贴办法示意图里的红色区域,也是反光材料。

鉴于车辆的行驶状态非常复杂,各种车辆在道路上出现时的位置和距离多种多样,所以,需要尽可能地提高车辆被发现的机会和距离,因此,在制作这样的车身反光标志时,要确保其安全性达到最高等级,是比较好的安全努力方向,这就要求:

(1)反光标识应该使用兼顾高亮度和大角度的全棱镜反光材料,见图5-64。车辆在转弯时,远处来车可能只能发现车身侧面的标识,而且角度一直在变化。

(2)要使用不容易和化学物质和金属表面发生化学反应的反光材料——大部分使用棱镜结构的反光材料内部,是不含有金属物质的,所以可以避免锈蚀问题,以确保车身在夜间被发现的机会不会因为反光标识生锈而失效,如图5-65所示。

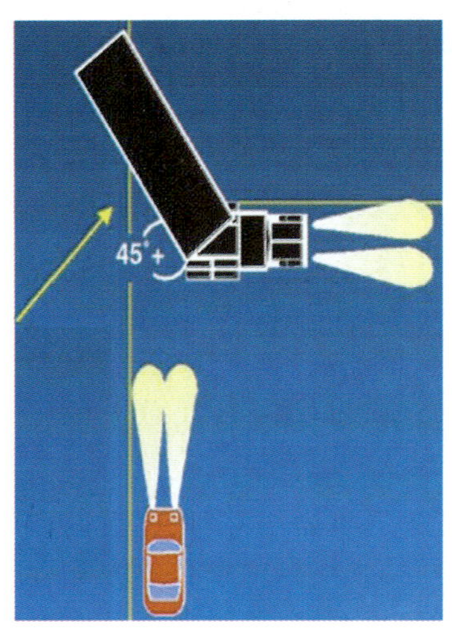

图5-64 转弯时不断变化的侧面角度

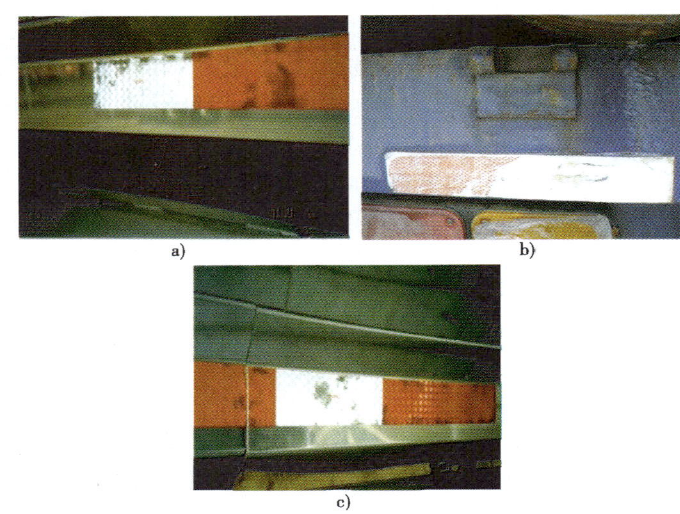

图5-65 有金属物质的反光标识因生锈而失效

图5-66~图5-69,都是国内外大型危化品运输车辆使用棱镜型车身反充标识的图片。

a)

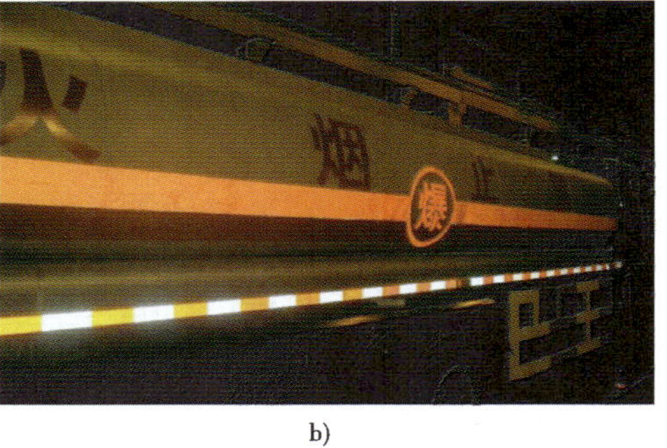

b)

图5-66 摄于深圳罗湖地区的危险品运输车

图 5-67　美国的油料运输车车身标识

图 5-68　ESSO 公司的燃油运输车辆

a)

b)

图 5-69　泰国石油的车身反光标识

第十五节 提升农用机械道路交通安全的方法

和其他类型的机动车相比,农用机械上路行驶时,其安全性是比较脆弱的。由于功能、造价和使用环境与条件的限制,农用机械自身的动力性能、照明系统、防护系统都比较差。所以,保护农用机械的主要办法,就是提高它们在路上被其他车辆及时发现的几率,以便给其他车辆充分的安全视距,采取措施进行避让。

事实上,这种保护措施本身,也是对其他相对强势车辆的一种保护,毕竟,在发生事故的时候,也许付出代价更大的不是被撞击的农用机械,而是直接肇事一方。要解决这个问题,同样离不开逆反射技术。

由于成本和车辆使用功能的问题,也许很多现成标准的反光标识粘贴方案在农用机动车上并不适用,但是,哪怕只有一小块反光标识,它就可能成为这辆车的"护身符"。

如图 5-70 所示,在新疆全境,已经要求农用三轮车必须粘贴反光条,以提高黎明、黄昏和夜间辨识(来源:李勇)。图 5-71 ~ 图 5-76 为全国各地推广反光标识的实例。

图 5-70 新疆农用三轮车粘贴反光条

图 5-71 新疆乌鲁木齐市的环卫工程车粘贴反光条

图 5-72 武汉环卫局在所有的人力环卫车上都粘贴了反光标识

图 5-73 徐州重工在工程机械上粘贴的反光标识,以提高车辆的安全防护

图 5-74　农用拖拉机上粘贴的反光标识

图 5-75　驴车上也粘贴了反光标识

图 5-76　在新疆喀什地区，广泛推广的车身反光标识，深受农牧民欢迎

思考题

1. 道路交通安全低成本改进措施中的主要思路是什么？

2. 为什么利用标志标线控制措施被认为是低成本的安全手段？它是针对什么而言的？

3. 逆反射材料在低成本改进措施中主要能起到什么样的作用？

4. 尝试寻找一个存在安全隐患的路段或路口，利用低成本的措施加以改进，需要提供改造前后的照片或效果图，说明理由和依据。

5. 例举本地一个存在交通安全隐患的问题，并尝试用反光材料加以改进，说明理由和方式。

第六章　逆反射技术应用研究与展望

在我国汽车保有量高速增长，公路网日益完善，特别是高速公路快速发展的今天，夜间出行和恶劣气候出行，已经成为社会生活的客观需要。而面对幅员广阔的国土，面对纷繁复杂的城市照明环境，加快国人对逆反射技术和安全视距的认识和普及，学会在节省能源的情况下，通过提高道路路况的安全视认环境，减少交通事故、减少拥堵、节约燃油、降低尾气排放，是一个具有重要意义的话题。

为此，加速填补我国在道路交通标志标线和逆反射材料应用领域的各种空白，有着非常重大和深远的意义。要充分认识这一点，就离不开从宏观经济的角度、从微观技术的层面，来重视道路交通标志标线在社会经济大循环圈中的重要作用。本章从社会效益和经济效益的角度，展示和分析道路交通标志标线作为重要的交通安全设施对人类社会的主要宏观价值。

第一节　逆反射技术应用于标志标线的国际经验

人类经过上百年的实践和半个多世纪的研究，已经得到了一个非常明确的结论，即搭载了逆反射材料的道路交通标志标线，是道路交通安全管理不可或缺的重要设施和措施。

通过前面的讨论可以发现，交通标志标线的亮度和使用方法，与减少道路交通事故的发生有着密不可分的关系。特别是在过去的20年里，在发达国家，对如何更好和更有效地利用逆反射材料，提升交通标志标线功能，拓展交通标志标线的技术潜力，改进驾驶安全视距，以尽可能地在节约能源的前提下实现交通效率的改善，交通安全事故的减少等领域的研究，都有了长足的进步。在美国、澳大利亚、新西兰、英国、西班牙、荷兰、瑞典等很多国家，都有非常详细的道路交通标志逆反射系数要求，很多地方还特别规定了相关的最低逆反射系数，规定了标志设置要考虑到的不同视认条件等，甚至还开发了可以自动动态检查交通标志亮度的仪器设备，以实现更强有力的标志亮度监测，确保道路安全。

在众多的研究成果里，有一批对于交通安全研究领域具有重要指导意义的文献资料，对很多国家和地区都产生了积极的影响。1996年，在美国交通部联邦公路管理署向国会提交的交通投资情况报告里，总结了从1974～1995年22年里，在道路安全设施方面投资收益比最高的20项安全措施和其回报比率，见表6-1。其含义是，在这些设施上每投资1美元，在安全方面，回收了多少收益。

从这个排列可以发现，在20世纪70～90年代的22年的交通安全设施建设中，交通标志是最有效、投资最小的手段之一，英文习惯称为“the most cost effective solution”。与其他安全措施的单位造价相比，交通标志标线的低成本特征尽显无疑。当我们仔细分析这里面的关系时，我们就会发现，道路交通标志标线在尽力实现的安全功能，其实就是通过对道路情况的预告和提示来增加安全视距。从这里，我们也能得出一个明确的结论，就是交通标志标线本身，其实也是一种道路交通安全的基本设施，它的功能远远超出了仅仅是“指路”和“执法”的作用。在交通标志和标线上的安全努力,应该是一丝不苟和尽全力提升的。

美国交通部联邦公路管理署统计的道路交通安全设施投资收益比 表6-1

排　名	改善项目	效益成本比
1	照明(编者注:未分道路和标志照明)	26.8
2	升级路中护栏	22.6
3	交通标志	22.4
4	重新安置/分离设施支柱	17.7
5	移除障碍物	10.7
6	新设交通信号	8.5
7	碰撞衰减器	8.0
8	新增路中护栏	7.6
9	升级护轨	7.5
10	升级交通信号	7.4
11	升级桥型钢轨	6.9
12	改进视线距离	6.1
13	建立交通分线隔离带	6.1
14	刹车用人行道凹槽	5.8
15	改善子结构	5.3
16	建立回车道和管道化	4.5
17	新建铁道路口阻断栏杆	3.4
18	新建铁道路口闪烁灯	3.1
19	人行道标志和施画	3.1
20	新建铁道路口信号灯和阻断栏杆	2.9

在表6-1里的第一项需要解释一下。在我国,由于长期以来缺少对交通标志亮度的重要作用的研究,所以,一般会认为照明就是路灯照明。事实上,在发达国家,照明设施还有一个很重要的作用,就是交通标志照明,只是由于近10年的交通标志用反光材料有了长足的进步,解决了在近距离里大角度反射车灯光的问题,所以才逐渐开始被关闭,以节约能源,降低成本,减少温室气体的排放。

图6-1就是美国关于节能的一个宣传广告,告诉交通管理机构,可以通过使用全棱镜逆反射材料制作反光交通标志,关掉标志照明用灯了。

为什么这么重视逆反射技术在交通标志标线上的应用呢?我们来看一组美国交通部统计的事故数据,从这个角度就能发现这个在汽车轮子上生活了100多年的国家,都意识到了些什么。图6-2反映的是美国2004年的交通事故统计数据,可以从这些数据里发现,夜间的行驶里程虽然只有总里程量的25%,但是夜间交通事故却占了总事故数的一半。由此可见,夜间是交通事故的一个多发时段。也正是建立了这样的观念,很多发达国家,非常重视满足驾驶人的全天候路况视认。

图 6-1　在出现了全棱镜型的反光材料后,美国一些地方启动了这样的节能宣传(来源:3M 公司)

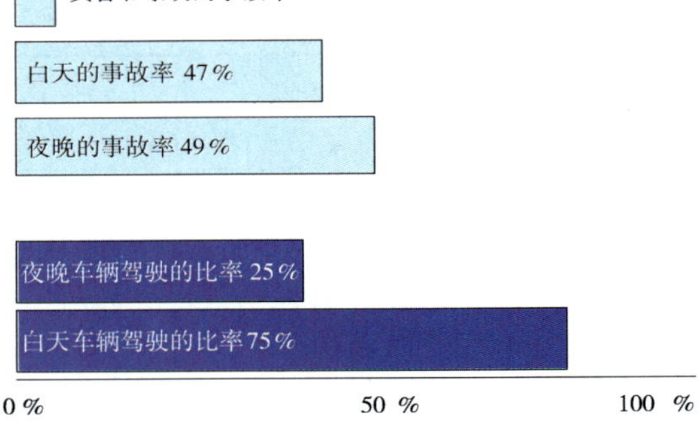

图 6-2　美国 2004 年 2.9 亿车英里交通事故率

第二节　我国标志标线应用和逆反射技术研究应用的发展空间

与其他道路交通建设投资项目和方式相比,道路交通标志标线的建设投资非常低,但是好的标志标线不是一蹴而就的,是需要长期的研究、实践、调整、维护、更新和增补的。如果没有一套好的交通建设投资制度,就很难得到道路建设方的充分重视和长期关注。

在我国的很多地方,道路标志标线的设置技术和作用,还没有引起人们的足够重视。道路标志标线一直仅仅被作为道路附属设施,处于比较边缘的技术地位和政策地位。很多地方都有道路开通多年了,却还没有设置交通标志标线的情况。在全国 350 多万公里的公路网络里,仅有约 1/3 的公路有一定的标志标线系统,其他道路大都属于无标志、无标线、无信号灯的“三无”状态,安全状况迫切需要改善。

以图 6-3 ~ 图 6-5,可以看到这些问题与交通安全需求的差距。

图 6-3　湖南省没有标志标线的路口(来源:段里仁)

图 6-4　湖南农村公路上,交叉口没有任何标志(来源:段里仁)

在一些地方,即使是在道路开通时一次性投入了标志标线设施,但是缺乏维护和技术升级工作,导致标志标线技术落后,很多标志白天还能观看,但是夜间的视认效果非常差;有些甚至出现了使用不同质量的反光膜制作同一个块标志的情况,造成了视觉安全隐患。

图 6-6 所示为中国西南某城市的交通标志,左图为傍晚时分的反光效果,右图为白天时

图 6-5　日本的农村公路"农道"(来源:段里仁)

的。标志反光膜的底膜和字模对比度不匹配,耐侯能力和衰减幅度无法控制,导致视认困难(照片来源:刘洁)。

鉴于上述原因,在使用新型逆反射材料制作的交通标志和标线的方面,还需要更系统的研究,普及全面的应用知识。在行政管理习惯和交通工程设计与管理指导中,还需要进一步重视,加强管理,推陈出新,以科学和发展的态度,制订更高规格的安全标准、标志标线养护标准和道路安全运行条件监督标准与责任追求制度,强化安全措施。同时,要重视我国的逆反射技术与交通事故预防领域专业人才的培养,尽快填补这一领域的人才缺口。

a)

b)

图 6-6　标志底膜和字模对比度失调

总之,从科学发展角度考虑,道路标志标线应该被当作是一项关系到国计民生的主要安全措施。加强其投入和管理,以更有效地保护人民的生命财产安全。

第三节　加强我国逆反射交通标志标线理论研究及应用的意义

一、治理事故黑点

利用具有高显著性功能的交通标志,在事故多发地段提示驾驶人,是国际上公认的一个有效的减少事故的办法。

严重的交通事故将造成巨大精神伤害和物质损失。

在很多国家的交通事故损失统计中,都会记录受害人的损失成本、医疗成本、人道因素的成本等;另外,还会统计每次事故导致的行政管理成本、财产损失成本、其他综合成本等。所以,道路交通事故的成本,远远不是"直接财产损失"这一项就可以概括完全的。一种具备科学发展观的交通安全管理观念,就是要正视道路交通事故给社会整体所造成的各种代价。也只有这样,才能正确和科学地树立道路交通安全设施投资的观念,并实行有效和节约的手段来进行道路交通安全整改。而这些思路,都是通过实践证明了的,是能够指导好、利用好道路交通标志标线建设和使用管理的关键。

在很多发达国家，都在使用一种行之有效而且简便易学的道路交通事故预防手段，就是在曾经发生过交通事故，特别是发生过多起交通事故的地方，设立事故黑点路段警示标志，见图6-7。很明显，和设立一块这样标志的2 000 ~4 000元成本相比，一起事故所会造成的损失，其差距是巨大的。

图6-7　波兰警方在事故黑点建立的事故黑点警示标志（来源：3M公司交通安全系统部）

以下，介绍一个针对在事故黑点设立警示标志效果的研究结论。

2001年，美国科学家Kimberly A. Eccles把研究的重点，放在了警告标志上。他认为警告标志的视认性改良，对于事故多发点的治理是一个有效益的对策。Kimberly和研究人员一起，在美国北卡罗来纳州的Orange Country针对所挑选出来的7个事故多发点进行研究，结果表明，在将试验对象的标志更换为荧光黄绿之后，7个事故危险点中的4个交通安全状况有明显改善，研究人员由此得出结论，认为荧光黄绿的警告标志可作为交通安全改善的低成本措施进行推广。

有关上述结论，在美国的《统一交通控制设施标准手册》(MUTCD)中，也有指导性的说明，认为荧光黄绿反光膜相对于单纯的黄色反光膜而言，对于增加交通标志的显著性是一个并不昂贵的方法。

2002年，Stephen H. Ford等人介绍了北加里福尼亚的Mendocino County的成功经验，他们通过对现有道路进行标志更新升级，并制订道路系统安全评审制度，经过三年的评审周期之后，事故数量下降了42%，而没有进行标志升级的公路事故数增加了26%；在同一个时间段，州际高速公路的事故只下降了3%。这种低成本的改善交通安全的措施其效益比达到了1∶159 ~1∶299之间，效益十分明显。

今天，世界上许多发达国家都在不约而同地对事故多发点和重点关注路段进行交通标志的提示更新升级，以期用较少的投入，解决事故黑点，减少事故损失。可以想像，这些措施对于拯救生命财产的重要价值。

下面简要介绍一些国家在排查事故黑点，为交通工程投资整改措施提供决策依据的主要方法。

葡萄牙：把道路切分到每路段最长不超过200m，如果该路段有5起以上事故，并且事故严重性指数在过去一年超过20分的，则定义为高风险路段。其具体的评分方法是：

$$(100\times 死亡人数)+(10\times 重伤人数)+(3\times 轻伤人数)$$

根据上述评分，将制订相应的整改措施和成本收益分析预测，以最终确定整改措施和效果评价。

比利时：和上述方法相似，但以区域替代了路段，事故严重性指数在过去一年超过15分的区域，则定义为高风险区域。其评分方法是：

$$(5\times 死亡人数)+(3\times 重伤人数)+(1\times 轻伤人数)$$

在芬兰，风险分析以更长的路段(20 ~50km)为基础，统计每年每百公里的死亡人数。国家针对这种数据决定投资方向和方法。

德国对高风险点的分析以不同时间段里的事故类型和频率为依据。分析中对点、线和区域进行了划分。成本收益方法是基本工作。

英国的事故跟踪监测工作,将事故地点和地图并用,并进行整改措施的成本收益分析。在瑞典,这种工作始于20世纪60年代,目前已经基本完成整改。

在很多国家,使用在事故黑点竖立各类形式的警告标志的方法。在奥地利格拉兹市的统计显示,在内城区的高风险交叉路口,竖立这种牌子后的两年里,比过去两年减少了28%的事故。除了一个地点外,其他地点至少使伤害事故稳步减少。

在美国,在排查事故黑点前,先是按照交通事故规则判定所有交通事故的发生状态,其步骤是,先针对每一路段,每一个路口和每一个事故点,辨识交通事故,具体的做法是:

(1)在固定路段,计算研究周期内的实际交通事故率:

$$\text{百万车公里事故率}=\frac{\text{路段内事故数}\times 1\ 000\ 000}{\text{日均车流量}\times\text{天数}\times\text{路段长度}}$$

(2)在路口,计算每一个路口或事故点的实际交通事故率:

$$\text{百万车事故率}=\frac{\text{路段内事故数}\times 1\ 000\ 000}{\text{路段日均车流量}\times\text{天数}}$$

在获得上述数据后,针对同一时期,使用上述公式计算该道路系统内整体的路段、路口、事故点的事故率,并汇总整个系统内的路段、路口和事故点的车流总量、车辆行驶里程总量和事故总量。经过上述这一系列计算,那些高于最低标准的路段和地点,就是高事故发生地段和地点,被列入检查路段,对其进行安全检查和改造设计。

根据上述方法,美国交通部2006年经过统计,发现2006年死于道路交通事故的人数里,有25%死亡发生在平面弯道的车祸中。而在所有的致命车祸中,有75%发生在郊区和乡村公路,有70%发生在双向双车道公路上,其中大部分是本地公路。而其中,发生在平面弯道的事故数量,是发生在其他路段的3倍。同时,有76%的弯道死亡事故,是发生于单车事故,或冲出路面,撞击树木、路边设施立柱、岩石或其他固定障碍物,另有11%是发生于迎面相撞,多是由于车辆跨越到了对面车道,导致和对面来车相撞。

由此,美国政府将平面弯道的改良工程制订为美国联邦公路管理署2007年的3项重点工作之一,其他两项分别是交叉路口和行人安全。

美国联邦公路管理署推荐了20种低成本改良措施,其中主要依靠的手段,就是交通标志标线等。值得思考的,美国交通部在发布这些整改指导意见的时候,针对美国国家的统一标志标准(MUTCD),特意提出了如何看待国家标准的问题,其中有3个重要特点:

(1)MUTCD的目的是交通安全,标准涉及交通控制标志的制作、设立规范等,MUTCD标准有联邦和州两类。

(2) MUTCD的标准中分强制、应该和可以执行内容。

(3)在应该和可以执行部分,尊重地方条例和特色。

从上述特点可以想到,在保证国家标准的严肃性和公用性的同时,地方标准和因地制宜的原则,同样是对安全非常重要的;面对一个幅员辽阔的国家,特别是像中国这样有着广阔的国土和地理、人文、经济条件都差异性巨大的国家,要求东南沿海和新疆大漠使用相同的标志标线标准,从客观条件上来说,是会存在着必然的差距的。因此,在遵照执行国家标准的同时,根据本地特色,进行细化和升级型的应用规范,是一项很有意义的安全任务。

二、节能减排

交通需求的发展,是和人类社会经济生活水平的提升成正比的。根据美国交通部的交通年鉴统计,美国人在20世纪90年代的平均日出行次数,已经达到了4.6次,而20世纪70年代,美国人的平均日出行次数还是2.3次。美国在21世纪初就开始出现的大城市交通拥堵问题,是一种客观经济元素增长的必然趋势,因为交通需求在增长。这种增长本身,是一种客观规律,是不以人的意志为转移的。如果在治理交通拥堵时,是试图从压制交通需求的增长,而不是疏导交通需求的增长入手,那么其结果必然是逆客观规律的结果,必然是带来更大的问题。

从图6-8中我们可以看到,不管是美国何等规模的城市,在过去20年的发展中,都难以避免交通拥堵给每个驾驶人所带来的行驶延误的增加。根据美国德克萨斯交通研究院的研究报告显示,机动车每延误1h,平均燃油消耗就高达2.35L,仅2003年一年,美国85座大城市发生的交通延误和拥堵,就有共计37亿单车小时,造成了23亿加仑的汽油浪费。

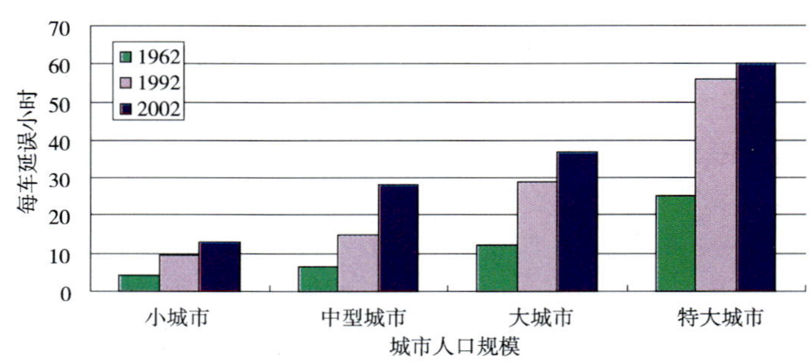

图6-8　过去20年美国城市道路拥堵情况趋势(来源:美国TTI数据)

今天,在面对中国的一些城市也开始出现拥堵困扰的时侯,人们往往首先会想到的是多修路,增加大容量公共交通工具的投入使用,甚至还有根据车辆牌照尾号进行单双号限行的措施。事实上,在这些大成本和"伤筋动骨"级的措施之前,是有很多简单而有效的努力可以先做的。这时,如果我们已经建立了对高标准交通标志标线应用的微观和宏观价值认识,就可能会先从这里入手。

研究交通质量,提高交通质量,是这项工作的第一个应该考虑的环节。

从逻辑上讲,面对道路交通量上升时的第一个最应该问的问题,就是在该上升的交通量中,有多少是必须上升的?有多少根本就是一种错误?在错误的时间、错误的地点、错误的方向、错误的路线上,出现的这些道路交通量,是不是都有办法先祛除呢?

这种错误交通量的出现和交通标志标线有什么样的关系呢?我们可以通过下面的例题来进行一个直观的认识。

假设:驾驶人在每走错1km后会发现错误而返回原地;在交叉路口,没有交通标志的指引时,走错率在2%;有简单标志时,走错率在1%;有完善标志,没有走错率;

题目:在一个日流量 1 万辆车的交叉路口，其交通标志有三种设立方法:

(1)没有交通标志。

(2)只在路口设立了一个交通标志,同时指示了左右和前方三个方向的道路名称。

(3)在路口之前的另一个路口,就已经有标志标明了这个路口的左右前三个方向的道路名称和三条道路的前方地点预告。

根据假设条件,在没有设立交通标志的情况下,有 2% 的驾驶人会在这个路口走错,每天就是 200 辆车走错,每次错误导致往返各 1km 行驶,1 年就会有 14.6 万单车公里的错误行驶;结论是该路口由于没有交通标志,1 年会导致 14.6 万单车公里的错误交通量在路口周边的区域增加;同样,如果只有简单标志,有 1% 的错误率，每天就是 100 辆车走错，每次错误导致往返共 2km 行驶,1 年就会有 7.3 万单车公里的错误行驶在路口周边区域增加。

更为明显的是,在交通标志预告体系完整的路口,能使路口周边地区没有这 7 ~ 14 万单车公里的错误交通占有量,这就是对缓解拥堵的最好贡献。

由此,可以得出这样的推断,如果交通标志在路口的预告体系内容完整清晰,交通标志自身的制作质量很高,让每辆通过的车辆,都能以最合适的速度、最便捷的方式通过,每节省一秒钟,这个日流量 1 万辆车的路口,一天又能节省 1 万秒钟,这恐怕就是治理交通拥堵最大的收获之一。

当今,许多国家都曾经遇到过交通拥堵的问题,在社会经济大发展的历史背景下,就很有可能盲目地投资增建道路,而实际上却达不到应有的作用。唯有从实际情况出发,在充分了解当前各项科学技术发展的前提下,做出应有的选择,才能达到事半功倍的效果。

同理,在道路状况和交通流量趋于饱和的城市里,为了寻找停车位四处流动的交通量占了多少呢? 假设一辆进城办事的车辆从出发地到目的地驾驶距离是 10km,为了停车，又走了 1km,很显然,这 1km,就是应该设法节约的交通量。解决的思路有两个,一个是让其在目的地就地停车,一个就是在不到 10km 时就把车停下,此时如果在其快到达目的地时有停车区域提示和预告前方停车条件的标志,做到这点就不难了。这其实体现的就是城市饱和交通里的一些关键的交通管理技术思路。各类丰富的交通标志此时所起的最重要作用,就是要在最短的时间和距离里,让进入城市道路的每一辆车准确到达并停下,以节省道路交通流量。

三、提高整体社会运行效率

道路交通标志标线在提升道路交通效率、改善道路交通安全条件、减少能源浪费和尾气排放等各个方面,体现了一种综合的社会贡献价值。可以说,充分发挥道路交通标志标线的作用,提升标志标线的表现能力,是现代社会建设标准中一个非常重要的行政管理手段。

针对整体的社会效率而言,还有很多道路交通标志标线的贡献没有被人们完全地挖掘和开发出来。

表 6-2 为新加坡国家统计年鉴里揭示的 36 年里,道路交通死亡统计和空气污染数据跟踪情况,数据包括了百万人口死亡比和万车死亡率。可以发现,万车死亡率从 20 世纪 80 年代后期开始,逐年呈明显下降的趋势。这个时期,正是全球道路交通标志应用研究和逆反射技术创新研究的高潮期。

新加坡各年交通死亡统计与空气污染数据统计

表 6-2

年份	交通事故伤亡			空气污染因素			
	事故数	百万人口事故率	万车公里事故数	氮氧化物	二氧化氮	烟	PM_{10}
1963	204	113	21.22				
1964	231	125					
1965	230	122					
1966	251	130					
1967	227	115					
1968	302	105	18.54				
1969	302	148					
1970	287	139					
1971	341	162					
1972	379	176					
1973	382	174	15.88				
1974	288	129		68		48	
1975	282	125	10.18	68		45	
1976	286	125	10.20	69		34	
1977	271	116	9.68	77		32	
1978	278	118	9.59	78		32	
1979	234	98	7.56	81		33	
1980	259	107	7.65	41		30	
1981	275	109	7.41	56		28	
1982	307	116	7.64	61		24	
1983	298	111	6.77	50		25	
1984	327	120	6.87	62		26	
1985	265	97	5.39	64		26	
1986	251	92	5.16	65		25	
1987	205	74	4.33	97		24	
1988	226	79	4.80	37		26	
1989	232	79	4.72	42		24	
1990	236	78	4.53	45		22	
1991	243	79	4.48	29		19	
1992	240	75	4.29	34	22	24	
1993	258	79	4.63	37	15	24	38
1994	255	76	4.36		32		45
1995	225	65	3.68		31		29
1996	225	62	3.50		33		30
1997	257	69	3.85		33		49
1998	222	57	3.25		40		33
1999	196	50	2.88		39		33

结合我国的道路交通管理历史和指导思想,我们还很难测算出在建国以来的道路交通标志和标线的总体建设规模和数量的。但是,根据国土面积和人口数量等经济元素,推算一些经济运行指导数据并不是不可能的。以全国每年在使用车辆的总数来进行测算,再以每辆车每年因为道路交通标志系统的指导而节省了1km的错误行驶里程和减少了1h的交通延误来推算,仅仅这样的节约,就是一笔巨大的社会财富。从这点来看,交通标志的更新与发展,无疑为整个国家社会的运行效率的提升提供了巨大的帮助与支持。

第四节 逆反射技术的未来发展

一、环境保护成为新的目标

随着经济增长、路网的增加,直接的对应问题,就是汽车保有量的上升。这种上升所带来的问题与挑战,远不止拥堵这一个难题。对能源的消耗和对环境的破坏,都是痛苦而又无法回避的问题。所以,利用高效率反光道路交通标志标线的引导作用,提高道路交通秩序和效率,减少浪费,又成了一个非常重要的环保任务。

图6-9是世界银行公布的新加坡国家汽车增长量和经济发展的比较图,图中同时例举了英国、日本、西班牙和其他国家的汽车增长状态。

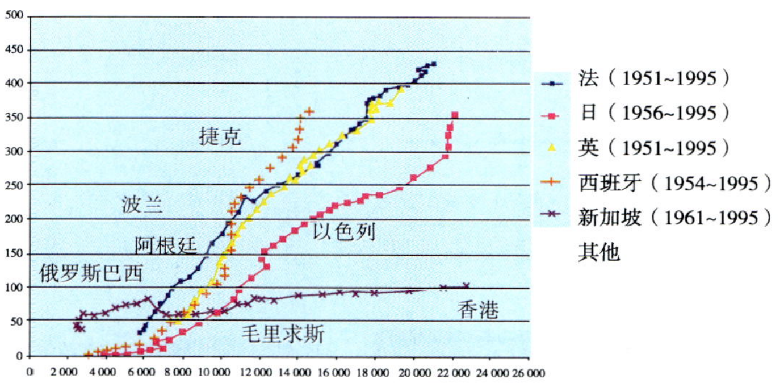

图6-9 各国经济情况与汽车保有量之间的关系

由此,我们又可以思考这么一道例题:

假设每单车百公里的燃油消耗为10L;其他条件同上一节的例题条件一样。根据假设条件,在没有设立交通标志的情况下,有2%的驾驶人会在这个路口走错,每天就是200辆车走错,每次错误导致往返各1km行驶,1年就会有14.6万单车公里的错误行驶;结论是该路口由于没有交通标志,1年会导致大约14 600L(14.6t)的燃油浪费;

如果只有简单标志,有1%的错误率,每天就是100辆车走错,每次错误导致往返共2km行驶,1年就会有7.3万单车公里的错误行驶约7.3t燃油浪费;

在交通标志预告体系完整的路口,每年就能节省7~14t的燃油——这就是交通标志能起到的作用。

试想,到2007年年底,我国的机动车注册登记数量已经超过5 000万辆,如果交通标志每年能为每辆车减少1km的错误交通量,就是5 000万单车公里交通量的节约,50万L的燃油节约,50 万 L 燃油排放量的减排。这其中的逻辑关联性所体现出的交通标志标线对于环境保护的作用,是万万不应被忽视的。

根据美国德克萨斯州交通研究所的测算,每单车小时的延误造成的平均燃油损耗,约 2.35L,我国全国 5 000 万辆车平均每延误 1h,就是 11 750 万 L,1.175 万 t 燃料的消耗和排放;也就是说,如果全中国 5 000 万辆机动车,因为交通标志的各种问题,全年平均只延误 1 单车秒钟,全国就要浪费 3.3t 的汽油。试想中国现在的道路标志标线密度和设置质量,其浪费和对环境的无谓破坏,应该说是巨大的,也是不符合科学发展的要求的。

从人类生存与发展的角度讲,对能源的节约和对环境的保护,已经上升到了关系人类生死存亡的高度。特别是近年来,随着全球工业化进程的进一步深化,世界气候的异常变化,已经引起了全世界的关注。应该这样说,人类进入 21 世纪以来,考验一个国家的文明进步的程度,已经和考验这个国家对治理环境和保护自然资源所做出的投入和努力密不可分了。所以,充分发挥交通标志标线的宏观经济价值,利用高质量道路交通标志标线减少交通浪费,利用先进的逆反射技术减少道路照明能耗(见图 6-10),改善道路交通安全条件,都是迎合世界潮流的必然趋势的。

图 6-10　流光溢彩的快速路连接线上的彩灯效果,是逆反射材料形成的灯光效果

二、逆反射材料本身的环保意义

在节省交通量、减少拥堵和浪费这些直接的节能减排措施之外,科学利用逆反射材料也是发达国家正在完成的一个环保减排举措。图 6-11 和图 6-12 分别为道路隔离设施上逆反射材料的夜间效果和白天效果。

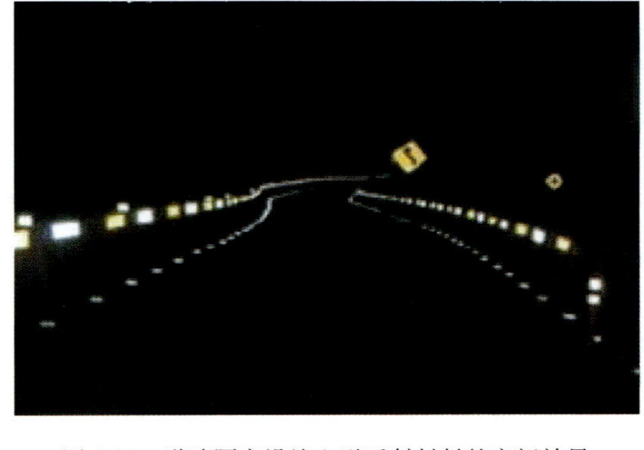

图 6-11　道路隔离设施上逆反射材料的夜间效果

图 6-12　道路隔离设施上逆反射材料的白天效果

首先,在逆反射材料的生产领域,节能减排的努力也在不断的进行着。根据有关生产厂家提供的资料显示,在 21 世纪初期,以全棱镜逆反射技术材料为主流的新型逆反射材料,已经在全球范围内开始大幅度取代玻璃珠技术材料,而这一努力本身,也富含了对环境保护精神的弘

扬，因为新的道路用交通标志和标线的技术，在被设计用来显著提高驾驶人在全天候条件下的视认能力的同时，在生产和使用环节上，更加关注对环境影响的最小化，以全棱镜级逆反射材料为典型代表的新型棱镜反光材料在生产过程中，与传统的玻璃珠用逆反射材料工艺相比，减少可挥发性化合物气体排放97%，能量消耗减少77%，废物排放减少46%。

其次，通过广泛利用更先进的逆反射材料制作交通标志，就能更少地使用道路照明，这一点对于今天的中国尤其重要。看看今天在中国很多大城市修建的大型道路上，甚至是城市全封闭快速干线上都存在的每隔25m就一对的高照度路灯，一般每个灯头在250~400W的范围里，我们就不难想像，中国的交通，在道路照明的消耗上，有多少的节约空间可以挖掘！

关注道路交通安全，关注逆反射技术的发展所代表的先进方向和它所代表的真正意义的道路交通低成本解决之道，是新经济时代发展和成功的需要。

思考题

1. 简述交通标志标线在节能环保上的意义。

2. 简述确立道路交通安全事故黑点的主要思路。

3. 举例说明标志标线对于道路交通安全事故黑点的改善作用。

4. 寻找一个路口，统计该路口的车流量，测算和推算标志标线对交通管理的价值，包括减少拥堵、事故、错误交通流、节能四个方面。

参考文献

[1] U. S Department of transportation Federal Highway Administration. Manual on Uniform Traffic Control Devices[M]. 2003 Edition. Washington, D. C:FHWA, 2003.

[2] Standard Specification for Retroreflective Sheeting for Traffic Control D4956-04 [S]. West Conshohocken, PA:ASTM,2004.

[3] American Association of State and Highway Transportation Officials. Highway Safety Design and Operations Guide[M]. 3rd Edition. Washington, D. C:AASHTO,1997.

[4] Carlson P. J, H. G. Hawkins. Updated Minimum Retroreflectivity Levels for Traffic Signs, PB FHWA-RD-03-081[R]. Washington, D. C:FHWA,2003.

[5] Sivak M, P. L. Olson. Optimal and Minimal Luminance Characteristics for Retroreflective Highway Signs[R]. Washington, D. C:National Research Council, 1985.

[6] Padmos P. Minimum required Night-Time Luminance of Retroreflective Traffic Signs. TNO Report TM-00-C029[R]. Delft:Netherlands Organization for Applied Scientific Research, 2000.

[7] Carlson P. J, H. G. Hawkins. Minimum Retroreflectivity Levels for Overhead Guide Signs and Street-Name Signs. PB FHWA-RD-03-082[R]. Washington, D. C:FHWA,2003.

[8] Graham J. R, A. Fazal, L. E. King. Minimum Luminance of Highway Signs Required by Older Drivers[R]. Washington, D. C:National Research Council, 1997.

[9] Mace D. J, K. Perchonok, L. Pollack. Traffic Signs in Complex Visual Environments. PB FHWA-RD-82-102[R]. Washington, D. C:FHWA, 1982.

[10] Olson P. Minimum Requirements for Adequate Nighttime Conspicuity of Highway Signs. Report Number UMTRI-88-8 [R]. Michigan: Transportation Research Institute, University of Michigan, 1988.

[11] Carlson P. J. A Proposal for Performance-Based Sign Sheeting Criteria. 17th Biennial Transportation Research Board Visibility & Traffic Control Devices[C]. Washington D. C:2005.

[12] Fredericksburg VA. Low Cost local Road Safety Solution[R]. Washington, D. C:American Traffic Safety Services Association, 2006.

[13] Paniati J. R, Mace, D. J. Minimum Retroreflectivity Requirements for Traffic Signs, PB FHWA/RD-93/077[C]Washington, D. C:FHWA,1993.

[14] Russell E. R, Rys M, Rys A, Keck M. Characteristics and Needs for Overhead Guide Sign Illumination From Vehicular Headlamps, PB FHWA-RD/98/135[R]. Washington, D. C:FHWA, 1998.

[15] Avery Dennison Corporation. Ergo[CP]. California:2001.

[16] Carlson P. J, H. G. Hawkins. Minimum Levels of Retroreflectivity for Overhead and Street Name Signs. DRAFT FINAL REPORT FHWA-RD-01-XXX[R]. Washington, D. C: FHWA, 2001.

[17] Burns D. M, Pavelka L. A. Visibility of Durable Fluorescent Materials for Signing Applica-

tions. [J] Color Research and Application, 1995, 20:20.

[18] Road traffic signs -Testing and performance of microprismatic retroreflective sheeting materials - Specification BS 8408:2005[S]. London:British Standards Institution,2005

[19] Douglas A. Ripley. The safety effects of traffic sign updates[R]. IA:American Institute of Certified Planners,2005

[20] COMMISSION OF THE EUROPEAN . Annex to the Proposal for a Directive of the European Parliament and of the Council on road infrastructure safety management - Full Impact Assessment [R] Brussels: COMMISSION SERVICES WORKING DOCUMENT,2006

[21] Council of the European Union. EU Critical Infrastructure Directive Proposal App I, II[R]. Brussels: EU Critical Infrastructure Protection Framework, 2005.

[22] World Health Organization. Singapore Experience in Managing Motorization and its relevance with other countries TWU-43 [R]. Geneva: WHO, 2000.

[23] 亚洲开发银行.东南亚地区道路交通事故分析报告[R].马尼拉:亚洲开发银行,2005

[24] Memorandum for TPC Re. Initial assessment of efficiency of implementation of the Beware of Black Spots[R]. Poland:2005.

[25] Australia/New Zealand Standard - Retroreflection Materials & Devices for Road Traffic Control Purposes ASNZS1906. 1-2007[S]. Australia:standards Australia,2007

[26] Preston H, Storm R. Rural Intersection Crash Study. Draft Technical Memo to Technical Advisory Panel. MN: MNTOT,2001

[27] Carlson R. Scott, City of Sioux City[R]. IA: IA Traffic Division, 2004

[28] Iowa Department of Transportation, Office of Traffic & Safety. Crash Analysis Software, SAVER[CP]. IA:IADOT,1999

[29] Pump J. E. [R]. The Safety Effects of Traffic Sign Updates. Colombia: The Insurance Corporation of British Columbia,2004.

[30] Gibbs Margaret. Safety Benefits of Highly Reflective Traffic Signs and Pavement Markings [R]. BC:G. D. Hamilton Associates Consulting Ltd,1998.

[31] SayedT, deLeur P, Sawalha, Z. Evaluating the Insurance Corporation Of British Columbia Road Safety Improvement Program[R]. Washington D. C: Transportation Research Board, 2004

[32] Ford Stephen H, Calvert Eugene C. Evaluation of a Low Cost Program of Road System Traffic Safety Reviews for County Highways[R]. Washington D. C:FHWA, 2002.

[33] Rogers Bernie. Memorandum to Putnam County Highway Commission[R]. NY: Putnam County Highway Commission,1999.

[34] NAC Image Technology, Inc. Eye Mark Data Analysis Software[CP]. CA: NAC Image Technology, Inc, 2007.

[35] 美国政府交通部 1996 年交通安全情况国会报告[R].美国华盛顿特区:U. S. Congress. 1996.

[36] 中华人民共和国国家标准 GB5768-1999 道路交通标志标线[S]. 北京:中国标准出版社,

1999.

[37] 中华人民共和国国家标准 GB/T18833-2002 公路交通标志反光膜[S]. 北京:中国标准出版社,2002.

[38] 中华人民共和国交通行业标准 JT/T 688-2007 逆反射术语. [S]. 北京:人民交通出版社,2007.

[39] 林雨等. 指路标志信息量与认知性关系研究[J]. 交通运输工程与信息学报. 2005.9

[40] 公安部. 公安部第 71 号令机动车驾驶证申请和使用规定[EB]. 北京:公安部,2004.

[41] 公安部. 公安部 2007 年道路交通事故统计白皮书[R]. 北京:公安部,2007.

[42] 暨南大学医学院伤害预防与控制中心. 中国道路交通伤害长期趋势及其影响因素分析[R]. 广州:暨南大学医学院伤害预防与控制中心,2006.

[43] 唐铮铮. 公路反光标志夜间可见性研究. 公路交通科技. 北京 1997 年 9 月:48 ~ 54.